BACK
ZEIT
REISE

FOTOS: MATHIAS NEUBAUER

BACKZEITREISE

INHALT

DIE GU-QUALITÄTS-GARANTIE

QUALITÄTS G|U GARANTIE

Wir möchten Ihnen mit den Informationen und Anregungen in diesem Buch das Leben erleichtern und Sie inspirieren, Neues auszuprobieren. Bei jedem unserer Bücher achten wir auf Aktualität und stellen höchste Ansprüche an Inhalt, Optik und Ausstattung. Alle Rezepte und Informationen werden von unseren Autoren gewissenhaft erstellt und von unseren Redakteuren sorgfältig ausgewählt und mehrfach geprüft. Deshalb bieten wir Ihnen eine 100 %ige Qualitätsgarantie.

Darauf können Sie sich verlassen:
Wir legen Wert darauf, dass unsere Kochbücher zuverlässig und inspirierend zugleich sind.
Wir garantieren:

- dreifach getestete Rezepte
- sicheres Gelingen durch Schritt-für-Schritt-Anleitungen und viele nützliche Tipps
- eine authentische Rezept-Fotografie

Wir möchten für Sie immer besser werden:
Sollten wir mit diesem Buch Ihre Erwartungen nicht erfüllen, lassen Sie es uns bitte wissen! Wir tauschen Ihr Buch jederzeit gegen ein gleichwertiges zum gleichen oder ähnlichen Thema um. Nehmen Sie einfach Kontakt zu unserem Leserservice auf. Die Kontaktdaten unseres Leserservice finden Sie am Ende dieses Buches.

GRÄFE UND UNZER VERLAG
Der erste Ratgeberverlag – seit 1722.

KV

DIE 1950ER

DIE WUNDERBAREN JAHRE

»A whop bop-a-lu a whop bam boo« – Deutschland rockt around the clock: Coole Jungs mit Elvistolle und in Nietenhosen wirbeln Backfische mit flottem Petticoat und Pferdeschwanz zu Rock'n'Roll-Klängen durch die Luft, und der Leinwandhalbstarke Horst Buchholz wird als deutscher James Dean gefeiert.

Entgegen diesem Klischeebild der wilden Fifties sehnte sich die Nachkriegsgeneration eher brav nach heiler Welt: pastellfarben wie die Shakes, die man in der Milchbar zu den Jukeboxklängen schlürfte, verspielt, rund und kantenlos wie der Nierentisch zu Hause. Dort, im trauten Heim unter der Tulpenlampe, richtete man sich nach Zeiten der Not, Vertreibung und Unsicherheit ein, genoss das Familienleben und lud Freunde ein. Für diese und andere zeittypische, harmlose Freizeitvergnügungen wie ins Kino gehen, Hula-Hoop-Reifen-Schwingen, Tanzen oder auch Mofafahren blieb aber wenig Zeit.

Die Wirtschaft rockt, es herrscht Vollbeschäftigung, viele Frauen sind berufstätig, die ersten Gastarbeiter kommen, und das Wirtschaftswunder brummt. Endlich kann man sich wieder etwas gönnen und vor allem: sich nach all den Hungerjahren richtig satt essen. Gut die Hälfte des durchschnittlichen Monatslohns wird in Lebensmittel investiert: Fleisch gibt es nach wie vor eher nur sonntags, aber dafür füllt sich – ganz wie in den guten alten Zeiten – die nachmittägliche Kaffeetafel wieder mit üppigen Kuchen, Torten und richtigem Bohnenkaffee. Man schwelgt in Sahne und Buttercremeschnittchen und schwärmt von Omas Napfkuchen mit ordentlich Butter und Eiern. Abends wird zur Häppchenparty mit Cocktails oder Bowle geladen, und es gibt kein Familienalbum aus jener Zeit, das neben Schnappschüssen von Tante und Onkel nicht auch Bilder vom Familienfeierbüfett mit Käseigel und Fliegenpilzeiern präsentiert.

Wirtschaft, Selbstwertgefühl und der Wohlstand beginnen langsam wieder zu wachsen. Und ausgerechnet ein Fußballtor lässt das Wirtschaftswundermärchen endgültig wahr werden: Deutschland wird Weltmeister. Mit einem Schlag gilt der legendäre Satz des damaligen Wirtschaftsministers Ludwig Erhard von fünf Jahren zuvor: »Wir sind wieder wer.«

DIE WUNDERBAREN DIE 1950ER JAHRE

BILL HALEYS »ROCK AROUND THE CLOCK« UND LITTLE RICHARDS »TUTTI FRUTTI« SIND DIE ROCK'N' ROLL-IMPORTE DER 50ER. **1958** LÄSST DER »KING« ELVIS PRESLEY PERSÖNLICH IN DEUTSCHLAND SEINE HÜFTEN KREISEN UND LEISTET HIER SEINEN MILITÄRDIENST. DEUTSCHEN ROCK GIBT ES ZEITGLEICH VON PETER KRAUSS UND CONNY FROBOESS.

»Ihr lieben goldigen Menschlein«, mit dieser Begrüßung startete **1953** *Deutschlands erster TV-Koch. In der nach ihm benannten Sendung »Clemens Wilmenrod bittet zu Tisch« präsentierte der bis dato mäßig erfolgreiche Schauspieler Arabisches Reiterfleisch, mit Mandeln gefüllte Erdbeeren und* **1955** *den berühmten Toast Hawaii. Einfache Gerichte, häufig aus Fertigprodukten, dafür aber mit umso klangvolleren Namen. Er befriedigte damit ideal die Sehnsucht seiner schnell wachsenden Fangemeinde nach fremden Ländern und machte gleichzeitig seinen eher Hausmannskost gewohnten Zuschauern Knoblauch, Olivenöl und italienische Küche schmackhaft. In Deutschlands Osten musste man noch bis* **1958** *warten: Dort tischte fortan der gelernte Koch Kurt Drummer in der Sendung »Der Fernsehkoch empfiehlt« über 25 Jahre lang auf.*

Am **4. JULI 1954** gewinnt Deutschland das WM-Endspiel gegen das favorisierte Ungarn. Das Spiel wird als »Das Wunder von Bern« zur Legende. Noch vor den Wunderjungs macht die erste Miss Germany in den USA als »Fräuleinwunder« Furore: als moderner, selbstbewusster Frauentyp made in Germany.

5 Sekunden nackte Haut, und der Skandal war perfekt: **1951** schockierte Hildegard Knef in »Die Sünderin«. Aber auch die Filmthemen wie Selbstmord und Prostitution wollte damals niemand im Kino sehen. Heimatfilme wie »Schwarzwaldmädel« und »Grün ist die Heide« entsprachen eher den Sehnsüchten der Zeit und wurden zu Kassenschlagern.

Lust in die 50er reinzuschauen? Der Film »Rendezvous unterm Nierentisch« präsentiert eine Collage aus Wochenschauen und Werbespots dieses Jahrzehnts. Zum Staunen und Schmunzeln …

Am **1. Mai 1950** werden Lebensmittelmarken in Westdeutschland endgültig abgeschafft. In der DDR wird das noch weitere acht Jahre dauern, bis dahin blieb das Schlangestehen für Lebensmittel Ostalltag. Daran änderte auch der von der Sowjetarmee niedergeschlagene Aufstand am **17. Juni 1953** wenig. Weder konnte, noch wollte die Ostführung die Versorgungslage der Menschen im Osten wesentlich verbessern. Nicht zuletzt deshalb entschieden sich zahlreiche Bürger zu einer »Abstimmung mit den Füßen« und machten in den (noch) offenen Westen rüber.

ENDE DER 50ER ERSCHEINT DER RATGEBER »SO FÄNGT MAN EINEN MANN«, DER HELFEN SOLL, MIT 21 JAHREN KEINE ALTE JUNGFER ZU WERDEN. DIESE BEFÜRCHTUNG SCHIEN DER REALITÄT ZU ENTSPRECHEN, IN DER FRAUEN SOGAR FRÜHER ALS VOR DEM KRIEG MIT DURCHSCHNITTLICH 23 JAHREN IN DEN ALS SICHER GELTENDEN HAFEN DER EHE SEGELTEN.

Das legendäre Dr. Oetker »Schulkochbuch« erschien **1952** gleich in zwei neuen Auflagen: für Gas und – nun ganz neu – auch »elektrisch«. Neben Kochrezepten wird darin umfänglich die Funktionsweise von E-Herden erklärt und gepriesen. Man versucht, den Hausfrauen die Angst vor dem neuen unbekannten Wesen zu nehmen.

»Heute bleibt die Küche kalt, wir gehen in den Wienerwald!«, mit diesem einprägsamen Slogan eröffnete ***1955*** *in München die erste Hähnchenbraterei. Familienfreundlich, preiswert und einfache (süd-)deutsche Küche – damit traf sie den Nerv der Zeit.*

ZUBEREITUNG: 45 MIN. – BACKEN: 1 STD. 15 MIN. – PRO STÜCK CA. 340 KCAL – FÜR 1 KASTENFORM (30 CM LÄNGE, CA. 18 STÜCKE)

Was koche oder backe ich heute? Antwort darauf fand die »kluge Hausfrau« in Kochbüchern, die meist Nachdrucke von Vorkriegstiteln waren. Inspirierender und weit verbreiteter waren allerdings kleine Broschüren, Sammelkarten und Rezeptheftchen, die Hersteller von Küchengeräten und Fertigprodukten gleich mitlieferten. Adrette Muttis zaubern darin im Handumdrehen Pudding und Kuchen, umsorgen Ehemann und Familie und erledigen zugleich Haushalt, Wiederaufbau und Beruf mit links. Schnelle Rezepte für einfache Rührkuchen wie Marmor-, Zitronen- oder den beliebten Englischen Früchtekuchen gab es lange Zeit auf der Rückseite von Backpulverpäckchen – gleich mit der Angabe, wie viel davon in den Teig zu wandern hatte.

ENGLISCHER FRÜCHTE-KUCHEN

1 Das Zitronat und Orangeat fein würfeln. Die Kirschen vierteln. Rosinen und Korinthen waschen und trocken tupfen. Die Früchte mit 2 EL Mehl bestäuben. Die Mandeln mit Puderzucker in einer Pfanne ohne Fett leicht rösten. Den Backofen auf 175° vorheizen. Eine Kastenform mit Backpapier auslegen.

2 Die Butter und den Zucker hellcremig rühre. Die Eier und den Rum unterrühren. Mehl, Backpulver und die Mandeln vermischen und unterheben. Die vorbereiteten Früchte unterziehen.

3 Den Teig in die vorbereitete Form füllen und glatt streichen. Im heißen Backofen (unten) 1 Std. 15 Min. backen. Leicht abgekühlt aus der Form lösen, das Backpapier abziehen und den Kuchen auf einem Kuchengitter auskühlen lassen. Vor dem Servieren mit Puderzucker bestäuben.

30 G ZITRONAT
30 G ORANGEAT
50 G KANDIERTE KIRSCHEN
100 G ROSINEN
100 G KORINTHEN
50 G GEHACKTE MANDELN
1 TL PUDERZUCKER

250 G WEICHE BUTTER
250 G BRAUNER ZUCKER
4 EIER (M)
1 EL RUM
300 G MEHL
½ TL BACKPULVER

AUSSERDEM:
BACKPAPIER FÜR DIE FORM
MEHL UND PUDERZUCKER ZUM
BESTÄUBEN

ZUBEREITUNG: 20 MIN. – BACKEN: 1 STD. – PRO STÜCK CA. 280 KCAL – FÜR 1 SPRINGFORM MIT KRANZBODEN (24 CM Ø, CA. 16 STÜCKE)

Vor allem die immer präsenter werdende Werbung prägte das (Haus-)Frauenbild der 50er. Zwei besonders plakative Damen dieser Zeit: Frau Barbara, die für die Maizena-Werke AG – Hersteller von stärkehaltigen Lebensmitteln wie etwa der Speisestärke »Mondamin« – nicht nur ihren Barbarakuchen buk, und Frau Renate, die ab 1954 auch in TV-Spots das Gesicht für Dr.-Oetker-Produkte war.

BARBARA-KUCHEN

1 Den Backofen auf 175° vorheizen. Die Springform gründlich einfetten. Die Eier trennen und die Eiweiße mit 1 Prise Salz steif schlagen, dabei den Zucker nach und nach einrieseln lassen.

2 Die Butter und den Puderzucker hellcremig rühren. Speisestärke, Vanillezucker und den Zitronensaft unterrühren, zuletzt die Eigelbe unterrühren. Das Mehl und Backpulver mischen, darübersieben und unterheben. Den Teig in die Form füllen.

3 Die Form in den heißen Backofen (Mitte) stellen und den Kuchen 1 Std. backen. Herausnehmen, leicht abkühlen und aus der Form lösen. Dann für den Guss den Puderzucker mit dem Zitronensaft glatt rühren und den noch warmen Kuchen damit überziehen.

GIB IHM SAURES – FÜR EINEN ZITRONENKUCHEN den Saft und die Schale von 1 Bio-Zitrone (anstelle von nur 2 EL Saft) unter den Teig rühren. Sobald der gebackene Kuchen etwas abgekühlt ist, den Puderzucker mit 6 EL Zitronensaft (statt mit nur 5 EL) glatt verrühren. Den Kuchen auf der Oberseite mehrmals mit einem Holzstäbchen tief einstechen und mit dem Guss überziehen – je mehr Löcher, desto saftiger wird der Kuchen.

FÜR DEN TEIG:
5 EIER (M)
SALZ
80 G ZUCKER
200 G WEICHE BUTTER
100 G PUDERZUCKER
150 G SPEISESTÄRKE
1 PCK. VANILLEZUCKER
2 EL ZITRONENSAFT
100 G MEHL
1 TL BACKPULVER

FÜR DEN GUSS UND DIE GARNITUR:
200 G PUDERZUCKER
5 EL ZITRONENSAFT

AUSSERDEM:
FETT FÜR DIE FORM

300 G WEICHE BUTTER
200 G PUDERZUCKER
1 TL FEIN ABGERIEBENE BIO-ORANGENSCHALE

6 EIER (M)
2 EL RUM (NACH BELIEBEN)
SALZ
200 G MEHL
100 G SPEISESTÄRKE
2 TL BACKPULVER
2 EL KAKAOPULVER
5 EL MILCH

AUSSERDEM:
FETT UND SEMMELBRÖSEL FÜR DIE FORM
PUDERZUCKER ZUM BESTÄUBEN

ZUBEREITUNG: 40 MIN. – BACKEN: 55 MIN. – PRO STÜCK CA. 290 KCAL – FÜR 1 KRANZFORM (2 L INHALT, CA. 16 STÜCKE)

MARMOR-KUCHEN

»Wer da aber nun glaubt, dass eine (verheiratete) Frau sich auf ihren Lorbeeren ausruhen kann – ha! – der irrt sich ganz gewaltig! Im Gegenteil! Ein Mann will täglich aufs Neue gewonnen sein! Das haben wir Männer so an uns, das sind wir gewohnt und das wollen wir dann auch so haben! Es macht Spaß zuzusehen! Denn: Backen macht Freude! Eigentlich hat sie es ja viel besser als er – sie DARF backen! Eine Frau hat zwei Lebensfragen: Was soll ich anziehen und was soll ich kochen?«

Mit solchen Lebensweisheiten warteten die Werbespots von Dr. Oetker auf. Hauptprotagonistin dieser Filmchen war jahrelang Frau Renate, die stolz Marmorkuchen und anderes Gebäck in Funk, Fernsehen und Printmedien präsentierte – selbstverständlich mit Dr.-Oetker-Zutaten gebacken.

1 Die Form einfetten und mit Semmelbröseln ausstreuen. Den Backofen auf 200° vorheizen. Die Butter mit Puderzucker und Orangenschale hellcremig rühren. Die Eier trennen. Ein Eigelb nach dem anderen und nach Belieben den Rum gründlich unterrühren.

2 Eiweiße und 1 Prise Salz steif schlagen und auf die Eigelbcreme geben. Mehl, Speisestärke und Backpulver mischen, auf den Eischnee sieben. Alles locker miteinander vermengen.

3 Ein Drittel des Teigs in eine zweite Schüssel umfüllen. Kakao mit der Milch glatt rühren und darunter rühren. Zuerst die Hälfte des hellen Teigs, danach den dunklen und zuletzt den Rest hellen Teig in die Form geben. Eine Gabel in kreisförmigen, unterhebenden Bewegungen durch die drei Schichten ziehen, sodass das typische Marmormuster entsteht.

4 Den Kuchen 45–55 Min. im heißen Backofen (Mitte) backen. In der Form 20 Min. abkühlen lassen, dann aus der Form stürzen und auskühlen lassen. Vor dem Servieren mit Puderzucker bestäuben.

LUST AUF ABWECHSLUNG? Dann den Kuchen einfach mal mit Schokolade überziehen: 100 g Zartbitter-Kuvertüre und 50 g weiße Kuvertüre jeweils getrennt im Wasserbad schmelzen. Die dunkle Kuvertüre mit einem Esslöffel auf dem Kuchen verteilen. Weiße Kuvertüre in einen kleinen Tiefkühlbeutel füllen, eine winzige Ecke des Beutels abschneiden. Helle Schlieren über die noch feuchte dunkle Kuvertüre spritzen. Vor dem Anschneiden den Guss ganz trocknen lassen. Extra-Bonus: Mit einer Schokoglasur bleibt der Kuchen noch länger saftig.

ZUBEREITUNG: 20 MIN. – RUHEN: 1 STD. – BACKEN: 1 STD. –
PRO STÜCK CA. 630 KCAL – FÜR 1 SPRINGFORM (24 CM Ø, CA. 8 STÜCKE)

GEDECKTER APFELKUCHEN

1 Das Mehl mit den Haselnüssen, 150 g Zucker, 1 EL Vanillezucker und 1 Prise Salz mischen und auf die Arbeitsfläche häufen. In die Mitte eine Mulde drücken und die Eigelbe hineingeben, die Butter in kleinen Flöckchem am Rand verteilen. Alles mit den Händen rasch zu einem glatten Teig verkneten. In Frischhaltefolie wickeln und im Kühlschrank 1 Std. ruhen lassen.

2 Die Rosinen heiß waschen und mit dem Rum tränken. Die Äpfel vierteln, schälen, vom Kerngehäuse befreien, würfeln und mit dem übrigen Vanillezucker, dem restlichen Zucker, 50 g Mandelblättchen und den gequollenen Rosinen mischen.

3 Den Backofen auf 200° vorheizen. Die Springform gründlich einfetten. Den Teig in eine etwas größere und eine etwas kleinere Portion teilen, beide Stücke ausrollen. Die Form mit der größeren Teigplatte auskleiden. Die Apfelmasse einfüllen. Die Teigdecke darüberlegen und an den Teigrand drücken. Den Kuchen im heißen Backofen (Mitte) 1 Std. backen.

4 Den Puderzucker mit dem Apfelkorn verrühren. Den Kuchen mit dem Guss bestreichen und mit den übrigen Mandeln bestreuen.

400 G MEHL
100 G GEMAHLENE HASELNUSSKERNE
200 G ZUCKER
3 EL VANILLEZUCKER
SALZ
2 EIGELB (M)
250 G BUTTER

100 G ROSINEN
4 EL RUM
750 G SÄUERLICHE ÄPFEL (Z. B. BOSKOP)
75 G GERÖSTETE MANDELBLÄTTCHEN
100 G PUDERZUCKER
3 EL APFELKORN

AUSSERDEM:
FRISCHHALTEFOLIE
FETT FÜR DIE FORM

ZUBEREITUNG: 35 MIN. – BACKEN: 40 MIN. – PRO STÜCK CA. 340 KCAL – FÜR 1 SPRINGFORM (26 CM Ø, CA. 10 STÜCKE)

VERSUNKENER APFELKUCHEN

1 Die Zitrone heiß waschen und abtrocknen, die Schale fein abreiben und den Saft auspressen. Butter hellcremig rühren, dann Zucker, Vanillezucker, Zitronenschale und 2 Prisen Salz hinzufügen und alles schaumig rühren. Nach und nach die Eier unterschlagen, Mehl, Backpulver und Mandeln dazugeben und die Masse gut verrühren.

2 Den Backofen auf 180° vorheizen. Die Springform gründlich einfetten und mit den Semmelbröseln ausstreuen. Den Teig in die Form füllen und glatt streichen.

3 Die Äpfel schälen, vierteln, die Kerngehäuse entfernen und die Äpfel an der Oberseite mehrmals leicht einschneiden. Mit dem Zitronensaft beträufeln und die Stücke nebeneinander auf dem Teig verteilen. Im heißen Backofen (Mitte) ca. 40 Min. backen.

4 Aprikosenkonfitüre in einem Töpfchen erwärmen, durch ein Sieb streichen und den warmen Kuchen damit bestreichen. Abkühlen lassen und leicht mit Puderzucker bestäuben.

1 BIO-ZITRONE
150 G WEICHE BUTTER
150 G ZUCKER
1 PCK. VANILLEZUCKER
SALZ – 3 EIER (M)
180 G MEHL
1 TL BACKPULVER
3 EL GEMAHLENE MANDELN

600 G SÄUERLICHE ÄPFEL (Z. B. IDARED, BOSKOP)
4 EL APRIKOSENKONFITÜRE

AUSSERDEM:
FETT UND SEMMELBRÖSEL FÜR DIE FORM
PUDERZUCKER ZUM BESTÄUBEN

ZUBEREITUNG: 1 STD. – RUHEN: 1 STD. – BACKEN: 45 MIN. –
PRO STÜCK CA. 430 KCAL – FÜR 1 BACKBLECH (CA. 20 STÜCKE)

DRESDNER EIERSCHECKE

Versorgungsengpässe, leere Regale und Schlangestehen beschäftigten die Menschen im Osten Deutschlands noch wesentlich länger als im Westen. Ost-Ratgeber von damals gaben deshalb Ratschläge, was zum Beispiel die sparsame Hausfrau alles an den Osterfeiertagen aus aus fünf Eiern für die ganze Familie zaubern kann. Aber auch wenn man die Zutaten für Vanillespeise, Überraschungsomelett, Osterwecken und die pikanten Eierförmchen noch so geschickt hin und her schob und rechnete: Für eine richtige, echte Eierschecke reichten sie leider hinten und vorne nie … In Dresden wurde dieses Original zumindest damals also eher recht selten gebacken.

1 Für den Teig das Mehl in eine Schüssel sieben, in die Mitte eine Mulde drücken. Die Hefe hineinbröckeln und mit 4 EL Milch, 1 TL Zucker und etwas Mehl vom Rand zu einem Vorteig verrühren. Zugedeckt an einem warmen Ort ca. 15 Min. gehen lassen. Dann Butter, restliche Milch, Zucker und 2 Prisen Salz dazugeben. Alles gut durchkneten und zugedeckt weitere 45 Min. gehen lassen.

2 Für die Puddingmasse Milch erhitzen, 4 EL davon abnehmen und das Puddingpulver anrühren. Butter und Zucker in der Milch schmelzen lassen und den Pudding nach Packungsanweisung kochen. Abgedeckt abkühlen lassen, dabei ab und zu umrühren. Den Backofen auf 160° vorheizen. Das Backblech gründlich einfetten.

3 Für die Quarkmasse die Eier trennen (die Eiweiße für die Puddingmasse verwenden). Eigelbe mit Quark, Zucker, Vanillezucker, Zitronenschale, 1 Prise Salz und Mandeln verrühren. Den Teig auf dem Blech ausrollen. Die Quarkmasse daraufstreichen und mit den Rosinen bestreuen.

4 Für die Puddingmasse die Eier trennen. Eigelbe unter den abgekühlten Pudding rühren. Alle 6 Eiweiße steif schlagen und darunterheben. Die Puddingmasse auf den Quarkbelag streichen.

5 Den Kuchen im heißen Backofen (Mitte) 45 Min. backen. Die Butter zerlassen und den heißen Kuchen damit bestreichen, dann mit dem Puderzucker bestäuben. Auskühlen lassen.

FÜR DEN TEIG:
400 G MEHL
42 G FRISCHE HEFE (1 WÜRFEL)
125 ML LAUWARME MILCH
100 G ZUCKER
150 WEICHE BUTTER
SALZ

FÜR DIE PUDDINGMASSE:
500 ML MILCH
1 PCK. VANILLEPUDDING-PULVER
150 G BUTTER
75 G ZUCKER
4 EIER (M)

FÜR DIE QUARKMASSE:
2 EIER (M)
1 KG QUARK (20 % FETT I. TR.)
100 G ZUCKER
2 PCK. VANILLEZUCKER
1 EL FEIN ABGERIEBENE BIO-ZITRONENSCHALE
SALZ
100 G MANDELBLÄTTCHEN
100 G ROSINEN

AUSSERDEM:
FETT FÜR DAS BLECH
50 G BUTTER ZUM BESTREICHEN
50 G PUDERZUCKER ZUM BESTÄUBEN

ZUBEREITUNG: 40 MIN. – RUHEN: 1 STD. 10 MIN. – BACKEN: 25 MIN. – PRO STÜCK CA. 165 KCAL – FÜR 1 BACKBLECH (CA. 20 STÜCKE)

BUTTER-KUCHEN

1 Für den Teig das Mehl in eine Schüssel sieben und eine Mulde hineindrücken. Die Hefe mit etwas Zucker hineinbröckeln, mit 3 EL Milch und etwas Mehl verrühren. Den Vorteig an einem warmen Ort abgedeckt 20 Min. gehen lassen.

2 Dann den Vorteig mit den restlichen Teigzutaten zu einem geschmeidigen Teig verarbeiten. Abgedeckt weitere 30 Min. gehen lassen. Das Backblech mit Backpapier auslegen.

3 Den Teig nochmals kräftig durchkneten und auf dem Backblech ausrollen. In kleinen Abständen Vertiefungen eindrücken und die Butter in kleinen Flöckchen darin verteilen, mit Zucker bestreuen. Den Kuchen erneut 20 Min. gehen lassen.

4 Den Backofen auf 180° vorheizen. Den Kuchen im heißen Backofen (Mitte) in 25 Min. goldgelb backen.

FÜR DEN TEIG:
300 G MEHL
20 G FRISCHE HEFE (½ WÜRFEL)
1 EL ZUCKER
KNAPP 125 ML LAUWARME MILCH
2 EIGELB (M)
FEIN ABGERIEBENE SCHALE VON 1 BIO-ZITRONE
1 PRISE SALZ
50 G WEICHE BUTTER

FÜR DEN BELAG:
175 G BUTTER
150 G ZUCKER

AUSSERDEM:
BACKPAPIER FÜR DAS BLECH

ZUBEREITUNG: 45 MIN. – RUHEN: 50 MIN. – BACKEN: 35 MIN. – PRO STÜCK CA. 240 KCAL – FÜR 1 BACKBLECH (CA. 20 STÜCKE)

STREUSEL-KUCHEN

1 Für den Teig das Mehl in eine Schüssel sieben und eine Mulde hineindrücken. Die Hefe mit etwas Zucker hineinbröckeln, mit 3 EL Milch und etwas Mehl verrühren. Den Vorteig an einem warmen Ort abgedeckt 20 Min. gehen lassen. Dann den Vorteig mit den restlichen Teigzutaten zu einem geschmeidigen Teig verarbeiten. Abgedeckt weitere 30 Min. gehen lassen.

2 Für die Streusel das Mehl mit Zucker und Vanillezucker mischen. Die Butter schmelzen und zur Mehlmischung geben. Alles rasch mit den Händen oder den Knethaken des Handrührgeräts zu Streuseln verarbeiten. Den Backofen auf 180° vorheizen. Das Backblech gründlich einfetten.

3 Den Hefeteig auf einer bemehlten Arbeitsfläche nochmals durchkneten, dann auf dem Backblech gleichmäßig ausrollen. Den Teig mit Sahne bestreichen, die Streusel darauf verteilen. Den Kuchen im heißen Backofen (Mitte) in 30–35 Min. goldbraun backen.

FÜR DEN TEIG:
350 G MEHL
20 G FRISCHE HEFE (½ WÜRFEL)
50 G ZUCKER
150 ML LAUWARME MILCH
50 G WEICHE BUTTER
¼ TL SALZ

FÜR DIE STREUSEL:
250 G MEHL
75 G ZUCKER
1 PCK. VANILLEZUCKER
200 G BUTTER
100 G SAHNE

AUSSERDEM:
MEHL ZUM ARBEITEN
FETT FÜR DAS BLECH

ZUBEREITUNG: 1 STD. 30 MIN. – BACKEN: 40 MIN. – KÜHLEN: 2 STD. – PRO STÜCK CA. 555 KCAL – FÜR 1 SPRINGFORM (26 CM Ø, CA. 12 STÜCKE)

Das Gebäck zum Film: Bunte Trachten, rauschende Tannen und Mädchen in duftigen, sahneweißen Kleidern – in romantisch-schnulzigen Heimatfilmen träumte man sich aus Trümmerlandschaften in heile Sehnsuchtswelten. 1950 lockte »Schwarzwaldmädel« rund 16 Millionen Deutsche in die Kinos. Ein absoluter Rekord, der schon im Folgejahr von »Grün ist die Heide« getoppt wurde.

SCHWARZWÄLDER KIRSCHTORTE

1 Backofen auf 180° vorheizen. Den Formboden mit Backpapier auslegen. Für den Teig Kuvertüre hacken und mit Butter im Wasserbad schmelzen. Eier trennen. Die Eiweiße mit 50 g Zucker steif schlagen. Die Eigelbe mit übrigem Zucker schaumig schlagen. Kuvertüremischung unterrühren, Eischnee daraufgeben. Mehl, Stärke, Kakao und Backpulver mischen, darübersieben und locker unterheben. Den Biskuit in die Form füllen, im Ofen (Mitte) ca. 40 Min. backen, herausnehmen und auskühlen lassen.

2 Für die Füllung Kirschen abtropfen lassen, Saft auffangen, 12 Kirschen beiseitelegen. 250 ml Saft (evtl. mit Wasser ergänzen) und 1 EL Zucker aufkochen. Stärke mit 5 EL Wasser verühren, in den Saft einrühren, aufkochen. 1 EL Kirschwasser und Kirschen unterrühren. Abkühlen lassen.

3 Biskuit zweimal waagerecht teilen. Die Böden mit übrigem Kirschwasser beträufeln. Sahne mit übrigem Zucker und Sahnefestiger steif schlagen. Ein Viertel davon in den Spritzbeutel füllen und kalt stellen.

4 Unteren Tortenboden in die Form legen, dünn mit Sahne bestreichen und die Kirschenmasse darauf verteilen. Mittleren Boden darauflegen, mit der Hälfte der Sahne bestreichen und mit dem dritten Boden bedecken. Alles leicht andrücken. Torte aus der Form lösen, rundherum mit der übrigen Sahne bestreichen und mit Sahnetupfen und Kirschen verzieren. Die Kuvertüre vom Block mit einem kleinen Messer direkt auf Tortenoberfläche und -rand raspeln. Die Torte mind. 2 Std. kalt stellen.

FÜR DEN TEIG:
150 G ZARTBITTER-KUVERTÜRE
(MIND. 45 % KAKAOANTEIL)
75 G BUTTER
6 EIER (M)
175 G ZUCKER
100 G MEHL
25 G SPEISESTÄRKE
25 G KAKAOPULVER
2 TL BACKPULVER

FÜR DIE FÜLLUNG:
1 GLAS SAUERKIRSCHEN
(370 G ABTROPFGEWICHT)
3 EL ZUCKER
30 G SPEISESTÄRKE
100 ML KIRSCHWASSER
800 G SAHNE
2 PCK. SAHNEFESTIGER

AUSSERDEM:
BACKPAPIER FÜR DIE FORM
SPRITZBEUTEL MIT GROSSER
STERNTÜLLE
50 G ZARTBITTER-KUVERTÜRE
(MIND. 45 % KAKAOANTEIL)

FÜR DEN TEIG:
125 G WEICHE BUTTER
200 G ZUCKER – SALZ
1 MSP. ZIMTPULVER
1 MSP. FEIN ABGERIEBENE BIO-ZITRONENSCHALE
6 EIER (M)
100 G SCHOKOLADEN-FETTGLASUR
200 G MEHL

FÜR DIE BUTTERCREME:
500 ML MILCH
1 PCK. MOKKAPUDDINGPULVER
1 EL PULVERKAFFEE (INSTANT)
150 G ZUCKER
250 G WEICHE BUTTER

ZUM GARNIEREN:
17 SCHOKOLIERTE MOKKA-BOHNEN
50 G MANDELBLÄTTCHEN

AUSSERDEM:
FETT FÜR DIE FORM
SPRITZBEUTEL MIT STERNTÜLLE

ZUBEREITUNG: 1 STD. 15 MIN. – BACKEN: 30 MIN. – RUHEN: 2 STD. – PRO STÜCK CA. 450 KCAL – FÜR 1 SPRINGFORM (26 CM Ø, CA. 16 STÜCKE)

MOKKATORTE

Es darf wieder von allem ein bisschen mehr sein, möglichst viel mehr. Fast die Hälfte des Monatseinkommens einer vierköpfigen deutschen Durchschnittsfamilie wird in Lebensmitteln angelegt: reichlich Butter, Eier, Zucker und Fleisch – alles, was im Krieg Mangelware war. Buttercreme machte sich üppig auf Torten breit. Und bereits 1952 vermelden erste Zeitungsberichte, dass viele Bundesdeutsche zu dick sind. Bestes Beispiel dafür war der Zigarre rauchende Bundeswirtschaftsminister Ludwig Erhard.

1 Den Boden der Springform mit Butter einfetten. Den Backofen auf 190° vorheizen. Für den Teig die Butter mit 100 g Zucker, 1 Prise Salz, Zimt und Zitronenschale hellcremig rühren. Eier trennen, die Eigelbe nacheinander unter die Buttermasse rühren. Fettglasur im Wasserbad schmelzen, dabei nicht warm werden lassen, dann unter die Buttermasse ziehen.

2 Die Eiweiße mit dem restlichen Zucker steif schlagen und unter die Buttermasse heben. Das Mehl sieben und nach und nach unter den Teig ziehen. Den Teig in die Form füllen und im Ofen (2. Schiene von unten) ca. 30 Min. backen. Den Biskuit zum Abkühlen auf ein Kuchengitter stürzen und vor dem Durchschneiden mind. 2 Std. ruhen lassen.

3 Für die Buttercreme von der Milch 5 EL abnehmen und das Puddingpulver damit anrühren. Die restliche Milch mit dem Pulverkaffee und dem Zucker aufkochen. Das angerührte Puddingpulver einrühren und einige Male aufkochen lassen. Den Pudding vom Herd nehmen und abgedeckt abkühlen lassen, dabei ab und zu umrühren. Die Butter schaumig rühren. Sobald Pudding und Butter die gleiche Temperatur haben, den Pudding löffelweise unter die Butter rühren.

4 Den Biskuit dreimal quer durschneiden. Drei Böden mit Mokkacreme bestreichen und aufeinandersetzen. Die Oberfläche und den Rand der Torte ebenfalls mit Creme bestreichen. Mit einem Messer 16 Tortenstücke auf der Oberfläche markieren.

5 Die restliche Mokkacreme in den Spritzbeutel füllen und jedes Tortenstück damit garnieren, mit den Mokkabohne belegen. Mandelblättchen in einer Pfanne ohne Fett goldgelb rösten, abkühlen lassen und am Tortenrand verteilen und andrücken.

ZUBEREITUNG: 1 STD. 20 MIN. – BACKEN: 40 MIN. – KÜHLEN: 2 STD. – PRO STÜCK 375 KCAL – FÜR 1 KRANZFORM (2 L INHALT, CA. 16 STÜCKE)

FRANKFURTER KRANZ

In Ostdeutschland herrschte bis in die 60er-Jahre Mangel an bestimmten Nahrungsmitteln wie Fleisch, Milch und Butter; dafür waren andere ausreichend und sogar günstiger als im Westen zu haben, da die DDR-Preise staatlich eingefroren waren. So gab es Grundnahrungsmittel wie etwa Brot oder Margarine satt, letztere sogar für nur ein Fünftel des Butterpreises. Nichtsdestotrotz: Ein Krokantkranz, wie der Frankfurter Kranz im Osten genannt wurde, mit Margarine? Und war dann mal Butter da, woher die Mandeln für den Krokant nehmen? Die DDR-Hausfrau improvisierte und zauberte Krokant aus Schwarzbrotkrümeln oder Haferflocken, die mit Zucker und nur einem Hauch Butter oder Margarine geröstet wurden.

1 Den Backofen auf 180° vorheizen. Die Form gut einfetten und mit Mehl ausstreuen. Für den Teig Eier, Zucker und 1 Prise Salz in einer Edelstahl-Rührschüssel über dem heißen Wasserbad dickschaumig aufschlagen. Vom Wasserbad nehmen und in weiteren 5 Min. kalt schlagen. Die Butter zerlassen und lauwarm abkühlen lassen. Mehl und Stärke zum Eischaum sieben und mit der Butter kurz unterrühren. Die Masse in die Form füllen und im heißen Backofen (unten) 35–40 Min. backen. Herausnehmen, 15 Min. in der Form abkühlen lassen und dann auf ein Kuchengitter stürzen. Auskühlen lassen.

2 Für die Creme das Vanillepuddingpulver mit 100 ml Milch glatt rühren. Übrige Milch mit Zucker aufkochen. Puddingpulver einrühren, unter Rühren aufkochen, vom Herd nehmen. Abgedeckt abkühlen lassen, dabei ab und zu umrühren.

3 Inzwischen für den Krokant die Butter erhitzen. Mandeln und Zucker darin unter Rühren goldbraun karamellisieren und auf Backpapier geben. Erkalten lassen und zerbröseln.

4 Die Butter für die Creme sehr schaumig rühren. Den leicht lauwarmen Pudding esslöffelweise unterrühren. Ca. 4 EL Creme in den Spritzbeutel geben. Biskuit zweimal waagerecht durchschneiden. Unteren Boden mit Konfitüre und etwas Creme bestreichen. Den zweiten Boden auflegen, mit etwas Buttercreme und dem oberen Boden bedecken. Den Kranz außen mit der übrigen Creme bestreichen, mit dem Krokant bestreuen. Mit dem Spritzbeutel Cremetupfen aufspritzen und mit den Kirschen garnieren. Frankfurter Kranz vor dem Servieren mind. 2 Std. kühlen.

FÜR DEN TEIG:
5 EIER (M)
150 G ZUCKER
SALZ
75 G BUTTER
100 G MEHL
40 G SPEISESTÄRKE

FÜR DIE BUTTERCREME:
1 PCK. VANILLEPUDDING-PULVER
500 ML MILCH
50 G ZUCKER
250 G WEICHE BUTTER

FÜR DEN KROKANT:
25 G BUTTER
125 G GEHACKTE MANDELN
50 G ZUCKER

AUSSERDEM:
FETT UND MEHL FÜR DIE FORM
BACKPAPIER
SPRITZBEUTEL MIT STERNTÜLLE
75 G KIRSCH- ODER ERDBEERKONFITÜRE ZUM BESTREICHEN
16 BELEGKIRSCHEN

ZUBEREITUNG: 1 STD. 30 MIN. – BACKEN: 50 MIN. – RUHEN: 12 STD. – KÜHLEN: 3 STD. – PRO STÜCK CA. 610 KCAL – FÜR 1 SPRINGFORM (26 CM Ø, CA. 12 STÜCKE)

PRINZ-REGENTENTORTE

1 Am Vortag den Boden der Springform mit Backpapier auslegen. Den Backofen auf 200° vorheizen. Eier, Zucker, 1 Prise Salz und 6 EL heißes Wasser mit den Rührbesen des Handrührgeräts sehr schaumig schlagen. Mehl, Stärke und Backpulver dazusieben und locker unterrühren. Die Hälfte des Teigs in die Form füllen. Im Ofen (Mitte) in ca. 25 Min. goldgelb backen. Herausnehmen, kurz abkühlen lassen, den Biskuit aus der Form lösen und auf einem Kuchengitter auskühlen lassen. Die übrige Biskuitmasse ebenso backen. Die Böden in Frischhaltefolie wickeln und über Nacht ruhen lassen.

2 Für die Creme Schokolade klein hacken. Puddingpulver mit 100 ml Milch glatt rühren. Übrige Milch erhitzen, Schokolade darin schmelzen und mit Zucker und Kakao aufkochen. Angerührtes Puddingpulver einrühren, einmal unter Rühren aufkochen, dann in eine Schüssel füllen. Abgedeckt abkühlen lassen, dabei ab und zu umrühren. Die Butter schaumig rühren. Den lauwarmen Pudding esslöffelweise unterrühren.

3 Jeden Biskuitboden zweimal waagerecht durchschneiden, alle Böden dünn mit Buttercreme bestreichen (dabei ein gutes Viertel zurückbehalten) und aufeinandersetzen. Die Torte rundherum mit der übrigen Creme bestreichen und 1 Std. kalt stellen.

4 Das Marzipan mit dem Puderzucker gründlich verkneten, auf Puderzucker in Tortengröße möglichst dünn ausrollen und auf die Torte legen. Für die Glasur die Kuvertüre hacken und mit Öl über dem heißen Wasserbad schmelzen. Die Torte damit überziehen und mind. 2 Std. kühlen.

FÜR DEN TEIG:
8 EIER (M)
150 G ZUCKER
SALZ
200 G MEHL
25 G SPEISESTÄRKE
2 TL BACKPULVER

FÜR DIE BUTTERCREME:
100 G ZARTBITTER-SCHOKOLADE (MIND. 70 % KAKAOANTEIL)
1 PCK. SCHOKOLADEN-PUDDINGPULVER
500 ML MILCH
50 G ZUCKER
3 TL KAKAOPULVER
250 G WEICHE BUTTER

FÜR DECKE UND GLASUR:
200 G MARZIPANROHMASSE
1 EL PUDERZUCKER
200 G ZARTBITTER-KUVERTÜRE (MIND. 70 % KAKAOANTEIL)
2 TL ÖL

AUSSERDEM:
BACKPAPIER FÜR DIE FORM
FRISCHHALTEFOLIE
PUDERZUCKER ZUM AUSROLLEN

ZUBEREITUNG: 20 MIN. – RUHEN: 13 STD. – BACKEN: 45 MIN. –
PRO STÜCK CA. 330 KCAL – FÜR 1 SPRINGFORM (24 CM Ø, CA. 12 STÜCKE)

PUNSCHTORTE

1 Den Backofen auf 180° vorheizen. Die Form mit Backpapier auslegen. Die Eier trennen, die Eiweiße steif schlagen. Eigelbe mit 100 g Zucker schaumig schlagen. Den Eischnee, das Mehl, die Stärke und das Backpulver unterziehen. Die Biskuitmasse in die vorbereitete Form geben und im heißen Backofen (Mitte) 45 Min. backen. Herausnehmen und 12 Std. ruhen lassen.

2 Den Biskuit waagerecht zweimal durchschneiden. Den mittleren Boden in 2 cm große Würfel schneiden, die beiden anderen Böden mit je 10 ml Rum beträufeln und je 100 g Konfitüre bestreichen. Den unteren Boden wieder in die Springform geben.

3 Die Zitrussäfte mit 20 ml Rum, 50 g Konfitüre und dem übrigen Zucker aufkochen lassen. Biskuitwürfel untermischen. Die Füllung auf den unteren Tortenboden geben und den oberen Boden leicht daraufdrücken. Die Torte mit einem Brettchen beschweren und 1 Std. ruhen lassen. Dann die übrige Konfitüre erwärmen und die Torte damit überziehen.

4 Den Puderzucker mit dem übrigen Rum glatt verrühren. Von dem Guss 2–3 EL abnehmen und mit dem Kakao verrühren. Den Kakaoguss in den Tiefkühlbeutel füllen und eine winzige Ecke abschneiden.

5 Die Punschtorte mit dem weißen Puderzuckerguss glatt überziehen. Den Kakaoguss spiralförmig auf die Torte spritzen und mit einem Messer Linien von innen nach außen ziehen.

6 EIER (M)
125 G ZUCKER
150 G MEHL
75 G SPEISESTÄRKE
2 TL BACKPULVER
60 ML RUM
300 G APRIKOSENKONFITÜRE
SAFT VON 2 ORANGEN UND 1 ZITRONE
200 G PUDERZUCKER
½ TL KAKAOPULVER

AUSSERDEM:
BACKPAPIER FÜR DIE FORM
KLEINER TIEFKÜHLBEUTEL

Endlich durfte wieder gefeiert und auf den neuen Wohlstand angestoßen werden: mit einem Gläschen **Eierlikör** oder auch **Rum** im Kuchenguss. Häufig brauchte es aber ein paar Schnäpschen mehr, um Kriegstraumata zu lindern. Nicht nur Heimkehrer suchten Trost im Alkohol. Viele (Trümmer-) Frauen, die beim Wiederaufbau ihren Mann hatten stehen müssen, taten sich schwer, plötzlich wieder in die Rolle der Hausfrau zurückgedrängt zu werden. Kinder, Küche, Herd, dort sah die Nachkriegsgesellschaft nach wie vor den Platz der Frau. Depressionen waren oft die Folge. Offen wurde darüber nicht gesprochen, dafür gab es **»Frauengold«**. Das Herz-Kreislauf-Tonikum enthielt neben pflanzlichen Wirkstoffen über 16 Prozent Alkohol. Dieser rezeptfreie Schwips versprach Linderung: »Lebensfroh mit Frauengold!« – wie es in der Werbung so schön hieß.

ZUBEREITUNG: 45 MIN. – KÜHLEN: 30 MIN. – BACKEN: 1 STD. 20 MIN. – PRO STÜCK CA. 365 KCAL – FÜR 1 SPRINGFORM (26 CM Ø, CA. 12 STÜCKE)

KÄSEKUCHEN

1 Für den Teig das Mehl auf die Arbeitsfläche sieben. In die Mitte eine Mulde drücken, Zucker und 1 Prise Salz daraufstreuen und das Ei hineingeben. Die Butter in Flöckchen auf dem Rand verteilen. Alles vom Rand aus rasch zu einem glatten Teig verkneten. Teig in Folie wickeln und 30 Min. kalt stellen.

2 Für den Belag die Zitrone heiß waschen und abtrocknen, die Schale abreiben, Saft auspressen. Die Eier trennen. Quark, Milch, Sahne, 50 g Zucker, Eigelbe, Zitronensaft und -schale verrühren. Vanillepuddingpulver und Stärke gründlich unterrühren. Die Eiweiße mit dem übrigen Zucker dick-cremig schlagen und behutsam unter die Quarkcreme heben.

3 Den Backofen auf 200° vorheizen. Die Springform gründlich einfetten. Den Teig auf der bemehlten Arbeitsfläche auf ca. 30 cm Ø ausrollen. Die Form mit dem Teig auskleiden, dabei einen hohen Rand bilden. Den Teigboden mit einer Gabel mehrmals einstechen, mit Backpapier belegen und mit Hülsenfrüchten beschweren. Den Teig im Ofen (unten) 15–20 Min. blindbacken. Herausnehmen und das Papier mitsamt den Hülsenfrüchten entfernen.

4 Die Käsemasse auf den Teigboden geben und verstreichen. Den Kuchen weitere 20 Min. backen, bis die Käsemasse aufgegangen ist.

5 Dann die Ofentemperatur auf 175° zurückschalten. Den Kuchen mit einem spitzen Messer rundherum zwischen Teigrand und Füllung einschneiden, so kann der Kuchen gleichmäßig aufgehen. Den Käsekuchen ca. 40 Min. weiterbacken, dabei – sobald die Oberfläche goldgelb ist – mit Backpapier abdecken, damit er nicht zu dunkel wird. Herausnehmen, abkühlen lassen.

GUT ZU WISSEN: Bestreichen Sie den fertigen Kuchen mit etwas flüssiger Butter, das gibt ihm einen appetitlichen Glanz.

FÜR DEN TEIG:
250 G MEHL
75 G ZUCKER
SALZ
1 EI (M)
125 G KALTE BUTTER

FÜR DEN BELAG:
1 BIO-ZITRONE
5 EIER (M)
800 G MAGERQUARK
100 ML MILCH
150 G SAHNE
125 G ZUCKER
1 PCK. VANILLEPUDDING-PULVER
50 G SPEISESTÄRKE

AUSSERDEM:
FRISCHHALTEFOLIE
FETT FÜR DIE FORM
MEHL ZUM ARBEITEN
BACKPAPIER
GETROCKNETE HÜLSENFRÜCHTE ZUM BLINDBACKEN

ZUBEREITUNG: 45 MIN. – BACKEN: 20 MIN. – PRO STÜCK CA. 745 KCAL – FÜR 4 STÜCK

WINDBEUTEL

1 Den Backofen auf 220° vorheizen, ein Backblech mit Backpapier auslegen. Für den Teig Mehl und Backpulver mischen. Die Milch mit der Butter und 1 Msp. Salz in einem Topf aufkochen. Das Mehl dazugeben und mit einem Kochlöffel unterrühren, bis der Teig einen Kloß bildet und am Topfboden eine weiße Schicht entsteht.

2 Teig in eine Schüssel geben, kurz abkühlen lassen. Dann nacheinander die Eier mit den Rührbesen des Handrührgerätes unterrühren, bis ein glatter, glänzender Brandteig entstanden ist. In den Spritzbeutel füllen, in 4 flachen Rosetten (ca. 7 cm Ø) auf das Blech spritzen, dabei dazwischen reichlich Abstand lassen. Blech in den Ofen (Mitte) schieben, 1 ordentlichen Schuss Wasser auf den Ofenboden gießen und die Ofentüre sofort verschließen. Die Windbeutel in ca. 20 Min. goldbraun backen. Herausnehmen, auf einem Kuchengitter auskühlen lassen. Spritzbeutel säubern.

3 Für die Füllung die Kirschen in einem Sieb abtropfen lassen, den Saft auffangen. Den Zucker in einem Topf bei mittlerer Hitze schmelzen und in 3 Min. hell karamellisieren lassen. Mit dem Kirschsaft ablöschen, aufkochen. Vanillemark, Orangenschalen und den Zimt dazugeben, alles 5 Min. kochen lassen. Die Stärke mit 2–3 EL kaltem Wasser verrühren, zum Saft geben und unter Rühren 3 Min. kochen lassen. Zum Schluss das Kirschwasser und die Kirschen untermischen, den Topf vom Herd ziehen und die Kirschen auskühlen lassen.

4 Die Windbeutel quer halbieren, die Kirschen auf den unteren Hälften verteilen. Sahne mit Vanillezucker steif schlagen und in den Spritzbeutel füllen. Sahne als Riesen-Rosetten auf die Kirschen spritzen, Windbeuteldeckel darauflegen. Mit reichlich Puderzucker bestäuben und servieren.

FÜR DEN TEIG:
70 G MEHL
1 MSP. BACKPULVER
120 ML MILCH
1 ½ EL BUTTER (CA. 30 G)
SALZ
2 EIER (M)

FÜR DIE FÜLLUNG:
1 GLAS SCHATTENMORELLEN (680 G)
2 EL BRAUNER ZUCKER
MARK VON ½ VANILLESCHOTE
2 STÜCK BIO-ORANGENSCHALE (JE CA. 5 CM)
1 MSP. ZIMTPULVER
3 TL SPEISESTÄRKE
1 EL KIRSCHWASSER
600 G SAHNE
2 TL VANILLEZUCKER

AUSSERDEM:
BACKPAPIER FÜR DAS BLECH
SPRITZBEUTEL MIT GROSSER STERNTÜLLE
PUDERZUCKER ZUM BESTÄUBEN

250 G WEICHE BUTTER
100 G GERIEBENER PARMESAN
4 EIER (M)
350 G MEHL
SALZ
½ TL EDELSÜSSES PAPRIKAPULVER
2 TL BACKPULVER
250 G KRÄUTER-FRISCHKÄSE
250 G MASCARPONE
1 BUND SCHNITTLAUCH

AUSSERDEM:
FETT FÜR DIE FORM

ZUBEREITUNG: 2 STD. – BACKEN: 5 × 7 MIN. – PRO STÜCK CA. 480 KCAL – FÜR 1 SPRINGFORM (26 CM Ø, CA. 12 STÜCKE)

Typisch für die 50er: Man lud zur Cocktailparty – nicht zuletzt, um stolz die neu erworbenen Güter präsentieren zu können. Es musste ja nicht immer gleich die Schrankwand mit integrierter Bar sein, die damals in Mode kam. Aber ab Mitte des Jahrzehnts gehörte auf jeden Fall eine Musiktruhe in die gute Stube. Klotzige Holzkästen mit einem Kunstglasaufsatz, der den schicken Hi-Fi-Möbeln den Namen »Schneewittchensarg« einbrachte. Die geselligen Treffen galten zwar als »zwanglos«, bedeuteten aber Schwerstarbeit für die Hausfrau, die Häppchen vorbereitete, bis sich das kalte Büfett bog. Dort immer gern genommen: eine Ecke Käseschichttorte.

PIKANTE KÄSESCHICHT-TORTE

1 Den Backofen auf 200° vorheizen. Die Springform mit Butter einfetten. Die Butter mit dem Parmesan verrühren, dann nach und nach die Eier unterarbeiten. Das Mehl mit ½ TL Salz, dem Paprikapulver und dem Backpulver mischen und unter die Eier-Käse-Masse mengen.

2 Den Teig in 5 Stücke teilen. Jede Teigportion auf dem Boden der Form flachdrücken und im Backofen (Mitte) in ca. 7 Min. goldgelb backen. Die Böden auskühlen lassen

3 Den Kräuter-Frischkäse mit dem Mascarpone cremig rühren. Die Tortenböden damit bestreichen und aufeinandersetzen. (Falls noch Käsecreme übrig ist, die Torte rundherum damit bestreichen.) Zum Schluss noch den Schnittlauch waschen, trocken schütteln und in Röllchen schneiden. Die Käsetorte damit bestreuen.

ZUBEREITUNG: 1 STD. – KÜHLEN: 30 MIN. – BACKEN: PRO BLECH 35 MIN. – PRO STÜCK CA. 335 KCAL – FÜR CA. 12 STÜCK

PILZ-TÄSCHCHEN

1 Den Quark in einem Geschirrtuch auspressen. Mit 250 g Butter in kleinen Stückchen, Mehl und ½ TL Salz zu einem glatten Teig verkneten. Den Teig zugedeckt 30 Min. kalt stellen.

2 Die Pilze abreiben, putzen und in dünne Scheiben schneiden. Zwiebeln und Knoblauch schälen, fein würfeln. Die Petersilie abbrausen, trocken schütteln und die Blättchen hacken.

3 Die übrige Butter in einer Pfanne schmelzen. Darin die Zwiebeln glasig dünsten, Pilze und Knoblauch 3–4 Min. mitdünsten. Salzen und pfeffern. Dünsten, bis alle Flüssigkeit verdampft ist. Dann die Mischung etwas abkühlen lassen und Crème fraîche, Eigelb, Petersilie und Gouda untermengen. Mit Salz und Pfeffer abschmecken.

4 Den Backofen auf 200° vorheizen, das Backblech mit Backpapier auslegen. Den Teig auf der bemehlten Arbeitsfläche 3 mm dünn ausrollen, ca. 12 Kreise ausstechen. Die Füllung in die Mitte der Teigkreise geben, den Teig darüber zusammenfassen, die Ränder fest zusammendrücken. Das Ei mit der Milch verquirlen.

5 Die Hälfte der Täschchen auf das Blech legen und mit der Eiermilch bestreichen. Im Ofen (2. Schiene von unten) 35 Min. backen. Dann die übrigen Täschchen wie beschrieben backen. Warm servieren.

250 G MAGERQUARK
280 G BUTTER
300 G MEHL – SALZ
400 G CHAMPIGNONS
(ERSATZWEISE EGERLINGE)
2 ZWIEBELN
1 KNOBLAUCHZEHE

1 BUND PETERSILIE
PFEFFER
2 EL CRÈME FRAÎCHE
1 EIGELB (M)
100 G GERIEBENER GOUDA
1 EI (M)
2 EL MILCH

AUSSERDEM:
MEHL ZUM ARBEITEN
AUSSTECHER (12 CM Ø)

ZUBEREITUNG: 1 STD. 30 MIN. – KÜHLEN: 1 STD. – BACKEN: PRO BLECH 10 MIN. – PRO STÜCK CA. 45 KCAL – FÜR CA. 80 STÜCK

KÄSE-PLÄTZCHEN

1 Das Mehl mit dem Backpulver auf eine Arbeitsfläche sieben. Den Gouda und den Sbrinz fein reiben, den Camembert durch ein Sieb streichen. Den Käse über das Mehl streuen, die Gewürze darüberstreuen. Die Butter in Flöckchen darüberschneiden, das ganze Ei in die Mitte geben. Alle Zutaten mit einem großen Messer, einer Palette oder Teigkarte zerhacken, dann zu einem glatten Mürbeteig verkneten. Den Teig zugedeckt 1 Std. kalt stellen.

2 Den Backofen auf 220° vorheizen, das Backblech mit Backpapier auslegen. Den Teig in zwei Portionen auf einer leicht bemehlten Arbeitsfläche ca. ½ cm dick ausrollen und mit den Ausstechern Plätzchen ausstechen oder den Teig mit dem Teigrädchen in kleine Rauten schneiden.

3 Eigelb mit der Sahne verquirlen. Die erste Portion der Plätzchen auf das Backblech legen, mit der Eigelbsahne bestreichen und abwechselnd mit den Nüssen, den Pistazien und den Samen bestreuen. Die Käseplätzchen im Ofen (oben) in ca. 10 Min. goldgelb backen. Dann nach und nach die anderen Plätzchen wie beschrieben backen.

250 G MEHL
1 TL BACKPULVER
JE 60 G MITTELALTER GOUDA, SBRINZ UND CAMEMBERT
JE 1 MSP. PFEFFER, FRISCH GERIEBENE MUSKATNUSS UND EDELSÜSSES PAPRIKAPULVER

200 G KALTE BUTTER
1 EI (M)
1 EIGELB (M)
1 EL SAHNE
JE 1 EL GEHACKTE ERDNÜSSE, PISTAZIENKERNE, KÜMMEL, MOHN UND SESAM

AUSSERDEM:
BACKPAPIER FÜR DAS BLECH
MEHL ZUM ARBEITEN
BELIEBIGE AUSSTECHER (3 CM Ø) ODER TEIGRÄDCHEN

ZUBEREITUNG: 1 STD. – ABTROPFEN: 2 STD. – KÜHLEN: 4 STD. 30 MIN. – BACKEN: PRO BLECH 25 MIN. – PRO STÜCK CA. 240 KCAL – FÜR 16 STÜCK

SCHINKEN-HÖRNCHEN

Die kalten Büfetts der 50er und 60er sind legendär: Käseigel, gefüllte Eier, Tomatenfliegenpilze, Schinkenröllchen mit Dosenspargel und Pumpernickeltürmchen. Alles, was die Küche und vor allem auch Dose hergab, wurde kunstvoll arrangiert, dekoriert und drapiert. Ein wahres Wirtschaftswunder-Schlaraffenland, wo jeder gerne mehrmals zugriff … Präsentiert wurde das Ganze in und auf ebenso einfallsreichem Geschirr: Da gab es Anhänger aus Muranoglas, um das eigene Getränk zu markieren, Olivenschiffchen und geteilte Häppchenschalen, Glasuntersetzer aus buntem Aluminium und den unvermeidlichen Sodasiphon – lauter herrlich unnütze Dinge, die heutige Flohmarktgänger heiß und innig lieben.

1 Am Vortag den Quark 1–2 Std. in einem Sieb abtropfen lassen. Dann das Mehl auf die Arbeitsfläche häufen, in die Mitte eine Vertiefung drücken. Abgetropften Quark, ½ TL Salz und die Butter in Flöckchen hineingeben. Die Zutaten mit einem großen Messer, einer Teigkarte oder Palette grob durchhacken, bis Krümel entstehen. Die Krümel mit den Händen rasch zu einem glatten Teig verkneten und ein Quadrat formen, in Frischhaltefolie wickeln und 30 Min. kalt stellen.

2 Den gekühlten Teig auf wenig Mehl knapp 1 cm dick zu einem Rechteck ausrollen. Ein Drittel des Teiges zur Mitte falten und das andere Teigdrittel darüberschlagen. Teig wieder ausrollen und diesen Vorgang dreimal wiederholen. Den Teig in Folie wickeln und mind. 4 Std. (oder über Nacht) im Kühlschrank ruhen lassen.

3 Am nächsten Tag für die Füllung die Zwiebeln schälen und fein würfeln. Die Petersilie abbrausen, trocken schütteln, die Blättchen abzupfen und fein hacken. Den Schinken würfeln. Die Butter schmelzen, die Zwiebeln darin glasig dünsten. Schinken und Petersilie dazugeben und kurz mit andünsten, mit Pfeffer würzen. Den Backofen auf 210° vorheizen.

4 Zwei Backbleche mit kaltem Wasser benetzen. Den Teig auf etwas Mehl zu einem Rechteck (ca. 35 × 50 cm) ausrollen und längs halbieren. Jeden Teigstreifen in 8 spitze Dreiecke schneiden. Die Füllung auf die kurze Teigseite geben und die Dreiecke zu Hörnchen aufrollen, dabei den Teig mit den Fingern etwas nach außen ziehen. Die Hörnchen auf die Bleche legen. Eigelb und Milch verquirlen und die Hörnchen damit bestreichen. Nacheinander im Ofen (Mitte) in 20–25 Min. goldgelb backen.

FÜR DEN TEIG:
250 G MAGERQUARK
250 G MEHL
SALZ
250 G BUTTER

FÜR DIE FÜLLUNG:
2 GROSSE ZWIEBELN
1 BUND PETERSILIE
300 G ROHER SCHINKEN (OHNE FETTRAND)
2 EL BUTTER
PFEFFER

AUSSERDEM:
FRISCHHALTEFOLIE
MEHL ZUM ARBEITEN
1 EIGELB (M) UND 1 EL MILCH ZUM BESTREICHEN

DIE 1950ER

»DER ROTE PIZZA-FADEN«

ZUBEREITUNG: 1 STD. 20 MIN. – BACKEN: PRO BLECH 20 MIN. –
PRO STÜCK CA. 1350 KCAL – FÜR 2 STÜCK

PIZZA MARGHERITA

1 Das Mehl in eine Schüssel geben, in die Mitte eine Mulde drücken. Die Hefe hineinbröckeln, mit Zucker bestreuen und mit 125 ml lauwarmem Wasser und etwas Mehl glatt rühren. Den Vorteig zugedeckt an einem warmem Ort mind. 15 Min. gehen lassen.

2 Dann 1 TL Salz und 2 EL Öl auf den Mehlrand geben, 125 ml lauwarmes Wasser dazugießen und alles 10 Min. verkneten, bis der Teig geschmeidig ist. Den Hefeteig zugedeckt an einem warmen Ort mind. 30 Min. gehen lassen.

3 Inzwischen für den Tomatensugo die Stielansätze der Tomaten entfernen. Tomaten kurz überbrühen, häuten und in Stücke schneiden. 2 EL Olivenöl in einem Topf erhitzen, die Tomaten dazugeben und offen unter gelegentlichem Rühren 15 Min. dünsten, bis die Flüssigkeit etwas verdampft ist. Mit Salz, Pfeffer und zerriebenem Oregano kräftig würzen. Den Sugo abkühlen lassen. Mozzarella in Scheiben schneiden und den Pecorino reiben.

4 Zwei Backbleche mit Olivenöl einfetten. Den Hefeteig nochmals kneten und halbieren. Die Hälften zu runden Fladen (ca. 25 cm Ø) ausrollen, dabei die Ränder etwas dicker lassen. Fladen auf die Bleche legen und mit Tomatensugo bestreichen. Mit Mozzarellascheiben belegen und mit übrigem Olivenöl beträufeln. Die Pizza zugedeckt 10 Min. gehen lassen. Den Backofen auf 240° vorheizen. Die Fladen nacheinander im Ofen (Mitte) ca. 20 Min. backen, dabei jeweils nach 10 Min. mit geriebenem Käse bestreuen.

5 Die zuerst gebackene Pizza nochmals 2 Min. in den abgeschalteten Ofen schieben. Die Basilikumblätter von den Stängeln zupfen und über die beiden fertigen Pizzen streuen. Servieren.

400 G MEHL
20 G FRISCHE HEFE (½ WÜRFEL)
1 PRISE ZUCKER – SALZ
6 EL OLIVENÖL

750 G FLEISCHTOMATEN
PFEFFER
1 TL GETROCKNETER OREGANO
200 G MOZZARELLA
50 G PECORINO
3 STÄNGEL BASILIKUM

AUSSERDEM:
OLIVENÖL FÜR DIE BLECHE

Hätte Nicolino di Camillo seiner »Bier- und Speisewirtschaft« nicht den Beinamen **»Capri«** gegeben – wer weiß, ob die erste Pizzeria Deutschlands so populär geworden wäre. Sonnenuntergang und aufs Meer fahrende Fischer – davon träumte Nachkriegsdeutschland. Die Reise ins **Sehnsuchtsland Italien** lag allerdings für die meisten in weiter Ferne: viel zu teuer, wie anfangs auch die Besuche in den rasch zahlreicher werdenden Pizzerien. Also fantasierte man weiter, hörte Italienschlager und versuchte sich daheim selbst an **Pizza.** Das Ergebnis: ein Blech mit reichlich Hefeteig, durchtränkt von einem Belag aus dicken, halbreifen Tomatenscheiben und Reibekäse. Furchtbar? Nein, im Gegenteil, es schmeckte herrlich: exotisch anders und ein bisschen nach Süden. Wie man die Ur-Form der Pizza wirklich zubereitet, lernten wir später.

1943
komponiert Rudi Schuricke »Die Capri-Fischer«. Der zunächst verbotene Song wird nach dem Krieg zum Kult und Evergreen.

1952
Die erste Pizzeria Deutschlands, »Sabbie di Capri«, wird in Würzburg eröffnet.

1955
Das erste Anwerbeabkommen für Gastarbeiter aus Italien wird unterzeichnet.

1956
Peter Alexander & Caterina Valente singen den Schlager »Komm ein bisschen mit nach Italien«.

DIE 1960ER

DIE MAUER IN UNSEREN TÖPFEN

»Niemand hat die Absicht eine Mauer zu errichten« – das Lippenbekenntnis des späteren DDR-Staatschefs Ulbricht vom 15.06.1961 hatte kaum zwei Monate Gültigkeit, dann wurde die Teilung Deutschlands aus Stein gemauerte Realität. Der Ost-West-Konflikt reichte aber weit über die deutsch-deutsche Grenze hinaus und bestimmte das gesamte Jahrzehnt. Bereits zwei Jahre später geriet der Kalte Krieg durch die Kuba-Krise in eine gefährlich heiße Phase, und das Wettrüsten zwischen Russen und Amerikanern auf dem Feld der bemannten Raumfahrt reichte bis zum Mond hinauf. Trotz oder gerade aus Angst vor einem Dritten Weltkrieg bewahrte man auf beiden Seiten der Mauer vor allem eins: (Galgen-)Humor.

»Wer sich selbst auf den Arm nimmt, erspart anderen die Arbeit«, kalauerte Heinz Erhardt damals. Harmlose Witze wie diese liebte das Nachkriegsdeutschland: Besser es wird über einen gelacht, als dass man wieder gefürchtet wird. Falscher Hase, Kalte Ente und Apfel im Schlafrock – Heim und Tisch mit inzwischen wieder wohl gefüllten Tellern wurden zur gefahrenfreien Spaßzone erklärt. In den eigenen vier Wänden machte man es sich gemütlich. Am liebsten vor dem Fernseher, der nun bereits in immer mehr Westhaushalten stand. Straßenfeger wie Francis-Durbridge- und Edgar-Wallace-Krimis oder »Raumpatrouille Orion« erlaubten kleine Alltagsfluchten, genau wie erste bescheidene Urlaube an der Adria. Im Osten arbeitete man unterdessen hart am Arbeiter- und Bauernstaat, meist sechs Tage die Woche, Männer wie Frauen. Trotz aller Anstrengungen waren »Bedarfslücken« die Regel. Die füllte man so gut es eben ging durch Obst und Gemüse aus der eigenen Datsche, Tauschen, Westverwandte oder Tipps vom TV-Koch.

Während man hüben in Deutschland Schlager pfiff und drüben die Internationale schmetterte, erklangen anderswo bereits ganz andere Töne: »I can't get no satisfaction« – wie die Rolling Stones, The Doors oder The Who hatte die Jugend genug von der Lebensweise der Eltern. Vietnamkrieg, Rassentrennung und eine verstaubte Sexualmoral riefen erst in den USA, dann Mitte des Jahrzehnts in Europa die Studentenbewegungen auf die Straßen. Dort artikulierte sich lautstark eine neue Generation, die mehr als Friede, Freude und Kuchen wünschte: »We're the young generation, and we've got something to say!«

DIE MAUER IN DIE 1960ER UNSEREN TÖPFEN

»DAS IST EIN KLEINER SCHRITT FÜR EINEN MENSCHEN, ABER EIN RIESIGER SPRUNG FÜR DIE MENSCHHEIT«, MEINTE NEIL ARMSTRONG, DER ASTRONAUT, DER AM **21. JULI 1969** ALS ERSTER MENSCH DEN MOND BETRAT. ACHT JAHRE VORHER, AM **12. APRIL 1961** HATTE BEREITS DER RUSSISCHE KOSMONAUT JURI GAGARIN DIE ERDE EINMAL IN SEINEM RAUMSCHIFF UMRUNDET.

Veränderung beginnt nicht nur im, sondern auch auf dem Kopf – so erregten die Beatles mit ihren pilzförmigen Haarschöpfen den Unmut der stramm gekämmten Nachkriegsgeneration. Und tatsächlich, der Hamburger Fotograf Jürgen Vollmer, der den Liverpoolern **1961** den Haarschnitt nach eigenem Vorbild verpasst hatte, wählte seine Frisur nach eigenem Bekunden als Ausdruck seines Rebellentums gegen Spießer. Je stärker die Jugend protestierte, desto länger wurden die Haare. Höhepunkt des Haarkults: Mit ungebändigten Mähnen und Rhythmen erteilt **1968** das Hippiemusical »Hair« dem Vietnamkrieg und dem Establishment gleichermaßen eine Absage.

Ab **1960** gab Rudolf Kroboth zwölf Jahre lang im DDR-Fernsehen wöchentlich den »Tip des Fischkochs«, um den Genossen Fisch schmackhaft zu machen. Anstelle ausgefeilter Fischrezepte gab's im Westen schon seit **1959** Fisch als praktisches Tiefkühlprodukt direkt für die Pfanne: Fischstäbchen.

Mit »Eins, zwei, drei« gelang Regisseur Billy Wilder ein amüsanter Blick auf den Ost-West-Konflikt. Gedreht wurde die Komödie um den amerikanischen Firmendirektor MacNamara, der Coca-Cola auch jenseits des Eisernen Vorhang verkaufen will, in Berlin. Der Mauerbau überraschte das Filmteam, das die damals noch offenen Stadtsektoren als Drehort gewählt hatte. Eine Szene vor dem Brandenburger Tor musste daher in München vor einer Pappkulisse gedreht werden.

*In Sachen Fußball waren **1966** für Deutschland die wunderbaren Zeiten erst einmal vorbei: Durch das umstrittene, berüchtigte »Wembley-Tor« nach Verlängerung unterlag das favorisierte Deutschland im WM-Finalspiel England mit 1 : 2.*

Der erste Ausflug eines Menschen ins All beflügelte die Fantasie der zu Hause gebliebenen Erdlinge: die Zahl der gesichteten »Fliegenden Untertassen« nahm rapide zu, und man erwartete mit Spannung die neuesten Science-Fiction-Abenteuer von Perry Rhodan, die seit **1961** wöchentlich (bis heute!) erscheinen. Die preiswerten Heftromane waren ebenso eine deutsche Erfindung wie die TV-Serie »Raumpatrouille Orion«. Darin kämpfte Dietmar Schönherr als Kommandant McLane unter anderem mit Omikronstrahlern gegen intergalaktische Bösewichter und Außerirdische in Froschkostümen.

»EI BABBA« – MIT »DIE HESSELBACHS« LERNTE DIE BUNDESDEUTSCHE FERNSEHGEMEINDE NICHT NUR HESSISCH. IN DEN ALLTÄGLICHEN, LIEBENSWERTEN NÖTEN DER KLEINUNTERNEHMERFAMILIE FAND MAN SICH AUF AMÜSANTE WEISE WIEDER. SO LIEF DIE SENDUNG MIT KURZER UNTERBRECHUNG VON **1961** BIS **1967** MIT EINSCHALTQUOTEN VON FAST 90 PROZENT – EIN ECHTER STRASSENFEGER.

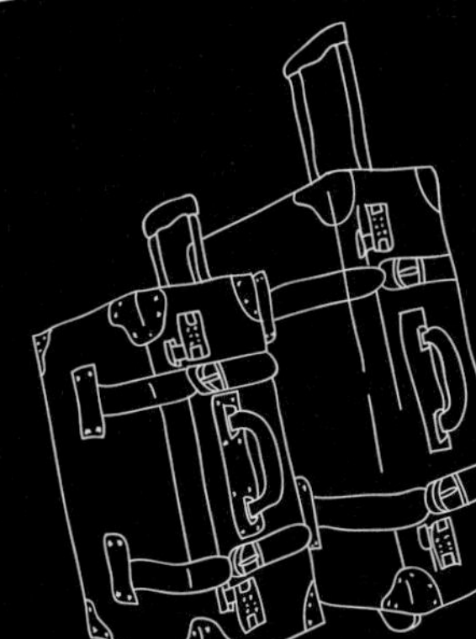

Der Konsumhunger nach dem Krieg war enorm. Doch woher bekam man Kleider, Möbel oder den neuen Kühlschrank, vor allem auf dem flachen Land? »Neckermann macht's möglich« versprach der **1950** gegründete Versandhandel in seinem Slogan von **1961** – und wurde damit zu einem der erfolgreichsten Nachkriegsunternehmen. Alles kam, per Katalog bestellt, einfach und preiswert direkt ins Haus. Ab **1963** sogar die Fernreise: Im gerade mal sechsseitigen Katalog wurden zu dieser Zeit schon Pauschalreisen nach Mallorca und an die Costa del Sol offeriert.

ZUBEREITUNG: 1 STD. – RUHEN: 1 STD. 15 MIN. – PRO STÜCK CA. 315 KCAL –
FÜR 12 STÜCK

BERLINER

1 Die Milch lauwarm erhitzen. Mehl in eine Schüssel geben, in die Mitte eine Mulde drücken, Hefe hineinbröckeln. Mit der Milch, 1 TL Zucker und etwas Mehl vom Rand verrühren. Den Vorteig mit einem Geschirrtuch abgedeckt an einem warmen Ort ca. 15 Min. gehen lassen.

2 Butter schmelzen und lauwarm abkühlen lassen. Mit dem übrigen Zucker, den Eiern und 1 Prise Salz zum Vorteig geben. Alles mit den Knethaken des Handrührgeräts kräftig verkneten, bis sich der Teig vom Schüsselrand löst. Den Hefeteig auf wenig Mehl kurz durchkneten. Abgedeckt weitere 45 Min. an einem warmen Ort gehen lassen, bis sich sein Volumen verdoppelt hat.

3 Den Teig auf der bemehlten Arbeitsfläche kräftig durchkneten und zu einer Rolle formen. Die Rolle in 12 Scheiben schneiden und jede zu einer glatten Kugel formen. Die Teigkugeln mit einem Geschirrtuch bedecken und weitere 15 Min. gehen lassen.

4 In einem weiten Topf das Öl erhitzen. Die Temperatur ist richtig, wenn an einem eingetauchten Holzstäbchen sofort kleine Bläschen entstehen. Mit einer Schaumkelle 2–3 Teigkugeln in das heiße Öl geben und von jeder Seite in 3–4 Min. goldbraun backen. Zum Schluss die Berliner einmal ganz untertauchen, sodass auch der entstandene weiße Streifen mitgebacken wird. Die fertigen Berliner mit der Schaumkelle herausnehmen und auf Küchenpapier entfetten. So fortfahren, bis alle ausgebacken sind.

5 Das Gelee in den Spritzbeutel füllen. Die Tülle in jeden Berliner seitlich tief einstechen und etwas Gelee hineinspritzen. Die Berliner noch warm in Zucker wälzen oder mit Puderzucker bestreuen.

FÜR DEN TEIG:
125 ML MILCH
500 G WEIZENMEHL (TYPE 550)
42 G FRISCHE HEFE (1 WÜRFEL)
75 G ZUCKER
75 G BUTTER
2 EIER (M)
SALZ

ZUM FÜLLEN UND GARNIEREN:
100 G HIMBEER- ODER JOHANNISBEERGELEE
ZUCKER ZUM WÄLZEN ODER PUDERZUCKER ZUM BESTREUEN

AUSSERDEM:
MEHL ZUM ARBEITEN
1 L ÖL ZUM FRITTIEREN
SPRITZBEUTEL MIT EXTRA-LANGER TÜLLE

»Ich bin ein Berliner«, verkündete John F. Kennedy am 26. Juni 1963 vom Schöneberger Rathaus aus, und die Menge jubelte ihm begeistert zu. Ein Satz, der vor allem klar machen sollte, dass man den Mauerbau von 1961 nicht einfach hinnehmen wollte. Die Berliner verstanden das sofort, auch wenn das Deutsch des **US-Präsidenten** zu wünschen übrig ließ. In anderen Ländern, und vor allem den USA, machte man sich dagegen immer wieder über seine mangelnden Deutschkenntnisse lustig. Hatte er doch nicht »ich bin Berliner« gesagt, sondern sich mit dem verwendeten Artikel in die Nähe eben jenes Schmalzgebäcks mit **Marmeladenfüllung** bewegt, den die Berliner wiederum als »Pfannkuchen« bezeichnen. Besonders böse Zungen drehen den historischen Ausspruch gar in »I am a jelly (filled) donut« …

ZUBEREITUNG: 20 MIN. – BACKEN: 45 MIN. – PRO STÜCK CA. 490 KCAL – FÜR 4 STÜCK

ÄPFEL IM SCHLAFROCK

1 Den Backofen auf 180° vorheizen, das Backblech mit Backpapier auslegen. Die Äpfel schälen und mit dem Kerngehäuseausstecher großzügig entkernen.

2 Den Blätterteig vorsichtig entrollen und in vier gleich große Rechtecke teilen. In die Mitte jedes Teigstücks 1 Apfel setzen. Die Äpfel mit je 1 TL Konfitüre, Mandelstiften und Cranberrys füllen.

3 Den Teig gleichmäßig um die Äpfel legen, sodass sich jeweils die vier Spitzen in der Mitte treffen, leicht zusammendrücken. Das Eigelb verquirlen und die Apfel-Päckchen damit rundherum einstreichen, dann mit je 1 TL Zucker bestreuen. Im heißen Ofen (Mitte) in ca. 45 Min. goldbraun backen.

HEISS TRIFFT KALT – die Äpfel im Schlafrock schmecken zwar auch pur schon ausgezeichnet, besonders lecker sind sie aber in Kombination mit cremigem Vanilleeis. Unbedingt probieren!

4 ÄPFEL
1 ROLLE (RECHTECKIGER) BLÄTTERTEIG AUS DEM KÜHLREGAL (275 G)
4 TL APRIKOSENKONFITÜRE
4 TL MANDELSTIFTE
4 TL GETROCKNETE CRANBERRYS
1 EIGELB (M)
4 TL ZUCKER

AUSSERDEM:
BACKPAPIER FÜR DAS BLECH
KERNGEHÄUSEAUSSTECHER

ZUBEREITUNG: 15 MIN. – AUFTAUEN: 30 MIN. – KÜHLEN: 15 MIN. – BACKEN: 12 MIN. – PRO STÜCK CA. 55 KCAL – FÜR CA. 30 STÜCK

SCHWEINS-ÖHRCHEN

1 Die Blätterteigplatten nebeneinander bei Zimmertemperatur in ca. 30 Min. auftauen lassen. Die Platten dann mit dem Zucker bestreuen und aufeinanderlegen.

2 Den Blätterteigstapel auf der mit Zucker bestreuten Arbeitsfläche zu einer großen Platte von ca. 20 × 30 cm ausrollen. Die Platte von der Längsseite her zur Mitte hin so einschlagen, dass die beiden Außenkanten auf der Mitte des Teigblattes 2 cm weit auseinanderliegen. Die Oberfläche des Teiges wieder mit Zucker bestreuen und noch einmal zusammenklappen. Von diesem Teigpaket ca. 1 cm breite Scheiben abschneiden.

3 Ein Backblech mit kaltem Wasser abspülen, die Scheiben mit genügend Abstand zueinander darauflegen und ca. 15 Min. kalt stellen. Die schmalen Seiten gehen beim Backen auf und ergeben dann die bekannte Form von Schweinsöhrchen.

4 Den Backofen auf 220° vorheizen. Die Schweinsöhrchen im heißen Ofen (Mitte) 8–12 Min. backen. Nach ca. 6 Min. Backzeit beginnt der Zucker auf der Unterseite der Schweinsöhrchen zu karamellisieren. Dann das Gebäck wenden und weiterbacken, bis die Unterseiten wiederum leicht gebräunt sind.

300 G TK-BLÄTTERTEIG
100 G ZUCKER

AUSSERDEM:
ZUCKER ZUM ARBEITEN

ZUBEREITUNG: 2 STD. – BACKEN: 15 MIN. – PRO STÜCK CA. 330 KCAL – FÜR CA. 20 STÜCK

ROSINEN-SCHNECKEN

1 Für den Hefeteig das Mehl in eine Schüssel geben und eine Mulde hineindrücken. Die Hefe darin mit 1 TL Zucker und etwas Milch verrühren. Den Vorteig abgedeckt an einem warmen Ort 15 Min. gehen lassen.

2 Für den Butterteig das Mehl mit der Butter verkneten. Dann den Teig zwischen Backpapier zu einer ca. 1 cm dicken Platte ausrollen und in den Kühlschrank legen.

3 Alle übrigen Zutaten für den Hefeteig unterkneten und den Teig nochmals 30 Min. gehen lassen. Dann den Hefeteig zu einem Rechteck von doppelter Größe wie die Butterteigplatte ausrollen. Die Butterteigplatte darauflegen, den Hefeteig darüberklappen. Den Teig ausrollen, zweimal übereinanderschlagen, 15 Min. in den Kühlschrank legen. Den Vorgang noch zweimal wiederholen.

4 Für die Füllung die Korinthen einweichen. Das Marzipan mit dem Puderzucker zu Bröseln verarbeiten. Den Zimt mit dem Zucker vermischen.

5 Den Backofen auf 220° vorheizen, das Backblech mit Backpapier auslegen. Den Teig zu einem Rechteck (ca. 40 × 55 cm) ausrollen, mit dem Marzipan, den Korinthen und dem Zimtzucker bestreuen. Den Teig von einer Längsseite her aufrollen und in ca. 2 cm dicke Scheiben schneiden. Die Schnecken auf das Blech legen und dünn mit Eiweiß bestreichen. Im Ofen (Mitte) in 12–15 Min. goldbraun backen.

FÜR DEN HEFETEIG:
500 G MEHL
30 G TROCKENHEFE
75 G ZUCKER
250 ML MILCH
2 EIGELB (M)
75 G BUTTER
JE 1 PRISE SALZ UND GEMAHLENER KARDAMOM

FÜR DEN BUTTERTEIG:
75 G MEHL
250 G KALTE BUTTER

FÜR DIE FÜLLUNG:
100 G KORINTHEN
150 G MARZIPANROHMASSE
75 G PUDERZUCKER
1 TL ZIMTPULVER
2 EL ZUCKER

AUSSERDEM:
BACKPAPIER
1 EIWEISS (M) ZUM BESTREICHEN

ZUBEREITUNG: 30 MIN. – KÜHLEN: 3 STD. – PRO STÜCK CA. 150 KCAL – FÜR 1 KASTENFORM (24 CM LÄNGE, CA. 20 STÜCKE)

KALTER HUND

Er ist der Paradekuchen der Wirtschaftswunderzeit – süß, fett- und kalorienreich und aus einfachsten Zutaten: preiswertes Kokosfett statt Butter und schlichtes Kakaopulver statt Schokolade. Das machte den Kalten Hund auch im Osten zum absoluten Liebling. Dort täuschte aber zumindest die nobel wirkende Bezeichnung »Lukullus« über den kulinarisch eher schlichten Inhalt hinweg. Prosaischer ist dagegen die Bezeichnung eines ähnlichen Kuchens, der ebenfalls Mitte der 60er in der DDR entstand: Beim »LPG-Kuchen« wurde ein auf dem Blech gebackener Rührkuchen dick mit Buttercreme bestrichen und anschließend mit in Weinbrand getränkten Butterkeksen belegt. Darauf noch Schokofettglasur und fertig war das Tiramisu auf thüringische Art.

1 Das Kokosfett in einem Topf bei kleiner Hitze schmelzen, dann vom Herd nehmen und abkühlen lassen. Eine Kastenform mit Frischhaltefolie auslegen. Ei, Zucker, Kondensmilch, Kakaopulver und eventuell Rum schaumig rühren. Das flüssige Kokosfett unterrühren.

2 Abwechselnd je eine Schicht Kakaocreme und Butterkekse in die Form einfüllen, dabei mit Creme abschließen. Den Kuchen abdecken und mind. 3 Std. kalt stellen und fest werden lassen.

3 Den Kalten Hund vor dem Servieren (er hält sich gut gekühlt 3–4 Tage) mit Hilfe der Folie aus der Form lösen, die Folie abziehen. Den Kuchen mit Kakaopulver bestäuben und in dünne Scheiben schneiden.

AUCH SEHR FEIN – ESPRESSO-BUTTERKEKS-KUCHEN: Rühren Sie anstelle von Rum 2 TL Instant-Espressopulver unter die Kakaomasse. Durch diese Veränderung erhält der Kuchen ein ganz neues Aroma!

EINE GRÜNE EVERGREEN-VARIANTE: Gehärtetes Kokosfett und Kondensmilch verderben heute gesundheitsbewussten Trendsettern die Lust auf Kalten Hund. Zum Glück gibt es inzwischen aber die Schoko-Matcha-Variante mit Grünteepulver. Dafür 600 g weiße Schokolade in Stücke brechen und über dem heißen Wasserbad schmelzen. Dann 2 EL natives Kokosöl und 5 TL Matcha-Pulver gründich unterrühren. Eine Kastenform (30 cm Länge) mit Frischhaltefolie auslegen, ein Viertel Schokolade eingießen und in 5 Min. im Gefrierfach fest werden lassen. 4 (Vollkorn-) Butterkekse auflegen, mit einem weiteren Viertel Schokolade übergießen und wieder in 5 Min. fest werden lassen. Diesen Vorgang noch zweimal wiederholen – es werden insgesamt 12 Kekse verarbeitet.

200 G KOKOSFETT
1 EI (M)
80 G ZUCKER
50 ML KONDENSMILCH

3 EL KAKAOPULVER
1 EL RUM (NACH BELIEBEN)
28 BUTTERKEKSE

AUSSERDEM:
FRISCHHALTEFOLIE FÜR DIE FORM
KAKAOPULVER ZUM BESTÄUBEN

ZUBEREITUNG: 50 MIN. – BACKEN: 15 MIN. – PRO STÜCK CA. 130 KCAL – FÜR 15 STÜCK

Früher hießen sie Mohrenköpfe. Dieser Name gilt aber inzwischen als politisch inkorrekt. In den 60ern hatte man damit noch keinerlei Problem, ebenso wenig wie auch mit Negerküssen oder Zigeunerschnitzeln.

SCHOKOKÜSSE

1 Den Backofen auf 180° vorheizen. Die Eigelbe mit 2 EL Zucker, der Zitronenschale und 2 EL Wasser schaumig schlagen. Die Eiweiße mit dem übrigen Zucker steif schlagen und unter die Eigelbmasse ziehen. Das Mehl mit der Stärke darübersieben und unterheben.

2 Den Biskuitteig in den Spritzbeutel füllen und als gleich große Halbkugeln in die Papierförmchen spritzen, auf ein Backblech stellen. Die Teigkugeln im heißen Ofen (2. Schiene von unten) 12–15 Min. backen. Die Biskuitkugeln herausnehmen und vollständig auskühlen lassen.

3 Das Papier von den Halbkugeln abziehen und je 2 Halbkugeln mit etwas Konfitüre zusammensetzen. Die restliche Konfitüre unter Rühren erhitzen und die Schokoküsse damit einstreichen.

4 Die Schokoladenglasur schmelzen und die Schokoküsse damit überziehen, fest werden lassen. Den Puderzucker mit dem Eiweiß kräftig verrühren. Den Guss in den Tiefkühlbeutel füllen und eine winzige Ecke abschneiden. Die Schokoküsse mit dem Guss verzieren (z. B. Smileys aufspritzen).

4 EIGELB (M)
120 G ZUCKER
FEIN ABGERIEBENE SCHALE VON ½ BIO-ZITRONE
6 EIWEISS (M)
50 G MEHL
60 G SPEISESTÄRKE
100 G APRIKOSENKONFITÜRE

ZUM GARNIEREN:
100 G SCHOKOLADEN-FETTGLASUR
½ TASSE PUDERZUCKER
1 EL EIWEISS

AUSSERDEM:
SPRITZBEUTEL MIT GROSSER LOCHTÜLLE
30 MUFFIN-PAPIERFÖRMCHEN
TIEFKÜHLBEUTEL

ZUBEREITUNG: 20 MIN. – BACKEN: 15 MIN. – PRO STÜCK CA. 260 KCAL – FÜR 12 STÜCK

AMERIKANER

1 Den Backofen auf 200° vorheizen, das Backblech mit Backpapier auslegen. Für den Teig Butter und Zucker hellcremig rühren. Zunächst die Eier, dann das Puddingpulver unterrühren. Mehl mit Backpulver mischen, abwechselnd mit 4 EL Milch unterrühren.

2 Mit einem Esslöffel nacheinander 12 gleich große Teighäufchen abnehmen und auf das Blech setzen. Im heißen Ofen (Mitte) 10 Min. backen, dann mit der restlichen Milch bestreichen und in 5 Min. fertig backen. Die Amerikaner herausnehmen und auf einem Kuchengitter auskühlen lassen.

3 Für den hellen Guss 100 g Puderzucker mit 1–2 EL heißem Wasser glatt rühren. Für den dunklen Guss den restlichen Puderzucker mit dem Kakaopulver vermischen und mit 1–2 EL heißem Wasser verrühren. Die flache Seite der Amerikaner je zur Hälfte mit hellem und mit dunklem Guss bestreichen, trocknen lassen.

FÜR DEN TEIG:
100 G WEICHE BUTTER
100 G ZUCKER
2 EIER (M)
1 PCK. SAHNEPUDDINGPULVER
250 G MEHL
2 TL BACKPULVER
6 EL MILCH

FÜR DEN GUSS:
200 G PUDERZUCKER
1 TL KAKAOPULVER

AUSSERDEM:
BACKPAPIER FÜR DAS BLECH

Woher der Name »Amerikaner« kommt, ist nicht gesichert. Klar ist dagegen, dass man in der DDR mit dem Gebäck auf keinen Fall an den imperialistischen Klassenfeind erinnern wollte. Dort hießen die süßen Teile »Ammonplätzchen«, weil sie reichlich Ammoniumhydrogencarbonat, oder einfacher gesagt Backpulver, enthielten.

ZUBEREITUNG: 1 STD. – RUHEN: 1 STD. – BACKEN: 30 MIN. –
PRO STÜCK CA. 480 KCAL – FÜR 1 BACKBLECH (16 STÜCKE)

BIENENSTICH

1 Für den Teig die Milch lauwarm erhitzen. Mehl in eine Schüssel geben, in die Mitte eine Mulde drücken, Hefe hineinbröckeln. Mit der Milch, 1 TL Zucker und etwas Mehl vom Rand verrühren. Den Vorteig mit einem Geschirrtuch abgedeckt an einem warmen Ort ca. 20 Min. gehen lassen.

2 Butter schmelzen und lauwarm abkühlen lassen. Mit übrigem Zucker, Ei und ¼ TL Salz zum Vorteig geben. Alles mit den Knethaken des Handrührgeräts zu einem geschmeidigen Hefeteig verkneten. Abgedeckt weitere 30 Min. gehen lassen, bis sich sein Volumen verdoppelt hat.

3 Für den Belag die Butter schmelzen. Zucker, Vanillezucker, Honig und Sahne dazugeben und unter Rühren erhitzen. Die Mandelblättchen dazugeben, kurz aufkochen und leicht abkühlen lassen.

4 Backofen auf 200° vorheizen, das Backblech mit Backpapier auslegen. Den Teig auf der bemehlten Arbeitsfläche durchkneten und ausrollen, auf das Blech legen und abgedeckt nochmals 10 Min. ruhen lassen. Dann die Mandelmasse darauf verteilen. Im Ofen (Mitte) in 25–30 Min. goldbraun backen. Herausnehmen und abkühlen lassen.

5 Für die Füllung Puddingpulver mit 150 ml Milch glatt rühren. Übrige Milch mit Zucker aufkochen, angerührtes Puddingpulver einrühren und unter Rühren zu einem festen Pudding kochen. Abgedeckt abkühlen lassen, dabei ab und zu umrühren. Die Butter mit Puderzucker cremig rühren, abgekühlten Pudding esslöffelweise dazugeben. Kalt stellen.

6 Zum Füllen den Mandelkuchen in 4 gleich große Stücke teilen. Die Stücke waagerecht durchschneiden. Die Deckel nochmals in je 4 Stücke schneiden. Die Puddingcreme auf den 4 Böden verteilen. Teigdeckel auflegen und die Stücke ganz durchschneiden.

FÜR DEN TEIG:
225 ML MILCH
500 G MEHL
42 G FRISCHE HEFE (1 WÜRFEL)
60 G ZUCKER
100 G BUTTER
1 EI (M)
SALZ

FÜR DEN BELAG:
100 G BUTTER
75 G ZUCKER
1 PCK. VANILLEZUCKER
50 G HONIG
100 G SAHNE
200 G MANDELBLÄTTCHEN

FÜR DIE FÜLLUNG:
2 PCK. VANILLEPUDDINGPULVER
750 ML MILCH
80 G ZUCKER
100 G WEICHE BUTTER
50 G PUDERZUCKER

AUSSERDEM:
MEHL ZUM ARBEITEN
BACKPAPIER FÜR DAS BLECH

FÜR DEN TEIG:
50 G ZARTBITTER-KUVERTÜRE
60 G MANDELN
60 G HASELNUSSKERNE
4 EIER (M)
100 G WEICHE BUTTER
60 G PUDERZUCKER
MARK VON 1 VANILLESCHOTE
80 G QUARK (20 % FETT I. TR.)
50 G MEHL
60 G ZUCKER
SALZ

FÜR DIE GARNITUR:
60 G MANDELSTIFTE
125 G ZARTBITTER-KUVERTÜRE
75 ML MILCH
75 G SAHNE
125 G NUGAT

AUSSERDEM:
FETT FÜR DIE FORM

ZUBEREITUNG: 45 MIN. – BACKEN: 1 STD. – RUHEN: 4 STD. – PRO STÜCK CA. 400 KCAL – FÜR 1 REHRÜCKENFORM (28 CM LÄNGE, CA. 12 STÜCKE)

REHRÜCKEN

Mandeln, Rosinen, Schokolade, Marzipan und andere Backzutaten oder gar Kaffee – davon träumten die DDR-Bürger meist nur vor leeren Regalen im Konsumladen. Wer es sich leisten konnte, hatte ab 1966 die Gelegenheit, derartige Lebensmittel in den neu eröffneten »Delikat-Läden« zu kaufen – allerdings nur gegen Devisen. Ebenfalls für harte Westwährung konnte man bereits seit 1962 in »Exquisit-Läden« Luxus-Designmode shoppen – natürlich zu gesalzenen Preisen. Darum hatten diese Geschäfte auch in Nullkommanichts ihren Spitznamen weg: »Uwubus«, für Ulbrichts Wucherbuden.

1 Den Backofen auf 175° vorheizen, die Rehrückenform gründlich einfetten. Für den Teig die Kuvertüre im Wasserbad schmelzen und auf Zimmertemperatur abkühlen lassen. Die Mandeln und Haselnüsse fein mahlen. Die Eier trennen.

2 Die Butter mit dem Puderzucker und dem Vanillemark hellcremig rühren. Nach und nach die Eigelbe unterrühren. Die Kuvertüre und den Quark mit dem Schneebesen unter die Creme schlagen. Mandeln und Haselnüsse mit dem Mehl mischen und unter die Creme heben.

3 Die Eiweiße mit Zucker und 1 Prise Salz steif schlagen. Dann zuerst ein Drittel, dann den Rest unter den Teig ziehen. Den Teig in die Form füllen und im heißen Backofen (Mitte) ca. 1 Std. backen. Die Form umgedreht auf ein Kuchengitter setzen und den Kuchen in der Form erkalten lassen.

4 Für die Garnitur den Kuchen mit den Mandelstiften spicken. Die Kuvertüre hacken. Mit Milch, Sahne und Nugat unter Rühren einmal aufkochen, dann lauwarm abkühlen lassen. Den Rehrücken mit der Schokoladenglasur übergießen. Den Kuchen mind. 3–4 Std., am besten 1–2 Tage, kühl stellen.

ZUBEREITUNG: 1 STD. 15 MIN. – ABKÜHLEN: 1 STD. – BACKEN: 40 MIN. –
PRO STÜCK CA. 435 KCAL – FÜR 1 BACKBLECH (CA. 20 STÜCKE)

DONAUWELLEN

1 Backofen auf 180° vorheizen, ein Backblech einfetten. Für den Teig Butter und Zucker mit den Rührbesen des Handrührgeräts hellcremig rühren. Ein Ei nach dem anderen und 1 Prise Salz unterrühren. Mehl und Backpulver mischen und unterrühren. Die Kirschen in einem Sieb gut abtropfen lassen.

2 Zwei Drittel des Teiges auf dem Blech verstreichen. Unter den übrigen Teig die Milch und das Kakaopulver rühren und den dunklen Teig auf dem hellen verstreichen. Kirschen darauf verteilen. Im Ofen (Mitte) ca. 40 Min. backen. Herausnehmen und auskühlen lassen.

3 Inzwischen für die Creme Puddingpulver mit Zucker und 6 EL Milch glatt rühren. Restliche Milch aufkochen, angerührtes Puddingpulver dazugießen und unter Rühren einmal aufkochen. Pudding abgedeckt lauwarm abkühlen lassen, dabei ab und zu umrühren .

4 Dann die Butter hellcremig schlagen und den Pudding esslöffelweise unterrühren (weder Butter noch Pudding dürfen zu kalt sein, sonst gerinnt die Buttercreme). Die Buttercreme auf dem erkalteten Teigboden glatt verteilen und den Kuchen 30 Min. kalt stellen.

5 Für den Guss die Kuvertüre hacken und mit dem Kokosfett über dem heißen Wasserbad schmelzen. Ca. 10 Min. abkühlen lassen, dann auf der festen Puddingcreme verstreichen. Mit einer Gabel wellenförmige Linien in den Schokoladenguss ziehen. Fest werden lassen.

FÜR DEN TEIG:
250 G WEICHE BUTTER
200 G ZUCKER
6 EIER (M)
SALZ
375 G MEHL
2 GEHÄUFTE TL BACKPULVER
1 GLAS SCHATTENMORELLEN (370 G ABTROPFGEWICHT)
2 EL MILCH
2 EL KAKAOPULVER

FÜR DIE BUTTERCREME:
1 PCK. VANILLEPUDDING-PULVER
100 G ZUCKER
500 ML MILCH
250 G WEICHE BUTTER

FÜR DEN GUSS:
200 G ZARTBITTER-KUVERTÜRE
2 EL KOKOSFETT

AUSSERDEM:
FETT FÜR DAS BLECH

Weiß wie Schnee, Rot wie Blut und Schwarz wie Ebenholz – der Dreiklang aus Schokoteig, heller Creme und Kirschen inspirierte DDR-Bäcker wohl zu dem märchenhaften Namen »Schneewittchenkuchen«. Im Westen assoziierte man dagegen mit der hell-dunkel verzwirbelten Creme-Teig-Mischung eher schwelgerisch sanfte Flußwellen, Walzerklänge und Wiener Konditorenkunst. Egal ob hüben oder drüben: Geblieben ist ein Klassiker aus saftigem Rührteig, Buttercreme und reichlich Schokolade. Letztere war in der DDR allerdings meist Mangelware: Ersatzprodukte wie »Vitalade« oder später die »Schlager Süßtafel« aus Erbsenmehl, Getreideflocken, Malz und Pflanzenfett mussten sogar oft ohne Kakao auskommen.

ZUBEREITUNG: 15 MIN. – BACKEN: 40 MIN. – PRO STÜCK CA. 365 KCAL – FÜR 1 KASTENFORM (20 CM LÄNGE, CA. 8 STÜCKE)

Kuchen mit Schokostückchen – in der DDR nannte man ihn Ameisenkuchen. Die italienvernarrten Wessis dachten an Sonne, Strand, Eis – und der Name war gefunden: Stracciatellakuchen!

AMEISEN-KUCHEN

1 Den Backofen auf 175° vorheizen, eine Kastenform gründlich einfetten. Die Butter mit 100 g Puderzucker und dem Vanillezucker hellcremig rühren. Die Eier nach und nach unterrühren. Das Mehl mit dem Backpulver mischen und mit 50 g Schokoraspeln unter den Teig rühren.

2 Den Teig in die Form geben und glatt streichen. Im heißen Ofen (Mitte) ca. 40 Min. backen. Herausnehmen und den Kuchen in der Form abkühlen lassen, dann aus der Form stürzen.

3 Den übrigen Puderzucker mit 1–2 EL heißem Wasser verrühren. Den Kuchen mit dem Guss gleichmäßig bestreichen und mit den übrigen Schokoraspeln bestreuen.

150 G WEICHE BUTTER
150 G PUDERZUCKER
2 PCK. VANILLEZUCKER
3 EIER (M)
150 G MEHL
1 TL BACKPULVER
75 G SCHOKORASPEL

AUSSERDEM:
FETT FÜR DIE FORM

ZUBEREITUNG: 15 MIN. – BACKEN: 1 STD. – PRO STÜCK CA. 305 KCAL – FÜR 1 GUGELHUPFFORM (1 ½ L INHALT, CA. 12 STÜCKE)

EIERLIKÖR-KUCHEN

Egal ob bei Konfirmation oder Jugendweihe, Eierlikör durfte in den 60ern bei keiner feierlichen Gelegenheit fehlen. Und wie wär's einmal mit einem typischen DDR-Cocktail? Eierlikör einfach mit derselben Menge Kirschlikör aufgießen, fertig ist das »Blutgeschwür«.

1 Den Backofen auf 180° vorheizen, die Gugelhupfform gründlich einfetten. Die Eier mit dem Puderzucker und dem Vanillezucker schaumig schlagen. Das Öl und den Eierlikör unterrühren.

2 Das Mehl mit Backpulver mischen und unter die Eierlikörmasse rühren. Den Teig in die Form füllen. Im Ofen (Mitte) 1 Std. backen. Herausnehmen, abkühlen lassen und mit Puderzucker bestäuben.

FÜR SCHOKOLADENLIEBHABER: Den Teig wie beschrieben zubereiten, 150 g gehackte Zartbitter-Kuvertüre untermischen. Teig in die Form füllen und backen, dann den Kuchen auskühlen lassen. 50 g Mandel- oder Haselnussblättchen in einer Pfanne ohne Fett goldbraun anrösten und abkühlen lassen. Weitere 300 g Zartbitter-Kuvertüre schmelzen und den Kuchen damit überziehen, die Nussblättchen darüberstreuen.

4 EIER (M)
200 G PUDERZUCKER
1 PCK. VANILLEZUCKER
200 ML SONNENBLUMENÖL
200 ML EIERLIKÖR
200 G MEHL
1 PCK. BACKPULVER

AUSSERDEM:
FETT FÜR DIE FORM
PUDERZUCKER ZUM BESTÄUBEN

ZUBEREITUNG: 1 STD. – BACKEN: 10 MIN. – KÜHLEN: 2 STD. 30 MIN. – PRO STÜCK CA. 330 KCAL – FÜR 1 BACKBLECH (CA. 12 STÜCKE)

BISKUIT-ROULADE MIT ERDBEEREN

Heimisches Obst wie etwa Erdbeeren gab es in der DDR saisonal in Hülle und Fülle. Was nicht gleich nach dem Pflücken verarbeitet wurde, machte die kluge Hausfrau einfach ein. Darum gab es statt der Rouladen mit frischen Beeren auch welche mit schlichter Erdbeerkonfitüre und ohne Sahne. Exoten und Zitrusfrüchte waren dagegen Mangelware. Rollte davon eine Ladung an, hieß es Schlange stehen oder gute Beziehungen haben. Zitronen zum Beispiel waren heißbegehrte »Bückware«, die man nur unter dem eigentlichen Ladentisch, sprich unter der Hand, bekam.

1 Den Backofen auf 220° vorheizen, ein Backblech mit Backpapier auslegen. Für den Teig die Eier trennen. Die Eiweiße mit 1 Prise Salz und 50 g Zucker steif schlagen. Eigelbe mit restlichem Zucker, Vanillezucker und Zitronenschale schaumig schlagen, den Eischnee daraufhäufen. Das Mehl mit der Stärke darübersieben, mit dem Eischnee unter die Eigelbmasse ziehen. Den Teig auf das Backblech streichen.

2 Das Blech in den Ofen (Mitte) schieben und die Temperatur auf 200° zurückschalten. Den Biskuit in ca. 10 Min. goldgelb backen. Ein großes feuchtes Geschirrtuch mit Zucker bestreuen und die Biskuitplatte daraufstürzen. Das Backpapier abziehen. Den Biskuit mit Hilfe des Tuchs aufrollen und auskühlen lassen.

3 Inzwischen für die Füllung die Gelatine 5–10 Min. in kaltem Wasser einweichen. Die Erdbeeren waschen und putzen. 100 g Beeren längs vierteln, übrige Erdbeeren mit Puderzucker und Zitronensaft fein pürieren. Ricotta und Erdbeerpüree verrühren. Gelatine tropfnass bei kleiner Hitze unter Rühren auflösen. Zügig unter die Ricottamasse rühren, 30 Min. kalt stellen.

4 Sahne mit Vanillezucker steif schlagen, unter die gelierende Masse heben. Den Biskuit entrollen, mit Erdbeersahne bestreichen. Übrige Erdbeeren daraufstreuen. Biskuit erneut aufrollen und mind. 2 Std. kalt stellen. Mit Puderzucker bestäuben und in Scheiben schneiden.

FÜR DEN TEIG:
4 EIER (M)
SALZ
120 G ZUCKER
1 PCK. VANILLEZUCKER
1 TL FEIN ABGERIEBENE BIO-ZITRONENSCHALE
100 G MEHL
50 G SPEISESTÄRKE

FÜR DIE FÜLLUNG:
6 BLATT WEISSE GELATINE
250 G ERDBEEREN
50 G PUDERZUCKER
1 EL ZITRONENSAFT
250 G RICOTTA
200 G SAHNE
1 PCK. VANILLE-ZUCKER

AUSSERDEM:
BACKPAPIER FÜR DAS BLECH
ZUCKER FÜR DAS TUCH
PUDERZUCKER ZUM BESTÄUBEN

FÜR DEN TEIG:
50 G BUTTER
1 EL VANILLEZUCKER
SALZ
175 G MEHL
4 EIER (M)

FÜR DIE FÜLLUNG:
250 G SAHNE
2 TL INSTANT-KAFFEEPULVER
1 EL ZUCKER

FÜR DEN GUSS:
150 G PUDERZUCKER
1 EL INSTANT-KAFFEEPULVER
2 EL RUM

AUSSERDEM:
SPRITZBEUTEL MIT GROSSER STERNTÜLLE

ZUBEREITUNG: 35 MIN. – BACKEN: 30 MIN. – PRO STÜCK CA. 260 KCAL – FÜR CA. 12 STÜCK

LIEBESKNOCHEN

1 Den Backofen auf 225° vorheizen. Für den Teig 250 ml Wasser mit der Butter, dem Vanillezucker und 1 Prise Salz in einem Topf aufkochen. Den Topf vom Herd nehmen. Das Mehl auf einmal hineinschütten und kräftig unterrühren. Den Topf zurück auf den Herd stellen und den Teig bei kleiner Hitze so lange weiterrühren, bis er sich vom Topfboden löst.

2 Den Topf wieder vom Herd nehmen und den Teig in eine Schüssel geben. Kurz abkühlen lassen, dann sofort 1 Ei unterrühren. Den Teig weiter abkühlen lassen und dann nach und nach die restlichen Eier unterarbeiten. Den Teig in den Spritzbeutel füllen.

3 Ein Backblech kalt abspülen. Den Teig in ca. 12 fingerlangen Streifen auf das Blech spritzen, dabei reichlich Abstand zueinander lassen. Die Liebesknochen (Eclairs) im heißen Backofen (Mitte) in 20–30 Min. goldbraun backen. Den Spritzbeutel gründlich säubern und gut abtrocknen.

4 Für die Füllung die Sahne mit dem Kaffeepulver und dem Zucker steif schlagen und in den Spritzbeutel füllen. Die Eclairs aus dem Backofen nehmen, sofort längs aufschneiden und erkalten lassen.

5 Für den Guss den Puderzucker mit 1 EL heißem Wasser, dem Kaffeepulver und dem Rum verrühren. Die oberen Eclair-Hälften damit bestreichen. Die Sahne in die unteren Hälften spritzen und die Deckel daraufsetzen.

ZUBEREITUNG: 25 MIN. – RUHEN: 1 STD. – BACKEN: PRO BLECH 10 MIN. – PRO STÜCK CA. 970 KCAL – FÜR 2 STÜCK

PIZZA HAWAII

1 Die Hefe mit Zucker und 75 ml lauwarmem Wasser verrühren. Das Mehl in eine Schüssel geben, in die Mitte eine Mulde drücken und das Hefewasser hineingießen. Abgedeckt 15 Min. gehen lassen. Dann mit ½ TL Salz, 2 EL Öl und ca. 75 ml lauwarmem Wasser zu einem elastischen Teig verkneten. Abgedeckt 45 Min. gehen lassen.

2 Den Backofen auf 250° vorheizen. Die Ananas in einem Sieb abtropfen lassen. Schinkenscheiben in ca. 1 cm breite Streifen schneiden. Mozzarella in dünne Scheiben schneiden.

3 Zwei Backbleche mit Olivenöl einfetten. Den Hefeteig nochmals kneten und halbieren. Die Hälften auf wenig Mehl zu dünnen, runden Fladen ausrollen, dabei die Ränder etwas dicker lassen. Die Fladen auf die Bleche legen und mit dem Tomatensugo bestreichen. Mit Schinken, Ananas und Mozzarella belegen. Mit übrigem Öl beträufeln und mit Salz und Pfeffer würzen.

4 Die Pizzas nacheinander im Ofen (unten) ca. 10 Min. backen. Dann die zuerst gebackene Pizza nochmals 2 Min. in den abgeschalteten Ofen schieben. Sofort servieren.

EIN FEURIGES VERGNUGEN: Freunde scharfer Küche toppen ihre Pizza vor dem Backen noch mit etwas fein geschnittener Chilischote oder streuen ein wenig Chiliflocken darüber.

20 G FRISCHE HEFE (½ WÜRFEL)
1 TL ZUCKER
250 G MEHL
SALZ
3 EL OLIVENÖL
150 G ANANASSTÜCKE (AUS DER DOSE)
4 SCHEIBEN GEKOCHTER SCHINKEN (CA. 100 G)
1 KUGEL MOZZARELLA (125 G)
400 G TOMATENSUGO (AUS DEM GLAS ODER SELBST GEMACHT, SIEHE S. 42)
PFEFFER

AUSSERDEM:
OLIVENÖL FÜR DIE BLECHE
MEHL ZUM ARBEITEN

Hawaii lag zwar noch in weiter Ferne, aber das kulinarische Fernweh hatte die Deutschen gepackt. Ende der 50er rollte die große Reisewelle gen **Rimini** oder **Bibione** – erste Sehnsuchtsziele der (West-)Deutschen. Per Bahn oder mit dem eigenen PKW machte man sich auf zum preiswerten Camping- oder Pauschalurlaub. Verschlafene Fischerorte wuchsen rasch zu Bettenburgen, und die Strände gerieten zum »Teutonengrill«. Und in Deutschland boomte die **Rivieramode:** mit Caprihosen, radgroßen Sonnenhüten und der Chiantiflasche im Bastkorb. Als kulinarische Mitbringsel hielten **Pasta, Pizza** und **Oliven** Einzug in die heimische Küche. Im Lokal ließ man sich inzwischen noch andere Spezialitäten schmecken – mit der zunehmenden Zahl der Gastarbeiter wuchs das Angebot: Zur Pizza gesellten sich Cevapcici, Schaschlik, Paella, Gyros.

1960

Im Kino läuft »La dolce vita« von Federico Fellini, darin die unvergessliche Szene: Anita Ekbergs nächtliches Bad im Trevi-Brunnen.

1961

Ein wahres Wunder: die Fertigpasta in der Box. Die Firma Kraft bringt »Mirácoli« auf den Markt.

1962

Die Pizza Hawaii soll erstmals in Kanada serviert worden sein.

1962

Conny Froboess singt:

»Eine Reise in den Süden ist für andre schick und fein, doch zwei kleine Italiener möchten gern zuhause sein.

Zwei kleine Italiener die träumen von Napoli, von Tina und Marina, die warten schon lang auf sie.

Zwei kleine Italiener, die sind so allein.«

ZUBEREITUNG: 1 STD. 15 MIN. – BACKEN: 25 MIN. – PRO STÜCK CA. 125 KCAL – FÜR CA. 24 STÜCK

Während man sich im Westen nach Italien sehnte, Eiernudeln mit Tomatensauce auf Tomatenmarkgrundlage zur Pasta erhob und Pizza backen lernte, orientierte man sich in Ostdeutschland an den sozialistischen Bruderländern: russische Soljanka, Piroggen und Pelmeni halten Einzug, und werden ebenso wie Gulasch, Letscho und Pusztasalat je nach Verfügbarkeit der Zutaten einfach dem deutschen Geschmack angepasst. Umgekehrt war die Begeisterung für Neues, Fremdes so groß, dass jedes Gericht mit etwas Paprikapulver bald schon mit dem Etikett »ungarisch« versehen wird. Wie wär's also mal mit Kraut-Piroggen ungarischer Art?

KRAUT-PIROGGEN

1 Für den Teig die Milch lauwarm erhitzen. Dann mit den übrigen Zutaten in einer Schüssel mischen und mit den Knethaken des Handrührgeräts zu einem elastischen Teig verkneten. Abgedeckt an einem warmen Ort ca. 30 Min. gehen lassen.

2 Inzwischen für die Füllung Kartoffeln schälen, waschen, in 1–2 cm große Würfel schneiden und in wenig Salzwasser in 10–15 Min. weich kochen. Zwiebel schälen und klein würfeln. Den Speck bei mittlerer Hitze in einer Pfanne auslassen und die Zwiebel darin anbraten, vom Herd nehmen.

3 Die Kartoffeln abgießen und mit dem Kartoffelstampfer zu einem Brei zerstampfen. Mit Speck, Zwiebel, Gewürzen, Sauerkraut und saurer Sahne mischen. Mit Salz und Pfeffer abschmecken.

4 Den Backofen auf 180° vorheizen, ein Backblech mit Backpapier auslegen. Den Teig auf einer leicht bemehlten Arbeitsfläche ½ cm dick ausrollen und ca. 24 Kreise ausstechen. In die Mitte jedes Teigkreises ca. 1 ½ TL Füllung geben. Den Teig rundherum dünn mit Wasser bestreichen und dann halbmondförmig zusammenklappen, die Ränder gut zusammendrücken. Die Teigteilchen auf dem Backblech verteilen.

5 Das Eigelb mit 2–3 EL kaltem Wasser verrühren und die Teigtaschen damit einstreichen. Im Ofen (Mitte) in 20–25 Min. goldbraun backen.

PERFEKT SCHMECKT DAZU EIN SAURE-SAHNE-DIP: 200 g saure Sahne mit 5 EL Milch verrühren. 1 Bund Schnittlauch abbrausen, trocken schütteln, in kleine Röllchen schneiden und zur Sahne geben. Salzen und pfeffern.

FÜR DEN TEIG:
250 ML MILCH
1 PCK. TROCKENHEFE
500G MEHL
½ TL SALZ
1 EI (M)
40 G WEICHE BUTTER

FÜR DIE FÜLLUNG:
400 G MEHLIGKOCHENDE KARTOFFELN
SALZ
1 KLEINE ZWIEBEL
50 G SPECKWÜRFEL
1 ½ TL EDELSÜSSES PAPRIKAPULVER
¼ TL KÜMMEL
125 G SAUERKRAUT
125 G SAURE SAHNE
PFEFFER

AUSSERDEM:
KARTOFFELSTAMPFER
BACKPAPIER FÜR DAS BLECH
MEHL ZUM ARBEITEN
AUSSTECHER (8 CM Ø)
1 EIGELB (M) ZUM BESTREICHEN

ZUBEREITUNG: 40 MIN. – BACKEN: 50 MIN. – PRO STÜCK CA. 385 KCAL – FÜR 1 TARTEFORM (26 CM Ø, CA. 12 STÜCKE)

QUICHE LORRAINE

1 Für den Teig Mehl und ½ TL Salz mischen und auf die Arbeitsfläche häufen. In die Mitte eine Mulde drücken und das Ei und 2–6 EL Wasser hineingeben, die Butter in kleinen Flöckchem am Rand verteilen. Alles mit den Händen rasch zu einem glatten Teig verkneten. In Frischhaltefolie wickeln und im Kühlschrank 30 Min. ruhen lassen.

2 Inzwischen für den Belag den Speck in kleine Würfel schneiden, dabei, falls nötig, vorher die Schwarte entfernen. In einer Pfanne die Butter zerlassen und den Speck darin anbraten, er sollte nur leicht bräunen. Sahne, Milch und die Eier gut verquirlen und den Guss mit Salz, Pfeffer und Muskatnuss würzen.

3 Den Backofen auf 200° vorheizen, eine Tarteform einfetten. Den Teig auf der bemehlten Arbeitsfläche rund ausrollen und die Form damit auskleiden, dabei einen kleinen Rand formen. Den Boden mit einer Gabel mehrmals einstechen. Die Speckwürfel darauf verteilen und das ausgetretene Speckfett unter den Guss rühren. Den Guss über den Speck gießen.

4 Die Quiche im Ofen (Mitte) in ca. 50 Min. goldgelb backen. Vor dem Anschneiden kurz abkühlen lassen.

ZUSATZLICHES AROMA GEFRAGT? Käse ist im Originalrezept für Lothringer Speckkuchen zwar nicht vorgesehen, sorgt aber für eine herrliche Würze. Deshalb zur Abwechslung gerne auch einmal 70 g geriebenen Greyerzer unter den Guss mischen.

FÜR DEN TEIG:
250 G MEHL
SALZ
1 EI (M)
150 G KALTE BUTTER

FÜR DEN BELAG:
200 G MAGERER RÄUCHER-SPECK
1 EL BUTTER
250 G SAHNE
50 ML MILCH
4 EIER (M)
SALZ – PFEFFER
FRISCH GERIEBENE MUSKAT-NUSS

AUSSERDEM:
FRISCHHALTEFOLIE
FETT FÜR DIE FORM
MEHL ZUM ARBEITEN

FÜR DEN TEIG:
500 G MEHL
20 G FRISCHE HEFE
(½ WÜRFEL)
1 EL JOGHURT
1 EL OLIVENÖL
SALZ

FÜR DEN BELAG:
2 HELLGRÜNE SPITZPAPRIKA
2 TOMATEN – 1 ZWIEBEL
1 KNOBLAUCHZEHE
½ BUND PETERSILIE
350 G RINDERHACKFLEISCH
4 EL TOMATEN-PAPRIKA-MARK
(ERSATZWEISE TOMATENMARK)
1 TL EDELSÜSSES PAPRIKAPULVER
1 GEHÄUFTER TL GEMAHLENER
KREUZKÜMMEL
SALZ – 1 EL OLIVENÖL

AUSSERDEM:
MEHL ZUM ARBEITEN

ZUBEREITUNG: 45 MIN. – RUHEN: 1 STD. – BACKEN: 50 MIN. – PRO STÜCK CA. 290 KCAL – FÜR 10 STÜCK

Nach dem Mauerbau wurden in Westdeutschland noch händeringend Arbeitskräfte gesucht. Nach dem ersten »Anwerbeabkommen für Gastarbeiter« 1955 mit Italien folgten in den 60ern weitere mit Griechenland, Spanien, der Türkei, Marokko, Portugal, Tunesien und dem ehemaligen Jugoslawien. 1964 begrüßte der damalige Bundesinnenminister den Portugiesen Armando Rodriguez als Millionsten Gastarbeiter. Wie all die anderen hatte auch er wahrscheinlich seine ganz persönlichen Rezepte aus der Heimat im Gepäck. Diese Spezialitäten bereicherten schon bald deutsche Speisekarten oder Schnellimbisse – wie etwa Lahmacun, türkische Pizza, die neben dem Döner schnell zum Fast-Food-Renner wurde.

LAHMACUN

1 Für den Teig Mehl in eine Schüssel geben. Hefe in 250 ml lauwarmem Wasser auflösen. Mit Joghurt, Öl und 1 ½ TL Salz zum Mehl geben und alles zu einem elastischen Teig verkneten. Abgedeckt an einem warmen Ort 1 Std. gehen lassen, bis sich das Teigvolumen verdoppelt hat.

2 Inzwischen für den Belag die Paprika putzen, waschen und sehr klein würfeln. Tomaten waschen, vierteln, entkernen und sehr klein würfeln. Zwiebel und Knoblauch schälen, fein hacken. Petersilie abbrausen und trocken schütteln, die Blättchen hacken. Alles mit Hackfleisch, Tomaten-Paprika-Mark, Gewürzen, 2 TL Salz und Öl verkneten. Kalt stellen.

3 Den Teig nochmals durchkneten und in 10 Stücke teilen. Teigstücke auf etwas Mehl zu runden Fladen (20 cm Ø) ausrollen. Die Fladen nacheinander in eine Pfanne legen und mit 1–2 EL Hackmasse bestreichen. Deckel auflegen und den Fladen 4 Min. bei mittlerer Hitze backen. Aus der Pfanne nehmen und zwischen zwei Geschirrtüchern warm halten.

4 Den nächsten Fladen ebenso backen, dann mit dem Hack nach unten auf den ersten Fladen legen. Den dritten Fladen mit der Teigseite auf diesen Fladen legen und so fort, bis alle Fladen gebacken sind. Lahmacun nach Belieben belegen (siehe unten) und wie einen Wrap aufrollen.

KNACKIG-FRISCHES FÜR OBENDRAUF: ½ Eisbergsalat in Streifen, ½ Salatgurke in Würfelchen, 2 Tomaten in Scheiben und 1 Handvoll Zitronenviertel bereitstellen. 250 g Joghurt mit 1 durchgepressten Knoblauchzehe und Salz verrühren und nach Belieben mit Pul Biber abschmecken. Salat und Joghurt-Dip auf dem Teigfladen verteilen, Zitronensaft darüberpressen, Lahmacun aufrollen und sofort genießen.

ZUBEREITUNG: 1 STD. – BACKEN: 40 MIN. – PRO STÜCK CA. 250 KCAL – FÜR 1 BACKBLECH (CA. 6 STÜCKE)

GRIECHISCHE SPINATPASTETE

1 Den Spinat antauen lassen. Die Frühlingszwiebeln waschen, putzen und in dünne Ringe schneiden. Den Knoblauch schälen und durchpressen. Die Kräuter abbrausen, trocken schütteln und hacken.

2 Das Öl in einem Topf erhitzen, Zwiebeln und Knoblauch andünsten. Spinat zufügen, 8–10 Min. mitdünsten. Vom Herd nehmen, kurz abkühlen lassen. Schafskäse in kleine Stücke schneiden, mit Eiern und Kräutern unter den Spinat mischen. Salzen und pfeffern. Backofen auf 200° (Umluft nicht geeignet!) vorheizen. Butter schmelzen.

3 Ein tiefes Backblech einfetten. Das Blech mit 3 Teigblättern auslegen, Ränder überhängen lassen und jedes Blatt mit Butter bestreichen. Die Spinatmasse darauf verteilen, überstehende Teile der Blätter über die Füllung nach innen klappen. Übrige Teigblätter in der Größe der Fettpfanne zuschneiden und auf die Spinatfüllung legen.

4 Die restliche Butter mit der Milch verquirlen, die obere Teigschicht damit bestreichen. Im Ofen (Mitte) in 30–40 Min. goldbraun backen.

750 G TK-BLATTSPINAT
1 BUND FRÜHLINGSZWIEBELN
2 KNOBLAUCHZEHEN
1 BUND PETERSILIE
1 BUND DILL
3 EL OLIVENÖL
300 G SCHAFSKÄSE (FETA)
3 EIER (M)
SALZ – PFEFFER
75 G BUTTER
400 G YUFKA-BLÄTTERTEIG
(GRIECHISCHER ODER
TÜRKISCHER LADEN; 5 BLÄTTER)
125 ML MILCH

AUSSERDEM:
FETT FÜR DAS BLECH

ZUBEREITUNG: 45 MIN. – BACKEN: 15 MIN. – KÜHLEN: 30 MIN. –
PRO STÜCK CA. 165 KCAL – FÜR 16 STÜCK

EMPANADAS

1 Die Zwiebel und den Knoblauch schälen, fein hacken. Die Paprika putzen, waschen und in kleine Stücke schneiden. Tomaten waschen und halbieren. Die Tomatenhälften auf der Küchenreibe grob raspeln, bis nur noch die Haut übrig ist. Das Fruchtfleisch auffangen und beiseitestellen. Die Haut entsorgen.

2 Das Öl in einer Pfanne erhitzen. Darin die Zwiebel bei mittlerer Hitze 3 Min. andünsten. Die Paprika dazugeben und 5–10 Min. braten. Knoblauch und Paprikapulver in die Pfanne geben und unterrühren. Tomatenfruchtfleisch dazugeben, mit Salz und Pfeffer würzen. Die Hitze reduzieren und die Mischung einköcheln lassen, bis die Flüssigkeit stark reduziert ist. In eine Schüssel geben und abkühlen lassen.

3 Die Eier in 8–10 Min. hart kochen, abschrecken, schälen und klein würfeln. Den Thunfisch abtropfen lassen. Beides mit der Paprika-Tomaten-Mischung vermischen. Die Füllung 30 Min. im Kühlschrank abkühlen lassen.

4 Dann den Backofen auf 200° vorheizen, ein Backblech mit Backpapier auslegen. Die Blätterteige aus den Packungen nehmen, entrollen und ein bisschen größer ausrollen. Mit dem Ausstecher 16 Kreise ausstechen.

5 In die Mitte jedes Teigkreises ca. 1 ½ TL Füllung geben. Den Teig rundherum dünn mit Wasser bestreichen und dann halbmondförmig zusammenklappen, die Ränder gut zusammendrücken. Die Teigteilchen auf dem Backblech verteilen. Das Ei verquirlen und die Empanadas damit bestreichen. Im Ofen (Mitte) 12–15 Min. backen.

1 GROSSE ROTE ZWIEBEL
1 KNOBLAUCHZEHE
1 PAPRIKA
2 TOMATEN
1 EL OLIVENÖL
1 TL EDELSÜSSES PAPRIKAPULVER
SALZ – PFEFFER
2 EIER (M)
1 DOSE THUNFISCH (IM EIGENEN SAFT, 130 G ABTROPFGEWICHT)
2 ROLLEN (RECHTECKIGER) BLÄTTERTEIG AUS DEM KÜHLREGAL (À 275 G)

AUSSERDEM:
BACKPAPIER FÜR DAS BLECH
AUSSTECHER (10 CM Ø)
1 EI (M) ZUM BESTREICHEN

DIE 1970ER

REVOLUTION! REVOLUTION!

Nichts fährt mehr. Kein neu erschienener Edgar-Wallace-Krimi, sondern die »Ölkrise« fegte am 25. November 1973 die bundesdeutschen Straßen leer. Als Reaktion auf die zugedrehten Treibstoffhähne in Nahost hatte die Regierung vier autofreie Sonntage angeordnet. Der wie geschmiert laufende Wirtschaftswundermotor schien zu Beginn des Jahrzehnts ins Stocken zu geraten. Krisen und Umbrüche bremsten den Optimismus der vergangenen Jahre: Das blutige Ende der Geiselnahme bei den Olympischen Spielen 1972 in München, die Watergate-Affäre um Richard Nixon und die Guillaume-Affäre um Willy Brandt, die 1974 mit dem Rücktritt beider Staatsoberhäupter endeten, der bis 1975 währende Vietnamkrieg und nicht zuletzt die Schrecken des RAF-Terrorismus, die im »Deutschen Herbst« von 77 ihren Höhepunkt fanden.

Gemütlicher Kaffeeklatsch war in diesen unruhigen Zeiten kaum angesagt. Es galt, die Welt zu verändern oder gar zu retten. Man engagierte sich in der Studenten-, Friedens- oder Anti-Atomkraftbewegung, nahm an Märschen, Sit-ins und Love-ins teil, oder buk im Zuge der ebenfalls aufkommenden Ökobewegung zumindest sein eigenes Körnerbrot – vielleicht ja bei einem Bake-in. Denn Teigkneten galt in dieser Zeit sicherlich wie jedes Tun als »politische Aktion«, oder es diente zumindest als »Selbsterfahrung«. Frauen hängten die Kittelschürze des fleißigen Hausmütterchens und das alte Rollenverständnis erst einmal an den Nagel und trugen Plateauschuhe, Schlaghosen und knappe Häkeltops. Die »Sexuelle Revolution« ließ die Rocksäume höher rutschen und brachte alte Rollenmuster ins Wanken. Kinder, Küche und Kuchen waren nicht mehr vordringliches Lebensziel junger Frauen. Neue Lebensformen, Kommunen, freie Liebe oder exzessive Disco-Nächte wurden ausprobiert – alleine oder mit dem anderen Geschlecht.

Dabei eröffneten sich neue Krisengebiete: Hotpants und die übrige, typisch figurbetonte Mode der 70er rückte die Problemzonen der Nachkriegs-»Fresswelle« schonungslos ins Licht. 1972 stand die »Diät-Revolution« an. Mit dem gleichnamigen Bestseller von Robert Atkins unterwarf man/frau sich, kaum von alten Zwängen befreit, willig neuen Parolen. Nun hieß es: Trimm dich, iss light und friss die Hälfte – und bitte ohne Sahne!

SIE TREFFEN SICH
TÄGLICH UM VIERTEL
NACH DREI,
OH OH OH (OH YEAH)
AM STAMMTISCH IM ECK
IN DER KONDITOREI,
OH OH OH (OH YEAH)
UND BLASEN ZUM STURM
AUF DAS KUCHEN-BUFFET
AUF SCHWARZWÄLDER
KIRSCH UND AUF
SAHNE-BAISER
AUF FRÜCHTEEIS,
ANANAS, KIRSCH UND
BANANE

ABER BITTE MIT SAHNE
(ABER BITTE MIT SAHNE)

(**1976**, UDO JÜRGENS)

In München eröffnete **1971** die erste Deutsche McDonald's-Filiale – genau passend für die umtriebigen Kinder der 70er. Fast Food und Fertigprodukte boomten – schnell noch den dick belegten Burger auf dem Weg zur Demo und die Tiefkühlpizza nach der Disco nachts um halb eins.

Gleichzeitig eröffneten die ersten Bio-Läden: neben Lebensmitteln aus biologischem Anbau gab's dort auch Räucherstäbchen, Henna, Kerzen und Umweltschutzpapier. Wer erinnert sich nicht an den ganz besonderen Geruch …

»Licht aus – wooom! Spot an – jaaaa!«, so kündete Moderator Ilja Richter seit **1971** die Gewinner seiner Musiksendung »Disco« an. Sendung und Musik prägten das ganze Jahrzehnt, und spätestens seit John Travoltas Tanzeinlagen in »Saturday Night Fever« waren alle im Discofieber: »Ah, ha, ha, ha, stayin' alive!«

Um Frauen die Doppelbelastung von Beruf und Familie schmackhaft zu machen und zugleich die Geburtenrate zu steigern, wurde in der DDR jungen Paaren ab **1972** der zinslose Ehekredit von 5000 Mark geboten, der »abgekindert« werden konnte: Bei Geburt eines Kindes wurde die abzuzahlende Kreditsumme gemindert, ab dem dritten Kind sogar vollständig erlassen. Obendrein sank die monatliche Tilgung, sodass sich die Laufzeit des Kredits nicht veränderte.

»Ein Schlauer trimmt die Ausdauer« – mit diesem Slogan formierte sich Anfang der 70er die Trimm-dich-Bewegung: eine Initiative zur Volksgesundheit und gegen Übergewicht.

»Palim, Palim, ich hätte gerne eine Flasche Pommes frites« – mit »Nonstop Nonsens« dieser Art versorgte Didi Hallervorden seit **1975** das westdeutsche Fernsehpublikum. Gewohnt war man diese Art von schrägem Humor aus der zwei Jahre zuvor gestarteten Ausstrahlung von »Klimbim«. Am Ende jeder der 30 Sendungen hauchte die leicht bekleidete Ulknudel Ingrid Steeger stets »Dann mach ich mir ’nen Schlitz ins Kleid und find das wunderbar« ins Mikro.

BACKREZEPTE, MODESTRECKEN UND BEAUTY-TIPPS SUCHTE MAN IN DER **1977** ERSTMALIG ERSCHIENENEN FRAUENZEITSCHRIFT »EMMA« VERGEBLICH. DAFÜR BÜNDELTE GRÜNDERIN ALICE SCHWARZER DARIN ALLE DRÄNGENDEN FRAGEN UND BELANGE DER DAMALS ÄUSSERST AKTIVEN FRAUENBEWEGUNG.

Ran an den Nachkriegsspeck: Kaum gab es wieder genug Butter aufs Brot, tauschte man diese freiwillig gegen Halbfettmargarine, die **1973** neben anderen »Light-Produkten« auf den Markt kam. Wem FDH und fettarmer Brotaufstrich nicht reichte, der ging zu den »Weight Watchers«, die sich seit Beginn des Jahrzehnts auch in Deutschland trafen.

Deutschland wollte es wissen: Nach dem Kinsey-Report, der in den noch prüden 60ern für Furore gesorgt hatte, brach in den 70ern eine wahre Sexwelle aus. ***1970*** *lockte der erste »Schulmädchenreport« über 6 Millionen Westdeutsche in die Kinos. Sex sells: Die nachgestellten, meist fiktiven Geständnisse junger Frauen gaben Stoff für weitere 12 Folgen, die bis* ***1980*** *gedreht wurden.*

ZUBEREITUNG: 1 STD. – BACKEN: 30 MIN. – RUHEN: 2 STD. –
PRO STÜCK CA. 320 KCAL – FÜR 1 SPRINGFORM (26 CM Ø, CA. 12 STÜCKE)

TUTTIFRUTTI-KUCHEN

Konservenobst war hip: als schnelles Dessert im Schälchen oder auf dem Obstkuchen. Die Mischungen waren weder geschmacklich noch farblich besonders attraktiv. Lediglich die quietschrot gefärbten Kirschen, von denen es immer zu wenige in einer Dose gab, wollten alle haben. Für mehr Aroma, etwas Frische und die guten Vitamine schnibbelte die Dame des Hauses deshalb gerne noch eine Banane unter – zumindest im Westen. Im Osten war die Tropenfrucht bis zur Wende begehrte Mangelware und der Hunger danach riesig. So groß, dass Anfang 1972 per geheimer Ministersache die Einfuhr von Bananen in die DDR staatlich gefördert wurde: 35.000 Tonnen gab's darauf hin, zehnmal weniger als im Westen.

1 Den Backofen auf 190° vorheizen, den Boden der Springform einfetten. Für den Teig die Eier trennen. Die Eigelbe mit der Hälfte des Zuckers, der Zitronenschale und 2 EL warmem Wasser schaumig schlagen. Die Eiweiße mit dem restlichen Zucker steif schlagen und unter die Eigelbmasse heben. Das Mehl mit der Speisestärke und dem Backpulver sieben und unter den Teig ziehen.

2 Den Teig in die vorbereitete Form füllen und im Ofen (2. Schiene von unten) ca. 30 Min. backen. Den Biskuit aus der Form stürzen, vollständig auskühlen und vor dem Durchschneiden mind. 2 Std. ruhen lassen. Nach dieser Zeit den Teigboden quer zweimal durchschneiden.

3 Das Nugat im Wasserbad schmelzen. Den unteren Biskuitboden damit bestreichen, den mittleren daraufsetzen. Das Marzipan mit Kirschwasser, 2 EL Wasser und dem Puderzucker verrühren und den mittleren Biskuitboden damit bestreichen. Den oberen Boden daraufsetzen. Die Oberfläche und den Rand der Torte mit der Konfitüre bestreichen. Mandelblättchen in einer Pfanne goldgelb rösten, abkühlen lassen und mit Hilfe einer Palette oder Teigkarte am Tortenrand verteilen und andrücken.

4 Für den Belag die Banane schälen und in Scheiben schneiden. Die Torte mit den Bananenscheiben und den Dosenfrüchten belegen. Den Tortenguss nach Packungsanweisung kochen, etwas abkühlen lassen und die Früchte damit überziehen.

FÜR DEN TEIG:
4 EIER (M)
140 G ZUCKER
FEIN ABGERIEBENE SCHALE VON ½ BIO-ZITRONE
120 G MEHL
60 G SPEISESTÄRKE
1 TL BACKPULVER

FÜR FÜLLUNG, GARNITUR UND BELAG:
100 G NUGAT
100 G MARZIPANROHMASSE
1 SCHNAPSGLAS KIRSCH-WASSER
1 EL PUDERZUCKER
100 G APRIKOSENKONFITÜRE
50 G MANDELBLÄTTCHEN
1 BANANE
4 TASSEN GEMISCHTE DOSENFRÜCHTE
1 PCK. KLARER TORTENGUSS

AUSSERDEM:
FETT FÜR DIE FORM
TORTENPALETTE ODER TEIGKARTE

ZUBEREITUNG: 1 STD. 30 MIN. – BACKEN: 20 MIN. – KÜHLEN: 5 STD. 20 MIN. – PRO STÜCK CA. 260 KCAL – FÜR 1 SPRINGFORM (26 CM Ø , CA. 16 STÜCKE)

KÄSESAHNE-TORTE

Kinder der 70er erinnern sich sicher noch an Knopfchampignons, Erbsen-Möhren-Mischung und natürlich an Mandarinen aus der Dose, die gerne mal in die Käsesahnetorte wanderten. Konservenobst und -gemüse ersparte berufstätigen Muttis damals Zeit und Mühe und wurde immer populärer. Im Osten war selber einzumachen dagegen schlichtes Mittel, die mangelnde Versorgung auszugleichen. Was im Datschengarten wuchs, wurde zu Kompott und Marmelade verkocht oder wanderte in den Rumtopf. Der hatte es in sich: eingelegt wurde in 98 Prozent »Primasprit«. Als der aus dem Verkehr gezogen wurde, behalf man sich mit »Primus-Wodka«, der es immerhin auf 56 Prozent Alkoholanteil brachte.

1 Den Backofen auf 190° vorheizen, eine Springform mit Backpapier auskleiden. Für den Teig die Eier trennen. Die Eigelbe mit der Hälfte des Zuckers und 1 EL warmem Wasser schaumig schlagen. Die Eiweiße mit dem restlichen Zucker und 1 Prise Salz steif schlagen und unter die Eigelbmasse heben. Das Mehl sieben und unter den Teig ziehen.

2 Den Teig in die vorbereitete Form füllen und im Ofen (2. Schiene von unten) 15–20 Min. backen. Den Biskuit aus der Form lösen und das Papier abziehen. Biskuit vollständig auskühlen.

3 Für den Belag die Gelatine 5–10 Min. in kaltem Wasser einweichen. Eier trennen. Die Eigelbe mit Zucker, Vanillezucker und Zitronensaft cremig schlagen. Quark unterrühren. Die Gelatine tropfnass in einen Topf geben und bei kleiner Hitze auflösen, 3 EL Quarkmasse unterrühren. Diese Mischung unter die übrige Quarkmasse ziehen. Die Creme 20 Min. kalt stellen, bis sie leicht geliert.

4 Dann die Mandarinen in einem Sieb gut abtropfen lassen. Die Eiweiße mit 1 Prise Salz, außerdem 400 g Sahne getrennt steif schlagen. Beides unter die Creme ziehen.

5 Den Biskuit quer halbieren. Unteren Boden in einem Tortenring auf eine Tortenplatte setzen, Mandarinen (bis auf ein paar) darauf verteilen. Die Quarksahne darauf verstreichen. Oberen Boden in 16 Stücke schneiden und auf die Creme legen. Die Torte mind. 5 Std. kalt stellen. Dann die übrige Sahne steif schlagen und in den Spritzbeutel füllen. Die Torte mit Puderzucker bestäuben. Mit Sahne und übrigen Mandarinen garnieren.

FÜR DEN TEIG:
3 EIER (M)
90 G ZUCKER
SALZ – 90 G MEHL

FÜR DEN BELAG UND DIE GARNITUR:
9 BLATT WEISSE GELATINE
4 EIER (M, GANZ FRISCH!)
125 G ZUCKER
1 PCK. VANILLEZUCKER
4 EL ZITRONENSAFT
500 G SPEISEQUARK
2 DOSEN MANDARINEN
(À 175 G ABTROPFGEWICHT)
SALZ
500 G SAHNE

AUSSERDEM:
BACKPAPIER FÜR DIE FORM
TORTENRING
SPRITZBEUTE MIT GROSSER
STERNTÜLLE
PUDERZUCKER ZUM BESTÄUBEN

ZUBEREITUNG: 20 MIN. – KÜHLEN: 3 STD. – PRO STÜCK CA. 315 KCAL – FÜR 1 SPRINGFORM (26 CM Ø, CA. 12 STÜCKE)

Als fix gemachtes Gegenmodell zur aufwendigen Käsesahnetorte kam die Philadelphia-Torte in Mode. Die war bereits 1962 in einer US-Versuchsküche ausgetüftelt worden. Der Clou: Die Torte wurde nicht im Backofen, sondern im Kühlschrank »gebacken«.

PHILADELPHIA-TORTE

1 Die Löffelbiskuits in dem Tiefkühlbeutel mit dem Nudelholz fein zerbröseln. Die Butter schmelzen und mit den Bröseln vermischen. Die Brösel auf den Boden der Springform drücken.

2 Die Zitrone auspressen. Den Saft mit dem Frischkäse und Joghurt cremig rühren. Das Götterspeisen-Geleepulver mit dem Zucker in einem Kochtopf mischen und mit 225 ml Wasser verrühren. Die Mischung unter Rühren erhitzen, bis alles gelöst ist. Nicht kochen. Abkühlen lassen, unter die Frischkäsecreme rühren.

3 Die Creme auf den vorbereiteten Boden in die Springform füllen und glatt streichen. Den Kuchen mind. 3 Std. kalt stellen.

150 G LÖFFELBISKUITS
125 G BUTTER
1 ZITRONE
600 G FRISCHKÄSE
300 G JOGHURT
1 BEUTEL ROTES GELEEPULVER FÜR GÖTTERSPEISE
75 G ZUCKER

AUSSERDEM:
TIEFKÜHLBEUTEL

ZUBEREITUNG: 25 MIN. – BACKEN: 20 MIN. – PRO STÜCK CA. 250 KCAL
FÜR 1 SPRINGFORM (26 CM Ø, CA. 12 STÜCKE)

SCHOKOKUSS-TORTE

1 Den Backofen auf 180° vorheizen. Den Boden der Springform mit Backpapier auslegen. Für den Teig die Eier mit dem Zucker schaumig schlagen. Das Mehl mit dem Backpulver mischen und unterheben. Den Teig in die Form füllen und im Ofen (Mitte) 20 Min. backen. Herausnehmen, Biskuit abkühlen lassen.

2 Für die Füllung die Waffelböden von den großen Schokoküssen abschneiden und klein würfeln. Schaum und Schokoüberzug vermengen. Quark mit Puderzucker und Vanillezucker glatt rühren. Zerdrückte Schokoküsse, klein gewürfelte Waffelböden und den Krokant unterrühren.

3 Die Sahne mit Sahnefestiger steif schlagen und locker mit der Quarkmasse mischen. Abgekühlten Biskuitboden auf eine Tortenplatte legen und die Quarkmasse gleichmäßig darauf verteilen. Mini-Schokoküsse längs halbieren und die Torte damit verzieren. Die Torte bis zum Genuss kühl stellen.

FÜR DEN TEIG:
2 EIER (M)
60 G ZUCKER
60 G MEHL
1 MSP. BACKPULVER

FÜR DIE FÜLLUNG:
12 GROSSE SCHOKOKÜSSE
500 G MAGERQUARK
50 G PUDERZUCKER
1 PCK. VANILLEZUCKER
1 PCK. HASELNUSSKROKANT
300 G SAHNE
1 PCK. SAHNEFESTIGER

FÜR DIE GARNITUR:
8 MINI-SCHOKOKÜSSE

AUSSERDEM:
BACKPAPIER FÜR DIE FORM

Bei dieser Torte wird zwar noch der Teig gebacken, aber der Belag geht ruck, zuck. Noch schneller war die Hausfrau mit Fertigbackmischungen, die nicht nur im Westen boomten: In der DDR wurde 1972 das vor allem durch Backmischungen erfolgreiche »Kathi«-Unternehmen verstaatlicht und zum »VEB Backmehlwerk Halle« umgewandelt – wie gut 20 Jahre zuvor die Grabower Süßwaren GmbH mit ihren berühmten »Schaumküssen«.

FÜR DEN TEIG:
200 G ZARTBITTER-SCHOKOLADE
150 G BUTTER
150 G ZUCKER
4 EIER (M)
50 G MEHL

FÜR DIE MOUSSE:
3 BLATT WEISSE GELATINE
250 ML MILCH
1 PCK. BOURBON-VANILLEZUCKER
2 EIWEISS (M)
SALZ
80 G ZUCKER
100 G SAHNE

AUSSERDEM:
OFENFESTE FORM
(CA. 20 × 25 CM)
BACKPAPIER FÜR DIE FORM

ZUBEREITUNG: 45 MIN. – BACKEN: 30 MIN. – KÜHLEN: 2 STD. – PRO STÜCK CA. 255 KCAL – FÜR 16 STÜCK

1967 gelang dem italienischen Unternehmen Ferrero mit ihrer »Kinderschokolade« ein Riesenwurf: Die Idee, Schokolade in kleine Einzelriegel zu verpacken, und das Versprechen der »Extraportion Milch« passten ideal zu den späten Nachkriegsbedürfnissen. 1974 wurde mit der »Milchschnitte« nachgelegt. Ein echter Brummer, der es kalorienmäßig mit jeder Butterbemme aufnahm und nur scheinbar den Bedürfnissen nach schlankeren Genüssen entsprach. Im Gegensatz zum Innenleben wurde das Äußere der »Kinderschokolade« dem Zeitgeist angepasst. 30 Jahre lang zierte das Foto des Münchners Günter Euringer die Schokotafel: mal mit langen, mal mit kurzen Haaren, mit roter Fliege, neuem Hemd oder anretuschierten fremden Ohren – immer passend zur Mode der Zeit, aber stets mit demselben Lächeln.

SCHOKO-MILCH-SCHNITTEN

1 Für den Teig die Schokolade und die Butter mit 100 g Zucker in einer Schüssel über einem heißen Wasserbad schmelzen. Den Backofen auf 160° vorheizen, die Form mit Backpapier auslegen.

2 Die Eier trennen. Eigelbe mit dem Mehl unter die flüssige Schokomasse rühren. Die Eiweiße sehr steif schlagen, dabei den übrigen Zucker einrieseln lassen. Eischnee behutsam unter die Schokomasse heben. Den Teig in der Form verteilen und im Ofen (Mitte) ca. 30 Min. backen. Herausnehmen und den Schokoboden in der Form abkühlen lassen.

3 Für die Mousse die Gelatine 5–10 Min. in kaltem Wasser einweichen. Knapp 100 ml Milch mit Vanillezucker aufkochen. Gelatine ausdrücken und in der heißen Milch auflösen. Restliche Milch unterrühren. Alles in eine große Schüssel füllen und im Kühlschrank leicht gelieren lassen.

4 Die Eiweiße mit 1 Prise Salz sehr steif schlagen, dabei den Zucker einrieseln lassen. Sahne halbsteif schlagen und unter die leicht gelierte Milch heben, dann den Eischnee behutsam unterheben. Die Milch-Mousse auf dem Schokoboden in der Form verteilen, glatt streichen und 1–2 Std. kalt stellen. Zum Servieren den Kuchen mit einem Messer, das zwischendurch immer wieder in heißes Wasser getaucht wird, in gleich große Schnitten schneiden.

ZUBEREITUNG: 50 MIN. – BACKEN: 30 MIN. – KÜHLEN: 2 STD. –
PRO STÜCK CA. 285 KCAL – FÜR 1 SPRINGFORM (26 CM Ø, CA. 12 STÜCKE)

GÖTTERSPEISE-TORTE

In den 70ern trieb man's bunt: Stoffe, Tapeten und Einrichtungsgegenstände schillerten in allen Regenbogenfarben – genau wie viele Lebensmittel. Es gab Dolomiti- oder Grünofant-Eis, TRi-TOP-Sirup, dessen Flaschenform an die angesagten Lavalampen angelehnt war, oder Dreh-und-Trink-Limo. Egal ob Eis, Lolli oder Getränk, die Aromen Himbeere, Orange, Zitrone und vor allem Waldmeister konnte man immer finden – und stets künstlich hergestellt. Spitzenreiter war und blieb aber Götterspeise, auch Wackelpeter oder im Osten Zitterpudding genannt. Neben Zitterpuddingkuchen machte dort auch die Clic-Torte Karriere. Anstelle von Götterspeisepulver wurde dafür das namensgebende Getränkepulver mit Pudding gekocht, mit Sahne vermengt und anschließend auf einen Kuchenboden gegeben.

1 Den Backofen auf 180° vorheizen, den Springformboden mit Backpapier auslegen. Für den Teig die Butter zerlassen. Eier mit Zucker hellschaumig schlagen. Das Mehl darübersieben, mit der flüssigen Butter locker unter die Eiercreme heben. Teig in die Form füllen. Im Ofen (Mitte) 30 Min. backen. Abgekühlt aus der Form lösen.

2 Den Biskuitboden auf eine Tortenplatte oder einen großen Teller setzen und mit dem Tortenring eng umschließen. Für den Belag die Götterspeise mit Apfelsaft nach Packungsangabe zubereiten. Drei Viertel der Götterspeise auf den Boden gießen und kalt stellen, bis die Götterspeise fest ist. Übrige Götterspeise in einer flachen Form erstarren lassen.

3 Inzwischen die Schokolade in kleine Stücke brechen. Den Puderzucker in 100 g Sahne erwärmen, Schokolade darin schmelzen und abkühlen lassen. Gelatine in der Milch 5 Min. einweichen, dann bei kleiner Hitze auflösen und unter die Schokoladensahne rühren. 300 g Sahne steif schlagen, die Schokoladensahne und den Waldmeistersirup nach und nach unterrühren. Waldmeistercreme auf den vorbereiteten Kuchen geben und glatt streichen. Die Torte 2 Std. kalt stellen.

4 Die restliche Götterspeise in kleine Würfel schneiden. Die übrige Sahne steif schlagen und in den Spritzbeutel füllen. Die Torte mit der Sahne und den Götterspeisewürfel garnieren.

FÜR DEN TEIG:
30 G BUTTER
2 EIER (M)
100 G ZUCKER
50 G MEHL

FÜR DEN BELAG UND DIE GARNITUR:
1 BEUTEL GELEEPULVER FÜR WALDMEISTER-GÖTTERSPEISE
250 ML APFELSAFT
100 G WEISSE SCHOKOLADE
2 EL PUDERZUCKER
600 G SAHNE
4 BLATT WEISSE GELATINE
3 EL MILCH
2 EL WALDMEISTERSIRUP

AUSSERDEM:
BACKPAPIER FÜR DIE FORM
TORTENRING
SPRITZBEUTEL MIT STERN- ODER LOCHTÜLLE

ZUBEREITUNG: 45 MIN. – BACKEN: 40 MIN. – PRO STÜCK CA. 350 KCAL – FÜR 1 BACKBLECH (CA. 20 STÜCKE)

SPIEGELEIER-KUCHEN

»Nimm ein Ei mehr«, riet der Fernsehkoch im DDR-Kochprogramm, nachdem die neu eingeführten KIM-Hühnermastbetriebe die Versorgung zu Beginn des Jahrzehnts mehrheitlich sicherten. Mehrheitlich, denn Lücken gab es immer wieder. Dann galt: »Meide Eier, sie erhöhen den Cholesterinspiegel …« Diese und andere Ratschläge gab es ab 1960 täglich (außer am Sonntag) in den »Tausend Tele-Tips«, einer zehnminütigen Werbesendung, die den Zuschauer mit Infos zu verschiedensten Alltagsthemen in Form von Kurzfilmen, Cartoons oder Puppenspiel versorgte. Einzelne Produkte wurden vorgestellt, Einkaufshilfen und Rezepte geliefert, Rat für die Gesundheit gegeben und Warnungen vor Gefährdungen im Haushalt und Verkehr aufgezeigt. Ob bei Eiermangel zu diesem Kuchen mit »Aprikosendottern« geraten wurde? Wir wissen es nicht genau – es wäre aber sicher ein leckerer Tipp gewesen.

1 Den Backofen auf 200° vorheizen, ein Backblech einfetten. Für den Teig Butter und Zucker mit den Rührbesen des Handrührgeräts hellcremig rühren. Ein Ei nach dem anderen gründlich unterrühren. Mehl, Backpulver und 1 Prise Salz mischen und zusammen mit der Zitronenschale unterarbeiten, aber nicht zu lange rühren. Den Teig gleichmäßig auf das Blech streichen. Im Ofen (Mitte) ca. 20 Min. backen.

2 Inzwischen für den Belag 650 ml Milch und Zucker erhitzen. Das Puddingpulver mit der übrigen Milch glatt rühren, die Mischung in die kochende Milch einrühren, einmal aufkochen lassen, dann den Topf vom Herd nehmen. Den Pudding abgedeckt abkühlen lassen, dabei ab und zu umrühren. Den Schmand unter den lauwarmen Pudding heben.

3 Das Blech aus dem Ofen nehmen und die Puddingcreme gleichmäßig auf dem Teigboden verstreichen. Den Kuchen weitere 15–20 Min. backen, dann herausnehmen und auf einem Kuchengitter auskühlen lassen.

4 Die Aprikosen in einem Sieb abtropfen lassen, dabei den Saft auffangen. Die Früchte mit der Wölbung nach oben gleichmäßig auf dem Kuchen verteilen. 500 ml Aprikosensaft abmessen, in einen Topf geben und mit dem Tortenguss verrühren. Alles unter Rühren einmal aufkochen, den Topf vom Herd nehmen und den Guss 1 Min. abkühlen lassen. Den Guss gleichmäßig auf dem Kuchen verteilen und fest werden lassen.

FÜR DEN TEIG:
250 G WEICHE BUTTER
200 G ZUCKER
5 EIER (M)
250 G MEHL
3 TL BACKPULVER
SALZ
1 TL FEIN ABGERIEBENE BIO-ZITRONENSCHALE

FÜR DEN BELAG:
750 ML MILCH
50 G ZUCKER
2 PCK. VANILLEPUDDINGPULVER
500 G SCHMAND
2 DOSEN APRIKOSEN (À 490 G ABTROPFGEWICHT)
2 PCK. KLARER TORTENGUSS

AUSSERDEM:
FETT FÜR DAS BLECH

ZUBEREITUNG: 25 MIN. – BACKEN: 50 MIN. – PRO STÜCK CA. 605 KCAL –
FÜR 1 KASTENFORM (22 CM LÄNGE, CA. 6 STÜCKE)

BRAUNER-BÄR-KUCHEN

1 Den Backofen auf 160° vorheizen, eine Kastenform einfetten. Für den Teig die Butter bei kleiner Hitze schmelzen und kurz abkühlen lassen. Butter und Zucker mit den Rührbesen des Handrührgerätes hellcremig rühren. Eier, Mehl, gemahlene Haselnüsse, Backpulver, Milch und Kakao hinzufügen und alles zu einem glatten Teig verrühren. Den Teig in die Kastenform füllen, glatt streichen. Im Ofen (Mitte) 50 Min. backen. Den Kuchen aus der Form lösen und vollständig auskühlen lassen.

2 Für die Füllung die Bonbons mit der Kondensmilch in einen Topf geben und bei kleiner Hitze unter ständigem Rühren schmelzen. Das entstandene Karamell weiterrühren, bis es abgekühlt ist und eine zähe Konsistenz hat.

3 Den Kuchen waagerecht halbieren. Die untere Hälfte auf eine Kuchenplatte setzen und die Füllung darauf verteilen, obere Kuchenhälfte darauflegen. Die Eisstiele in regelmäßigem Abstand in eine Längseite des Kuchens stechen.

4 Die Kuvertüre fein hacken und über einem heißen Wasserbad schmelzen. Den Kuchen gleichmäßig mit der Kuvertüre überziehen und vollständig trocknen lassen. Den Brauner-Bär-Kuchen zum Servieren zwischen den Eisstielen in große Stücke schneiden.

FÜR DEN TEIG:
125 G BUTTER – 125 G ZUCKER
2 EIER (L) – 140 G MEHL
40 G GEMAHLENE HASELNUSS-KERNE
½ TL BACKPULVER
80 ML MILCH
30 G KAKAOPULVER

FÜR DIE FÜLLUNG UND DEN ÜBERZUG:
100 G WEICHE BUTTER- BZW. SAHNE-TOFFEE-BONBONS
40 G KONDENSMILCH
100 G ZARTBITTER-KUVERTÜRE

AUSSERDEM:
FETT FÜR DIE FORM
6 EISSTIELE AUS HOLZ ODER PLASTIK

Nur echt mit Schoko-Karamell-Kern: Das **Braune-Bär-Eis** am Stiel kam 1974 auf den Markt und war auf allen Spielplätzen zu finden, wo sich kleine Indianer und Cowboys verausgabten, inklusive Marterpfahl ganz ohne Eis für den Gefangenen. Die Verpackung mit der **reitenden Rothaut,** die mit einem gezielten Pfeilschuss das Eis skalpiert und so den Karamellkern freilegt, passte genau in die Zeit: »Rauchende Colts«, »Winnetou« und »Bonanza« waren die Serien, die uns tapfere Vorbilder lieferten. Darin wurde noch mit fairen Waffen für das Gerechte gekämpft, und am Ende siegte (fast) immer das Gute. Welch ein Drama, als das Eis 1986 aus den TK-Truhen verschwand. In der Retrobegeisterung der 90er wurde es 1995 und später nochmals 2001 neuproduziert. Beide Nachauflagen kamen aber nie ans Original ran – vor allem nicht an den Kern …

ZUBEREITUNG: 30 MIN. – BACKEN: 30 MIN. – RUHEN: 5 STD. – PRO STÜCK CA. 550 KCAL – FÜR 1 BACKBLECH (CA. 12 STÜCKE)

MOOSKUCHEN

Missernten in Brasilien führten 1977 zu einer Explosion des Weltmarktpreises für Kaffee. Was den BRD-Kaffeetrinker beim Griff in den Geldbeutel schmerzte, führte in der DDR fast zum Sturz von Erich Honecker: Da zu wenig Devisen für die Einfuhr von Kaffee zur Verfügung standen, ersetzte man die Bohnen zu gut 50 Prozent durch Zichorie und andere Streckmittel und brachte das Ganze unter der Bezeichnung »Kaffee-Mix« auf den Markt. Dieser taugte nun gar nicht für diesen thüringischen Lieblingskuchen, dessen typisch moosgrüne Färbung erst durch die Verbindung von aufgestreutem, echtem Kaffee mit Eiweiß entsteht. Nein, der KaffeeErsatz entpuppte sich zudem als hochexplosives Gemisch nicht nur für Kaffeemaschinen, in denen das enthaltene Erbsmehl unendlich aufquoll und alles verstopfte. Auch der Volkszorn kochte beim Geschmack dieser sehr speziellen Kaffeemischung endgültig über: Dieses Gesöff war das Allerletzte und ging sofort als »Erichs Krönung« in die DDR-Geschichte ein.

1 Den Backofen auf 210° vorheizen, ein Backblech mit Backpapier auslegen. Für den Teig die Butter mit dem Zucker und den Eigelben hellcremig rühren. Nach und nach die saure Sahne untermischen und esslöffelweise den Kakao, das Natron und das Mehl unterrühren. Es soll ein zähflüssiger Teig entstehen.

2 Den Teig auf das vorbereitete Blech geben, glatt streichen und im heißen Backofen (Mitte) ca. 30 Min. backen. Den Teig vom Blech stürzen und ganz auskühlen lassen.

3 Für das »Moos« das Kokosfett bei kleiner Hitze schmelzen und wieder abkühlen lassen. Inzwischen die Eiweiße mit 1 Prise Salz steif schlagen. Den gesiebten Puderzucker einrieseln lassen. Das noch flüssige Fett unterrühren. Den Eischnee auf den kalten Kuchenboden streichen und gleichmäßig mit dem Kaffeepulver bestreuen.

4 Den Kuchen 4–5 Std. bei Zimmertemperatur oder an einem kühlen Ort ruhen lassen. Während dieser Zeit färbt sich der Eischnee grün. Vor dem Servieren den Mooskuchen nach Belieben noch mit ein bisschen Kakao bestäuben, dann in Stücke schneiden.

FÜR DEN TEIG:
300 G WEICHE BUTTER
300 G ZUCKER
6 EIGELB (M)
250 G SAURE SAHNE
3 EL KAKAOPULVER
1 GESTR. TL NATRON
350 G MEHL

FÜR DAS »MOOS«:
125 G KOKOSFETT
6 EIWEISS (M, GANZ FRISCH!)
SALZ
3 EL PUDERZUCKER
4 TL FEIN GEMAHLENES
KAFFEEPULVER

AUSSERDEM:
BACKPAPIER FÜR DAS BLECH
KAKAOPULVER ZUM BESTÄUBEN
(NACH BELIEBEN)

300 G WEIZENMEHL (TYPE 1050)
150 G ROGGENMEHL (TYPE 1150)
42 G FRISCHE HEFE (1 WÜRFEL)
200 ML MILCH
1 EL FLÜSSIGER MALZEXTRAKT
SALZ
30 G HASELNUSSKERNE
50 G LEINSAMEN
50 G SONNENBLUMENKERNE

AUSSERDEM:
MEHL ZUM ARBEITEN
FETT FÜR DAS BLECH

ZUBEREITUNG: 35 MIN. – RUHEN: 1 STD. 35 MIN. – BACKEN: 45 MIN. – PRO SCHEIBE CA. 125 KCAL – FÜR 1 BROT (CA. 20 SCHEIBEN)

KLEVERS SPEZIALBROT

Die meisten kennen Ulrich Klever aus seiner Zeit als Fernsehkoch im ZDF-Ratgeber-Magazin »Die Drehscheibe«. Über 300 Sendungen lang brutzelte und buk er, bis er Mitte der 70er feststellte, dass er – wie ein Großteil seiner Zuschauer – mächtig zugelegt hatte. Als »dick, faul und gefräßig« beschrieb er die Deutschen (und sich selbst), nahm in einem Jahr 25 Kilo ab und widmete sich fortan Diät- und Gesundheitsthemen. Sein Kalorienkompass blieb bis heute die Taschenbibel für Figurbewusste. Trotz neuer Ausrichtung stand Genuss bei ihm weiterhin an erster Stelle. Als begeisterter Schreiber und Bäcker veröffentlichte er zusammen mit seiner Frau gleich mehrere Brotbackbücher, so auch »Das große GU Buch vom Brotbacken«, aus dem dieses Rezept stammt.

1 Das Weizen- und Roggenmehl in einer Rührschüssel mischen, eine Mulde eindrücken. Hefe zerbröckeln. Milch und 100 ml Wasser lauwarm erhitzen und mit der Hefe und dem Malzextrakt verrühren. In die Mulde gießen, mit etwas Mehl vom Rand bedecken und 10 Min. gehen lassen.

2 Dann 2 TL Salz und eventuell nochmals 100 ml Wasser dazugeben und alles mit den Knethaken des Handrührgeräts oder von Hand 8–10 Min. kräftig durchkneten, bis ein glatter, glänzender Teig entstanden ist. Teig zur Kugel formen, in eine bemehlte Schüssel geben und an einem warmen Ort zugedeckt 45 Min. gehen lassen.

3 Die Haselnüsse grob hacken. Ein Backblech einfetten. Denn Teig nochmals gut durchkneten, dabei die Nüsse, Leinsamen und Sonnenblumenkerne einarbeiten. Den Teig zu einem länglichen Laib formen, auf das Blech legen und leicht mit Mehl bestäuben. Mit einem Geschirrtuch abdecken und weitere 30–40 Min. gehen lassen.

4 Den Backofen auf 200° vorheizen, dabei eine ofenfeste Schale mit heißem Wasser auf dem Boden des Ofens miterhitzen. Die Schale herausnehmen und das Brot in den heißen Ofen (Mitte) schieben und in 40–45 Min. goldbraun und knusprig backen.

ZUBEREITUNG: 30 MIN. – BACKEN: 20 MIN. – RUHEN: 2 STD. 10 MIN. –
PRO SCHEIBE CA. 35 KCAL – FÜR 4 BROTE (À CA. 20 SCHEIBEN)

HERRMANN-ROSINENBROTE

50 G BUTTER
375 G WEIZENMEHL (TYPE 550)
SALZ
1 PCK. TROCKENHEFE
200 G HERRMANN-TEIG
70 G ROSINEN

AUSSERDEM:
ÖL FÜR DIE SCHÜSSEL
BACKPAPIER FÜR DAS BLECH
2 EL KONDENSMILCH ZUM EINPINSELN

1 Die Butter schmelzen, ca. 5 Min. abkühlen lassen und dann mit dem Mehl, 150 ml lauwarmem Wasser, 1 TL Salz, der Hefe und dem Herrmann-Teig in einer Schüssel mischen. Den Teig 6–7 Min. kneten, bis er gut zusammenhält. Die Rosinen nach und nach in den Teig einkneten. Die Schüssel mit Öl einfetten. Teig zu einer Kugel formen, in die Schüssel legen und abdecken. An einem warmen Ort 1 Std. 30 Min. gehen lassen.

2 Den Teig nochmals durchkneten, vierteln und jeweils zu einem länglichen Brot (ca. 20 cm) formen. Das Backblech mit Backpapier auslegen und die Brote mit etwas Abstand darauflegen. Weitere 40 Min. gehen lassen.

3 Den Backofen auf 200° vorheizen. Die Brote auf der Oberseite mit einem scharfen Messer ein paar Mal ca. ½ cm tief einschneiden und mit der Kondensmilch bestreichen. Im Ofen (Mitte) in 20 Min. goldbraun backen.

DER HERRMANN-TEIG: In ein verschließbares Gefäß (1,5 l Inhalt) 100 g Mehl, 25 g Zucker, ½ Pck. Trockenhefe und 150 ml lauwarmes Wasser geben und mit einem Holzlöffel verrühren. Das Gefäß verschließen und den Herrmann-Ansatz 2 Tage bei Zimmertemperatur und dann 2 Tage im Kühlschrank ruhen lassen. Dabei einmal täglich gut durchrühren. Nun diesen Ansatz 10 Tage im Kühlschrank stehen lassen und anschließend wie folgt pflegen: **TAG 1:** 100 g Mehl, 150 g Zucker und 150 ml Milch zu dem Ansatz geben und kräftig umrühren, verschließen und weiter ruhen lassen. **TAG 2 BIS 4:** Den Ansatz einmal täglich kräftig umrühren. **TAG 5:** Wieder 100 g Mehl, 150 g Zucker und 150 ml Milch zum Ansatz geben und umrühren, verschließen und ruhen lassen. **TAG 6 BIS 10:** Ansatz einmal täglich umrühren. **FINALE:** Fertigen Teig vierteln. Aus 3 Teilen wird Brot gebacken und 1 Teil wird an Freunde und Bekannte verschenkt. Fertig!

Keiner weiß es mehr so ganz genau, aber Herrmann tauchte wohl in den 70ern zum ersten Mal in Deutschland auf: ein hungriger Klumpen **Hefe-Sauerteig-Ansatz,** der sich ständig vermehrt, der stets »Futter« und Fürsorge braucht. So extrem, dass man den Ansatz einfach verschenken musste. Daraus entstand ein Teig-Kettenbrief, ein backbares Love-and-Peace-Symbol, das um die Welt ging. Wer weiß, so könnte es zumindest gewesen sein … Auf jeden Fall entwickelte sich **Herrmann** zu einem Phänomen, das bis heute immer wieder auftaucht. Es wäre daher doch mal wieder an der Zeit für den ewig wandernden Teig, oder?

ZUBEREITUNG: 25 MIN. – RUHEN: 8 STD. 40 MIN. – BACKEN: 20 MIN. – PRO STÜCK CA. 225 KCAL – FÜR 6 STÜCK

SONNTAGS-BRÖTCHEN

1 Sauerteig, Hefe, Mehl und ¼ l Wasser in einer Schüssel mit dem Kochlöffel gut verkneten. Abdecken und an einem warmen Ort 30 Min. ruhen lassen. Danach 1 TL Salz in 2–3 Min. unterkneten. Den Teig erneut abdecken und an einem warmen Ort mind. 8 Std. (oder auch über Nacht im Kühlschrank) ruhen lassen.

2 Dann ein großes Brett mit Backpapier belegen. Den Teig auf die bemehlte Arbeitsfläche stürzen, in 6 Portionen teilen und rund formen. Die Teigstücke auf das Brett setzen und mit einem feuchten Geschirrtuch abgedeckt nochmals 10 Min. gehen lassen. Währenddessen den Backofen mit Pizzastein (2. Schiene von unten) und Backblech (unten) auf 250° vorheizen.

3 Die Teigstücke mit Wasser besprühen und mit Leinsamen und Haferflocken bestreuen. Mit dem Backpapier auf den Pizzastein ziehen und die Eiswürfel auf das Backblech geben. Die Brötchen in 15–20 Min. goldbraun backen. Dabei ca. 5 Min. vor Ende der Backzeit die Backofentür kurz öffnen und den Dampf entweichen lassen. Die Brötchen auf einem Kuchengitter abkühlen lassen.

50 G FLÜSSIGER NATURSAUERTEIG (FERTIGPRODUKT)
5 G FRISCHE HEFE
350 G WEIZENMEHL (TYPE 550)
SALZ

AUSSERDEM:
BACKPAPIER UND MEHL ZUM ARBEITEN
PIZZASTEIN
LEINSAMEN UND HAFERFLOCKEN ZUM BESTREUEN
1 HANDVOLL EISWÜRFEL

ZUBEREITUNG: 35 MIN. – BACKEN: 25 MIN. – PRO STÜCK CA. 325 KCAL – FÜR 10 STÜCK

KÜRBISKERN-HÖRNCHEN

1 Den Magerquark in einem Sieb abtropfen lassen. Die Hälfte der Kürbiskerne in einer Pfanne ohne Fett rösten, abkühlen lassen und hacken. Mit 1 TL Kürbiskernöl mischen. Den Quark mit restlichem Kürbiskernöl, Milch, Sonnenblumenöl und 1 TL Salz verrühren.

2 Das Mehl in eine Schüssel sieben und mit dem Backpulver mischen. Die Mehl-Backpulver-Mischung mit der Quarkmischung zu einem glatten Teig verkneten.

3 Den Backofen auf 200° vorheizen, ein Backblech mit Backpapier auslegen. Den Teig zwischen zwei Lagen Frischhaltefolie zu einem ca. 40 × 8 cm großen Rechteck ausrollen. Die gehackten Kürbiskerne in den Teig drücken.

4 Den Teig erst in 5 Quadrate, dann in 10 Dreiecke schneiden. Die Dreiecke von der Längsseite aus zu Hörnchen rollen. Das Ei mit wenig Wasser verquirlen und die Hörnchen damit bestreichen. Mit den übrigen Kürbiskernen bestreuen und im heißen Backofen (Mitte) 20–25 Min. backen.

250 G MAGERQUARK
100 G KÜRBISKERNE
75 ML KÜRBISKERNÖL
125 ML MILCH
75 ML SONNENBLUMENÖL
SALZ
500 G WEIZENMEHL (TYPE 550)
1 PCK. BACKPULVER
1 EI (S)

AUSSERDEM:
BACKPAPIER FÜR DAS BLECH
FRISCHHALTEFOLIE

ZUBEREITUNG: 45 MIN. – GEHEN: 2 STD. 40 MIN. – BACKEN: 1 STD. – RUHEN: 12 STD. – PRO SCHEIBE CA. 125 KCAL – FÜR 1 BROT (CA. 25 SCHEIBEN)

LANDBROT

1 Die beiden Mehlsorten in einer Schüssel vermischen und eine Mulde hineindrücken. Die Hefe in die Mulde bröckeln und mit 125 ml lauwarmem Wasser und 1 TL Rohrzucker verrühren. Leicht mit Mehl bestäuben und zugedeckt an einem warmen Ort 10 Min. gehen lassen.

2 Bier, 1 TL Salz, Brotgewürz, Natursauerteig, Weizenflocken, Weizenkeime sowie Roggenschrot dazugeben und alles gründlich verkneten. Zugedeckt an einem warmen Ort 1 Std. gehen lassen.

3 Dann ein Backblech mit Backpapier auslegen. Den Teig auf der bemehlten Arbeitsfläche noch einmal kräftig durchkneten. Zu einem länglichen Laib formen und auf das Blech setzen. Das Brot mehrmals diagonal ca. 1 cm tief einschneiden und zugedeckt weitere 1 Std. 30 Min. gehen lassen.

4 Den Backofen auf 225° vorheizen. Eine feuerfeste Schale mit kochend heißem Wasser auf den Ofenboden stellen. Das Brot im heißen Ofen (Mitte) 15 Min. backen, dann die Hitze auf 175° herunterschalten und das Brot in ca. 45 Min. fertig backen. Das Brot zum Abkühlen fest in ein Geschirrtuch wickeln und darin 12 Std. (am besten über Nacht) ruhen lassen.

250 G VOLLKORN-WEIZENMEHL
175 G WEIZENMEHL (TYPE 1050)
42 G FRISCHE HEFE (1 WÜRFEL)
1 TL ROHRZUCKER
330 ML BIER
SALZ
1 TL GEMAHLENES BROTGEWÜRZ
150 G FLÜSSIGER NATUR-SAUERTEIG (FERTIGPRODUKT)
50 G WEIZENFLOCKEN
50 G WEIZENKEIME
300 G ROGGENSCHROT

AUSSERDEM:
BACKPAPIER FÜR DAS BLECH
MEHL ZUM ARBEITEN

ZUBEREITUNG: 45 MIN. – REIFEN, QUELLEN, RUHEN: 30 STD. – BACKEN: 45 MIN. – PRO SCHEIBE CA. 50 KCAL – FÜR 2 KASTENFORMEN (À 24 CM LÄNGE, JE CA. 20 SCHEIBEN)

MÖHREN-DINKEL-BROT

1971 eröffnete in Berlin-Schöneberg europaweit der allererste Bio-Laden. Betrieben von einer Yoga-Organisation war sein Name »Peace Food« auch Programm. Das Sortiment bestand neben Räucherstäbchen, Umweltschutzpapier und makrobiotischen Lebensmitteln vor allem aus Trockenfrüchten und Getreide, im Regelfall ungemahlenem. Wer »biologisch« kochen und backen wollte, wie etwa dieses vollwertige Brot, musste Mühe und Handarbeit in Kauf nehmen und möglichst eine Getreidemühle in der Küche haben. Zwar boomt »bio« inzwischen wie nie zuvor, aber die guten alten »Tante Emma«-Bio-Läden sterben aus. Bio-Discounter übernehmen das Geschäft, und auch der inzwischen vergrößerte Berliner Laden musste 2007 endgültig schließen.

1 Am Vortag für den Sauerteig in einer Schüssel Mehl, Sauerteig, 2 g Salz und 100 ml warmes Wasser gut verrühren. Abdecken und 24 Std. bei Zimmertemperatur reifen lassen.

2 Am Zubereitungstag für das Brühstück 200 ml Wasser in einem Topf aufkochen und das Dinkelschrot unterrühren. Die Mischung 3 Std. quellen lassen.

3 Für den Brotteig in einer Rührschüssel die Mehle, Sauerteig und Brühstück, 8 g Salz, Hefe und 60 ml eiskaltes Wasser mit den Knethaken des Handrührgeräts oder der Küchenmaschine auf kleiner Stufe ca. 12 Min. kneten. Die Möhre schälen, fein raspeln und unter den Teig kneten. Den Teig abdecken und ca. 2 Std. bei Zimmertemperatur ruhen lassen.

4 Die Hände leicht anfeuchten. Den Teig halbieren, auf der mit Mehl bestäubten Arbeitsfläche rund formen und mit Wasser bestreichen. Die Haferflocken auf einen Teller geben, die Teigstücke mit den Oberseiten hineindrücken und in die Kastenformen setzen. Abdecken und ca. 1 Std. gehen lassen, bis sich ihre Volumen verdoppelt haben.

5 Den Backofen auf 250° vorheizen, dabei eine ofenfeste Schale mit Wasser miterhitzen. Die Brote mit Wasser bestreichen. Die Schale mit Wasser aus dem Ofen nehmen und die Brote zügig hineinschieben (Mitte) und ca. 10 Min. backen. Dann die Backofentemperatur auf 190° reduzieren und die Brote in ca. 35 Min. braun backen. Herausnehmen, leicht mit Wasser bestreichen (so bekommt das Brot einen schönen Glanz) und auf einem Kuchengitter auskühlen lassen.

FÜR DEN SAUERTEIG:
100 G VOLLKORN-DINKELMEHL
50 G FLÜSSIGER NATURSAUERTEIG (FERTIGPRODUKT)
SALZ

FÜR DAS BRÜHSTÜCK:
100 G GROBES DINKELSCHROT

FÜR DEN BROTTEIG:
250 G VOLLKORN-DINKELMEHL
50 G DINKELMEHL (TYPE 630)
8 G SALZ
6 G FRISCHE HEFE
100 G MÖHRE

AUSSERDEM:
MEHL ZUM ARBEITEN
30 G KERNIGE HAFERFLOCKEN

ZUBEREITUNG: 45 MIN. – RUHEN: 1 STD. – BACKEN: 35 MIN. – PRO STÜCK CA. 330 KCAL – FÜR 1 BACKBLECH (CA. 12 STÜCKE)

ZWIEBELKUCHEN MIT SPECK

1 Für den Teig das Mehl mit ½ TL Salz in eine Schüssel geben und in die Mitte eine Mulde drücken. Die Hefe zerbröckeln, in 100 ml lauwarmem Wasser unter Rühren auflösen und in die Mulde gießen. Mit Zucker und etwas Mehl vom Rand bestäuben. Den Vorteig abdecken und ca. 15 Min. gehen lassen.

2 Die Milch erwärmen und die Butter darin schmelzen, lauwarm abkühlen lassen. Dann mit dem Ei zum Vorteig geben und mit den Händen oder den Knethaken des Handrührgeräts zu einem glatten, geschmeidigen Teig verkneten. Den Teig zugedeckt an einem warmen Ort ca. 45 Min. gehen lassen.

3 Inzwischen für den Belag die Zwiebeln schälen, halbieren und in dünne Streifen schneiden. Den Speck in kleine Würfel schneiden. 2 EL Öl in einer Pfanne erhitzen und die Speckwürfel darin knusprig braun braten. Herausnehmen und die Zwiebeln im heißen Speckfett glasig andünsten. Die saure Sahne mit den Eiern und dem restlichen Öl verrühren, mit Salz, Pfeffer und Cayennepfeffer würzen.

4 Den Backofen auf 200° vorheizen, ein Backblech einfetten. Den Teig auf der leicht bemehlten Arbeitsfläche durchkneten, ausrollen und auf das Blech legen, dabei rundherum einen kleinen Rand formen. Den Teig mit einer Gabel mehrmals einstechen. Zwiebeln und Speckwürfel darauf verteilen und mit dem Kümmel bestreuen. Die Eiersahne darübergießen und den Zwiebelkuchen im heißen Ofen (Mitte) 30–35 Min. backen. Aus dem Ofen nehmen und zum Servieren noch heiß in Stücke schneiden.

FÜR DEN TEIG:
350 G WEIZENMEHL (TYPE 550)
SALZ
20 G FRISCHE HEFE (½ WÜRFEL)
1 PRISE ZUCKER
200 ML MILCH
50 G BUTTER
1 EI (M)

FÜR DEN BELAG:
750 G ZWIEBELN
150 G DURCHWACHSENER RÄUCHERSPECK
3 EL ÖL
300 G SAURE SAHNE
2 EIER (M)
SALZ – PFEFFER
½ TL CAYENNEPFEFFER
1 TL KÜMMEL

AUSSERDEM:
FETT FÜR DAS BLECH
MEHL ZUM ARBEITEN

ZUBEREITUNG: 15 MIN. – BACKEN: 20 MIN. – PRO STÜCK CA. 360 KCAL –
FÜR 4 STÜCK

SCHNELLE PIZZATASCHEN

1 Den Backofen auf 180° vorheizen, ein Backblech mit Backpapier auslegen. Den Blätterteig aus der Packung nehmen, entrollen und auf der leicht bemehlten Arbeitsfläche mit dem Nudelholz ein bisschen größer ausrollen. Mit dem Ausstecher 8 Kreise ausstechen.

2 Die Tomaten waschen, die Champignons putzen. Beides sowie auch die Salami und die Oliven in kleine Stücke schneiden. Die Teigkreise mit Tomatenmark einstreichen. Die Hälfte der Kreise mit den vorbereiteten Zutaten belegen und den Mozzarella darauf verteilen. Mit den übrigen Kreisen abdecken, die Teigränder rundherum gut zusammendrücken.

3 In die Mitte jeder Pizzatasche mit einem spitzen Messer ein kleines Loch einstechen und die Taschen mit ausreichend Abstand auf das Blech legen. Im Ofen (Mitte) in 20 Min. goldbraun backen.

1 ROLLE (RECHTECKIGER) BLÄTTERTEIG AUS DEM KÜHLREGAL (275 G)
10 KIRSCHTOMATEN
4 KLEINE CHAMPIGNONS
8 DÜNNE SCHEIBEN PAPRIKA-SALAMI
2 TL OLIVENRINGE
4 TL TOMATENMARK
4 EL GERIEBENER MOZZARELLA

AUSSERDEM:
BACKPAPIER FÜR DAS BLECH
MEHL ZUM ARBEITEN
AUSSTECHER (10 CM Ø)

»Pizza alla Romana« hieß die erste TK-Pizza, die 1970 in unsere Gefriertruhen kam. Belegt mit Paprika, Tomaten, Mortadella und Käse wurde sie ein Riesenerfolg. Auch andere Fertigprodukte wie **Tiefkühlteig** für Pizzataschen und vollständige Gerichte, Konserven und Außer-Haus-Imbisse kamen in Mode. Nicht zuletzt, weil sich das Rollenverständnis der Frauen änderte – 80 Prozent der weiblichen Bevölkerung hatte laut einer Umfrage der »Bild-Zeitung« bereits 1962 die Hausarbeit satt. Wenn schon kochen, dann schnell, etwa mit Maggi-Fix-Gewürzmischungen, ab 1975 im Handel zu finden. Damit ließ sich Fleisch **ruck, zuck** in Gulasch verwandeln. Schmeckt nicht? Von wegen, das behaupteten zumindest Promis in der Werbung, zum Beispiel der junge Franz Beckenbauer, der seine von der Firma Knorr eingebrockte Tütensuppe auslöffelte.

1970
Dr. Oetker bringt die erste Tiefkühlpizza auf den Markt.

1971
Die erste McDonald's-Filiale eröffnet in München.

1972
In einem Berliner Imbiss wird erstmals »Döner Kebab« im Fladenbrot angeboten.

1977
gibt es bereits fünf verschiedene Sorten Dr. Oetker Tiefkühlpizza.

DIE 1980ER

ENDE GUT, ALLES GUT

Was bei Montagsdemos in Leipzig mit der Forderung »Wir sind das Volk« begann, endete mit dem Fall der Mauer und der Wiedervereinigung Deutschlands: Am 9. November 1989 war es soweit, die Grenze öffnete sich. Fortan waren die Deutschen wieder ein Volk, und die DDR nach 40 Jahren Geschichte.

Ein Ereignis, das viele Geschehnisse dieses Jahrzehnts in den Schatten stellte – vielleicht auch zum Glück. Zumindest, was die Mode betrifft, mit der sich die Kinder der Eighties definierten: Popperschick mit Karottenhose, College-Slippern und Lederkrawatte waren auf einmal ebenso out wie Ökoschlabberlook, Arafattuch und Dr. Martens. Aber so gestrig die Mode plötzlich erschien: Vokuhila, Wave-Fön-Welle, Irokese – alle Frisuren zeigten auch wie unterschiedlich das war, was unter ihnen, in den Köpfen ihrer Träger, vorging.

»No Future« lautete die Formel der Punks angesichts Wettrüstens, atomarer Bedrohung und allgemeiner Weltuntergangsangst. Hausbesetzungen und Randale gegen den Staat waren ihr Mittel dagegen. Die aus den Protestgruppen der 70er-Jahre entstandene Friedens- und Anti-Atomkraftbewegung setzte dagegen auf politisches Engagement – nicht zuletzt mit der Gründung der Partei »Die Grünen«. Wieder andere hatten weder mit Politik noch Gesellschaft viel am Hut. »Girls just want to have fun«, trällerte Cyndi Lauper 1983, aber auch Jungs tanzten lieber einfach cool gestylt auf dem Vulkan, anstatt die Welt zu retten. Die »Yuppies«, die ihr Glück in Konsum, Luxus und teuren Marken sahen, erhielten in diesem Jahrzehnt ihren Namen. Es wurde also auf den unterschiedlichsten neuen deutschen Wellen gesurft, getanzt, gesungen und auch geturnt: Mit Aerobic rollte die erste große Fitnesswelle über Deutschland hinweg, zahllose neue sollten von nun an folgen.

Von wegen nur »Null Bock«. Es tat sich eine Menge in diesem Jahrzehnt, wenn auch oftmals sehr Widersprüchliches. Selbst im Backofen: Auf der einen Seite versuchte man mit Getreidemühle und viel Vollkorn gesünder zu backen und speckte dem neuen Fitnesstrend entsprechend Sahnetorten zu Obstkuchen ab. Auf der anderen Seite schwelgte man wieder: Frisch gebacken und neu aufgelegt kamen die guten alten Klassiker auf den Kaffeetisch – die man nun endlich im jung und glücklich wiedervereinten Deutschland genießen durfte.

ENDE GUT, DIE 1980ER ALLES GUT

MIT »EIN BISSCHEN FRIEDEN« GEWANN DIE DAMALS 17-JÄHRIGE SÄNGERIN NICOLE **1982** DEN GRAND PRIX EUROVISION DE LA CHANSON. EIN JAHR SPÄTER WARNTE DIE NEUE-DEUTSCHE-WELLE-VERTRETERIN NENA MIT »99 LUFTBALLONS« EBENFALLS VOR DER ATOMAREN KRIEGSBEDROHUNG – OHNE ERFOLG: NOCH IM SELBEN JAHR WURDE DER NATO-DOPPELBESCHLUSS DURCHGESETZT UND DIE ERSTEN MARSCHFLUGKÖRPER IN DEUTSCHLAND STATIONIERT.

1980 wurde mit Eckart Witzigmann erstmals ein deutscher Koch im Michelinführer mit drei Sternen ausgezeichnet. Er etablierte nicht nur französische »Nouvelle Cuisine« bei Deutschlands Feinschmeckern, er brachte auch Normalbürgern ausgefallene Produkte näher – etwa Crème fraîche und Trüffel.

»Jung, städtisch, gut ausgebildet« lässt sich sinngemäß aus dem Englischen übersetzen, was schlicht mit »Yuppie« abgekürzt wird. Dieser betrat als Gegenpol zum Latzhose tragenden Öko in den Großstädten der 80er die Bühne. Sein erklärtes Lebensziel: berufliche Karriere, weit mehr als Wohlstand und Konsum. Wer gern sein filmisches Vorbild sehen möchte: Michael Douglas als Stephan Gekko in »Wall Street«.

Alle Jahre wieder verbrennen Mutter Beimer ihre Schwarzen Raben. Das dürften seit Beginn der ARD-Kultserie »Die Lindenstraße« im Jahre **1985** weit über 20 Bleche mit verkohlten Weihnachtsplätzchen sein. Das Rezept dafür sparen wir uns und schauen lieber die kommenden 20 Weihnachts-Folgen …

»Nach Hause telefonieren« – als Gegengewicht zur realen Gegenwart begaben sich Hollywoods Filmemacher in ferne Galaxien und Zeiten: **1982** räumte Steven Spielbergs Science-Fiction-Märchen »E.T.« vier Oscars ab. Wesentlich bedrohlichere Zukunftsvisionen entwickelte Kollege James Cameron. Von ihm kam **1984** der erste »Terminator«-Film und **1986** der zweite Film aus der »Alien«-Reihe in die Kinos.

In Hessen wurde 1985 der erste grüne Minister im Landtag ernannt: In Turnschuhen und mit offenem Jackett legte Joschka Fischer damals seinen Amtseid ab – ein kleiner Skandal in der damals doch eher zugeknöpften Parteienlandschaft.

Nun hieß es endgültig ran an den Wohlstandsspeck. **1983** machte Fitnessqueen Jane Fonda den Westdeutschen vor, wie man trotz wollener Legwarmers und Stirnband mit Aerobic eine gute Figur macht – notfalls auch nur vor der heimischen Glotze bei ihrer Sendung »Enorm in Form«. Ähnliches bot das Ostfernsehen. In »Medizin nach Noten« stählte man sich gern mit »Popgymnastik«. Wer sich ganz ohne Sport quälen wollte, zwängte sich in angesagte Sport-Streetwear wie die typisch glänzenden (Satin-)Leggings der 80er.

ALS »RÄCHER DER ENTLAUBTEN« KÄMPFT DIE **1982** GEGRÜNDETE NATURSCHUTZORGANISATION ROBIN WOOD FÜR UMWELT UND KLIMA. SIE FORMIERTE SICH ALS REAKTION AUF DAS DAMALS KONSTATIERTE MASSIVE WALDSTERBEN DURCH SAUREN REGEN.

»Ich hab da schon mal was vorbereitet« – mit diesem legendären Satz eröffnete Koch Max Inzinger bis **1982** die Sendung »Die Drehscheibe«, in der er Ulrich Klever abgelöst hatte. »Öfter aber weniger« war nicht nur Titel eines seiner Bücher, sondern auch Credo seiner leichten Diätküche. Nach der Wende leistete er in der ehemaligen DDR kulinarische Aufbauarbeit. Zwar nur kurz, aber unvergesslich ist sein Auftritt in der Ostsendung »HAPS«, in der er erklärt, wie man eine Kiwi richtig isst.

Pepsi, Coke, Burger King, McDonald's? Im Westen stiegen Nachfrage und Angebot nach Fast Food. So zog Anfang des Jahrzehnts auch das »Rationalisierungs- und Forschungszentrum Gaststätten« in Ostberlin nach: mit Ketwurst, einer Art Hot-Dog-Brötchen mit Wurst und Ketchup, und mit Grilletta, der Ost-Variante des Burgers, auf die bei Ketchupmangel kurzerhand Chutney kam.

ZUBEREITUNG: 35 MIN. – BACKEN: 35 MIN. – PRO STÜCK CA. 305 KCAL – FÜR 1 SPRINGFORM (23 x 23 CM ODER 26 CM Ø, CA. 16 STÜCKE)

Um Devisen für teure Orangenimportware aus Spanien zu sparen, schloss die DDR-Regierung ein Abkommen mit Kuba: Für den Bau von 15 Zementfabriken im karibischen Bruderstaat lieferte dieser fortan Orangen. Die hatten allerdings ihre Tücken: mit dicker grüner Schale, strohig und voller Kerne waren sie zwar zum Saften, aber nicht als Speiseobst geeignet. Schnell hatten sie darum auch ihren Spitznamen als »Fidels Rache« weg und blieben echte Ladenhüter.

SPANISCHER ORANGEN-KUCHEN

1 Den Backofen auf 190° vorheizen. Den Boden der Springform mit Backpapier auslegen. Für den Teig die Orangen heiß waschen, trocken reiben und die Schale von 2 Orangen fein abreiben. Mit einem Zestenreißer feine Schalenstreifen von der dritten Orange abziehen und für die Garnitur beiseitestellen. 1 Orange auspressen.

2 Die Butter und den Honig mit den Rührbesen des Handrührgeräts hellcremig rühren. Eier mit 2 EL Orangensaft, -schalenabrieb und Bittermandelaroma unter die Buttermasse rühren. Dann gemahlene Mandeln, Mehl, 1 Prise Salz und Backpulver zügig unterrühren.

3 Den Teig in die Form füllen, glatt streichen und im heißen Ofen (Mitte) ca. 35 Min. backen. Dann herausnehmen und etwas abkühlen lassen. Den Kuchen vorsichtig aus der Form und vom Backpapier lösen und mithilfe eines Tortenhebers auf ein Kuchengitter legen. Mit einem Pinsel den Kuchen mit dem restlichen Orangensaft sowie dem Likör zum Tränken bestreichen und auskühlen lassen.

4 Für die Garnitur die Mandelstifte in einer Pfanne ohne Fett goldgelb rösten, dann abkühlen lassen. Den Kuchen auf eine Tortenplatte legen. Die Sahne steif schlagen und auf die Torte streichen. Die Torte mit den Mandelstiften und den Orangenschalenstreifen bestreut und mit Puderzucker bestäubt servieren.

FÜR DEN TEIG:
3 BIO-ORANGEN
125 G WEICHE BUTTER
250 G BLÜTENHONIG
(Z. B. ORANGENBLÜTENHONIG)
3 EIER (M)
1 FLÄSCHCHEN BITTER-MANDELAROMA
150 G GEMAHLENE MANDELN
200 G DINKELMEHL (TYPE 630)
SALZ
2 TL BACKPULVER

ZUM TRÄNKEN:
3 EL ORANGENLIKÖR
(ERSATZWEISE ORANGENSAFT)

FÜR DIE GARNITUR:
50 G MANDELSTIFTE
400 G SAHNE
PUDERZUCKER ZUM BESTÄUBEN

AUSSERDEM:
BACKPAPIER FÜR DIE FORM

FÜR DEN TEIG:
50 G MARZIPANROHMASSE
50 G BUTTER
50 G PUDERZUCKER
1 TL FEIN ABGERIEBENE BIO-ORANGENSCHALE
100 G MEHL
1 EI (M)
40 G GEMAHLENE MANDELN

FÜR DEN BELAG:
7 BLATT WEISSE GELATINE
1 GROSSE VOLLREIFE MANGO (CA. 330 G FRUCHTFLEISCH)
100 G PUDERZUCKER
3 EL ZITRONENSAFT
300 G SAHNE
250 G JOGHURT (3,5 % FETT)
10 ML RUM (NACH BELIEBEN)

FÜR DIE GARNITUR:
1 MANGO
125 G SAHNE
2 EL GEHACKTE PISTAZIENKERNE

AUSSERDEM:
FETT FÜR DIE FORM
GEMAHLENE MANDELN ZUM ARBEITEN
SPRITZBEUTEL MIT STERNTÜLLE
TORTENPALETTE ODER TEIGKARTE

ZUBEREITUNG: 30 MIN. – BACKEN: 15 MIN. – KÜHLEN: 3 STD. –
PRO STÜCK CA. 260 KCAL – FÜR 1 SPRINGFORM (24 CM Ø, CA. 12 STÜCKE)

MANGOTORTE

Deutschland wokkt: Nach italienischer Pasta und griechischem Zaziki halten asiatische Gerichte Einzug in deutsche Küchen, und die heiße Pfanne wird Lieblingsküchengerät der 80er. Aber nicht nur Chop Suey und Nasi Goreng gehören fortan zum gängigen Küchenvokabular. Exoten wie Kiwi, Lychees und Mangos sind ebenfalls im Kommen. Zuerst noch zweifelnd beäugt, werden sie schnell von der teuren Delikatesse zum Every-Day-Lieblingsobst: Allen voran die Mango, die in Verbindung mit Joghurt schlanken Genuss verheißt.

1 Den Backofen auf 180° vorheizen, Springform einfetten. Das Marzipan und die Butter klein schneiden. Vom Puderzucker 1 EL abnehmen und beiseitestellen, den Rest mit Marzipan, Butter, Orangenschale und Mehl auf der Arbeitsfläche mischen. In die Mitte eine Mulde drücken. Das Ei trennen, das Eigelb in die Mulde geben. Alles mit den Händen zu einem glatten Teig verkneten.

2 Den Teig auf der mit Mandeln bestreuten Arbeitsfläche in Größe der Form ausrollen. Den Teig auf den Formboden geben. Das Eiweiß mit 1 EL Puderzucker und Mandeln steif schlagen und auf dem Teig verteilen. Den Boden im heißen Backofen (Mitte) ca. 15 Min. backen.

3 Für den Belag die Gelatine in kaltem Wasser 5–10 Min. einweichen. Die Mango schälen, das Fruchtfleisch vom Stein schneiden und würfeln. In einem Topf den Puderzucker mit dem Zitronensaft mischen. Die Mangowürfel dazugeben. Die Gelatine ausdrücken und ebenfalls dazugeben. Alles unter Rühren so lange erwärmen, bis sich die Gelatine aufgelöst hat. Den Topf von der Kochstelle nehmen, die Mango abkühlen lassen.

4 Die Sahne steif schlagen und mit dem Joghurt und nach Belieben dem Rum unter die Mango heben. Die Mangosahne auf dem Tortenboden verteilen und glatt streichen. Die Torte mind. 3 Std. kalt stellen.

5 Mit einem dünnen Messer innen am Rand der Form entlangfahren. Den Ring lösen und vorsichtig abnehmen. Für die Garnitur Mango schälen, das Fruchtfleisch vom Kern und in Scheiben schneiden. Die Scheiben auf der Torte verteilen. Die Sahne steif schlagen und in den Spritzbeutel füllen. Die Torte mit der Sahne verzieren. Die Pistazien mit Hilfe der Palette oder Teigkarte am Tortenrand verteilen und andrücken.

ZUBEREITUNG: 35 MIN. – KÜHLEN: 30 MIN. – BACKEN: 1 STD. 10 MIN. – PRO STÜCK CA. 270 KCAL – FÜR 1 SPRINGFORM (28 CM Ø, CA. 12 STÜCKE)

TRÄUBLES-KUCHEN

1 Das Mehl auf die Arbeitsfläche sieben und in die Mitte eine Mulde drücken. Zucker, 1 Prise Salz und Ei hineingeben. Die Butter in Flöckchen am Rand verteilen. Alles vom Rand aus rasch zu einem glatten Teig verkneten. In Folie gewickelt 30 Min. kalt stellen.

2 Dann den Backofen auf 175° vorheizen, die Form einfetten. Den Teig auf der bemehlten Arbeitsfläche rund (ca. 30 cm Ø) ausrollen. Die Form mit dem Teig auskleiden, dabei einen ca. 3 cm hohen Rand formen. Den Teigboden mit einer Gabel mehrmals einstechen, mit Backpapier belegen und mit den Hülsenfrüchten beschweren. Im Ofen (unten) 20 Min. blindbacken.

3 Inzwischen für den Belag die Johannisbeeren abbrausen, trocken tupfen und von den Stielen streifen. Eiweiße zu sehr steifem Schnee schlagen, Zucker dazugeben und weitere 5 Min. schlagen. Die Speisestärke unterrühren. 3 EL Eischnee abnehmen und beiseitestellen. Beeren behutsam unter den Rest Eischnee heben.

4 Die Form aus dem Ofen nehmen, Papier mitsamt Hülsenfrüchten entfernen. Johannisbeer-Eischnee auf den Kuchenboden streichen. Beiseitegestellten Eischnee darauf verteilen und verstreichen. Den Kuchen im Ofen (Mitte) ca. 50 Min. backen, dabei zwischendurch mit Backpapier abdecken. Das Baiser sollte nur gelblich bis ganz leicht gebräunt sein.

FÜR DEN TEIG:
250 G MEHL
75 G ZUCKER
SALZ
1 EI (M)
125 G KALTE BUTTER

FÜR DEN BELAG:
500 G ROTE JOHANNIS-BEEREN
6 EIWEISS (M)
200 G ZUCKER
1 EL SPEISESTÄRKE

AUSSERDEM:
FRISCHHALTEFOLIE
FETT FÜR DIE FORM
MEHL ZUM ARBEITEN
BACKPAPIER
GETROCKNETE HÜLSENFRÜCHTE ZUM BLINDBACKEN

ZUBEREITUNG: 30 MIN. – KÜHLEN: 30 MIN. – BACKEN: 55 MIN. –
PRO STÜCK CA. 320 KCAL – FÜR 1 TARTEFORM (26 CM Ø, CA. 12 STÜCKE)

RHABARBER-KUCHEN

1 Das Mehl auf die Arbeitsfläche sieben und in die Mitte eine Mulde drücken. Zucker, 1 Prise Salz und Ei hineingeben. Die Butter in Flöckchen am Rand verteilen. Alles vom Rand aus rasch zu einem glatten Teig verkneten. In Folie gewickelt 30 Min. kalt stellen.

2 Dann den Backofen auf 175° vorheizen, die Form einfetten. Den Teig auf der bemehlten Arbeitsfläche rund (ca. 30 cm Ø) ausrollen. Die Form mit dem Teig auskleiden, dabei einen ca. 3 cm hohen Rand formen. Den Teigboden mit einer Gabel mehrmals einstechen, mit Backpapier belegen und mit den Hülsenfrüchten beschweren. Im Ofen (unten) 20 Min. blindbacken.

3 Inzwischen für den Belag Rhabarber waschen, putzen und die Haut abziehen. Die Stangen in 4–5 cm lange Stücke schneiden. Die Eier mit Zucker, Vanillezucker und Sahne verquirlen.

4 Die Form aus dem Ofen nehmen, Papier mitsamt Hülsenfrüchten entfernen. Gemahlene Nüsse auf dem Teigboden verteilen, dann die Rhabarberstücke. Den Eier-Sahne-Guss darübergießen. Den Kuchen im Ofen (Mitte) in 30–35 Min. goldgelb backen.

FÜR DEN TEIG:
250 G MEHL
75 G ZUCKER
SALZ
1 EI (M)
125 G KALTE BUTTER

FÜR DEN BELAG:
600 G RHABARBER
3 EIER (M)
125 G ZUCKER
1 PCK. VANILLEZUCKER
250 G SAHNE
2 EL GEMAHLENE
HASELNUSSKERNE

AUSSERDEM:
FRISCHHALTEFOLIE
FETT FÜR DIE FORM
MEHL ZUM ARBEITEN
BACKPAPIER
GETROCKNETE HÜLSENFRÜCHTE
ZUM BLINDBACKEN

ZUBEREITUNG: 35 MIN. – BACKEN: 35 MIN. – PRO STÜCK CA. 290 KCAL – FÜR 1 TARTEFORM (26 CM Ø, CA. 12 STÜCKE)

APRIKOSEN-MARZIPAN-TARTE

1 Den Backofen auf 200° vorheizen. Die Tarteform gründlich einfetten. Für den Teig Mehl in eine Schüssel sieben, 1 Prise Salz und den Zucker dazugeben. Butter in Flöckchen schneiden und mit dem Ei dazugeben, alles rasch zu einem glatten Teig verkneten. Den Teig auf einer bemehlten Arbeitsfläche ausrollen und in die Form legen, den Teigboden mehrmals mit einer Gabel einstechen. Den Teigboden im heißen Ofen (Mitte) 15 Min. vorbacken.

2 Inzwischen für den Belag die Aprikosen waschen, halbieren, entsteinen und mit 1 EL Puderzucker mischen. Marzipan in kleine Stücke schneiden oder mit der Rohkostreibe raspeln, dann mit dem übrigen Puderzucker, Zitronensaft, Ei und eventuell Mandellikör glatt verrühren.

3 Den vorgebackenen Teigboden aus dem Ofen nehmen und die Marzipanmasse auf dem Boden verteilen, die Aprikosen mit der runden Seite nach oben daraufsetzen. Die Form wieder in den Ofen schieben (unten) und die Tarte nochmals 15–20 Min. backen, bis sie goldbraun ist.

4 Die Tarte aus dem Ofen nehmen. Aprikosenkonfitüre erwärmen und, falls sie sehr stückig ist, durch ein Sieb streichen. Die noch warmen Aprikosen damit bepinseln. Die Tarte, wenn sie leicht abgekühlt ist, aus der Form lösen, das Backpapier abziehen und die Tarte vollständig auskühlen lassen.

FUR DEN TEIG:
200 G MEHL
SALZ
50 G ZUCKER
100 G KALTE BUTTER
1 EI (M)

FUR DEN BELAG:
600 G APRIKOSEN (ERSATZ-
WEISE AUS DER DOSE)
100 G PUDERZUCKER
200 G MARZIPANROHMASSE
1 EL ZITRONENSAFT
1 EI (M)
2 EL MANDELLIKÖR (AMARETTO,
NACH BELIEBEN)
2 EL APRIKOSENKONFITÜRE

AUSSERDEM:
FETT FÜR DIE FORM
MEHL ZUM ARBEITEN

ZUBEREITUNG: 1 STD. – BACKEN: 45 MIN. – RUHEN: 3 STD. –
PRO STÜCK CA. 480 KCAL – FÜR 1 SPRINGFORM (26 CM Ø, CA. 12 STÜCKE)

RÜBLITORTE

1 Den Backofen auf 180° vorheizen. Die Springform einfetten und mit Semmelbröseln ausstreuen. Für den Teig die Möhren schälen und fein raspeln. Die Orange heiß waschen, gut abtrocknen und die Schale fein abreiben, 2 EL Saft auspressen. Möhren, Orangenschale, Haselnüsse und Mandeln vermischen.

2 Die Eier trennen. Die Eigelbe mit dem Zucker schaumig schlagen, bis sich der Zucker aufgelöst hat. Den Orangensaft und eventuell das Kirschwasser unterrühren. Die Eiweiße mit 1 Prise Salz steif schlagen.

3 Die Stärke mit dem Backpulver mischen und mit den Möhren und Nüssen sowie dem Eischnee unter die Eigelbcreme ziehen. Teig in die Form füllen, glatt streichen und im heißen Ofen (Mitte) 40–45 Min. backen. Herausnehmen, kurz abkühlen lassen und vorsichtig auf ein Kuchengitter stürzen.

4 Für die Garnitur die Mandelblättchen in einer Pfanne ohne Fett hellbraun rösten. Das Marzipan mit 25 g Puderzucker gründlich verkneten und mit ein paar Tropfen Lebensmittelfarbe orange einfärben. Daraus auf der mit Puderzucker bestäubten Arbeitsfläche 12 Möhrchen formen und halbierte Pistazien als Stiele hineinstecken.

5 Für die Glasur den restlichen Puderzucker mit 4–5 EL Wasser verrühren, sodass ein dicker Guss entsteht. Diesen auf der Tortenoberfläche verteilen und glatt streichen. Die Konfitüre mit 1 EL Wasser vermischen, erwärmen und den Kuchenrand damit einpinseln, anschließend mit den Mandelblättchen garnieren. Die Möhrchen an dem noch feuchten Guss festkleben. Die Torte vor dem Servieren noch mind. 3 Std. durchziehen lassen.

FÜR DEN TEIG:
250 G MÖHREN
1 BIO-ORANGE
125 G GEMAHLENE HASELNÜSSE
125 G GEMAHLENE MANDELN
6 EIER (M)
200 G ZUCKER
2 EL KIRSCHWASSER (NACH BELIEBEN)
SALZ
2 EL SPEISESTÄRKE
1 TL BACKPULVER

FÜR DIE GARNITUR UND GLASUR:
60 G MANDELBLÄTTCHEN
100 G MARZIPANROHMASSE
225 G PUDERZUCKER
ROTE UND GELBE LEBENSMITTELFARBE
30 G PISTAZIENKERNE
1 EL APRIKOSENKONFITÜRE

AUSSERDEM:
FETT UND SEMMELBRÖSEL FÜR DIE FORM
PUDERZUCKER ZUM ARBEITEN

ZUBEREITUNG: 1 STD. – KÜHLEN: 45 MIN. – BACKEN: PRO BLECH 15 MIN. – PRO STÜCK CA. 105 KCAL – FÜR CA. 25 STÜCK

In den 80ern war die F-Plan-Diät ein Konzept, Pfunde zu verlieren. »F« steht dabei nicht etwa für Fitness, Fett oder gar Fressen, sondern einfach nur für »Fiber«, also ballaststoffreiche Getreidefasern – die durfte man in Form von Müsli und Vollkornprodukten reichlich essen.

NUSS-BREZELN

1 Für den Teig die beiden Mehlsorten mischen. Butter und Honig mit den Rührbesen des Handrührgeräts cremig rühren. Dann 1 Prise Salz, die Zitronenschale und das Ei unterrühren. Mehl und Mandeln dazugeben und unterarbeiten. Teig zur Kugel formen, in Folie wickeln und 45 Min. im Kühlschrank ruhen lassen.

2 Den Backofen auf 180° vorheizen, ein Backblech mit Backpapier auslegen. Den Teig auf einer bemehlten Arbeitsfläche portionsweise zu bleistiftdicken ca. 30 cm langen Strängen rollen und diese zu Brezeln formen, dabei die Enden gut festdrücken. Nacheinander die Brezeln auf das Backblech legen und im Ofen (Mitte) in ca. 15 Min. hellbraun backen.

3 Inzwischen für den Guss Honig, Zitronensaft und Rum erhitzen. Die Brezeln aus dem Ofen nehmen, noch warm mit dem Guss bestreichen und auf einem Kuchengitter auskühlen lassen.

FÜR DEN TEIG:
200 G VOLLKORN-WEIZENMEHL
50 G VOLLKORN-DINKELMEHL
100 G WEICHE BUTTER
2 EL HONIG
SALZ
FEIN ABGERIEBENE SCHALE VON ½ BIO-ZITRONE
1 EI (M)
120 G GEMAHLENE GEHÄUTETE MANDELN (ERSATZWEISE ANDERE GEMAHLENE NÜSSE)

FÜR DEN GUSS:
1 EL HONIG
1 EL ZITRONENSAFT
1 EL RUM (ERSATZWEISE WASSER)

AUSSERDEM:
FRISCHHALTEFOLIE
MEHL ZUM ARBEITEN
BACKPAPIER FÜR DAS BLECH

ZUBEREITUNG: 20 MIN. – RUHEN: 2 STD. 30 MIN. – BACKEN: PRO BLECH 15 MIN. – PRO STÜCK CA. 75 KCAL – FÜR CA. 60 STÜCKE

FRÜCHTE-RHOMBEN

1 Die Trockenfrüchte fein würfeln und mit Orangenlikör mischen, 2 Std. ziehen lassen. Cashewkerne grob hacken und mit Mehl, Backpulver, Haferflocken, Sesam und Leinsamen mischen.

2 Die Butter und den Honig mit den Rührbesen des Handrührgeräts cremig rühren, dann nacheinander die beiden Eier unterrühren. Früchte samt Likör unterrühren, dann zügig die Mehlmischung dazugeben und gründlich unterrühren. Den Teig zur Kugel formen, in Folie wickeln und 30 Min. im Kühlschrank ruhen lassen.

3 Den Backofen auf 220° vorheizen, ein Backblech mit Backpapier auslegen. Den Teig auf einer leicht bemehlten Arbeitsfläche 5 mm dick ausrollen und in Rhomben (ca. 6 cm Länge) schneiden. Nacheinander die Rhomben auf das Blech legen, mit verquirltem Eigelb bepinseln und im Ofen (Mitte) in ca. 15 Min. goldbraun backen. Herausnehmen und auf einem Kuchengitter abkühlen lassen.

150 G GEMISCHTE TROCKENFRÜCHTE
5 EL ORANGENLIKÖR (ERSATZWEISE ORANGENSAFT)
50 G CASHEWKERNE
200 G VOLLKORN-WEIZENMEHL
½ TL BACKPULVER
200 G BLÜTENZARTE HAFERFLOCKEN
30 G SESAM
50 G LEINSAMEN
200 G WEICHE BUTTER
60 G HONIG
2 EIER (M)

AUSSERDEM:
FRISCHHALTEFOLIE
BACKPAPIER FÜR DAS BLECH
1 EIGELB (M) ZUM BEPINSELN
MEHL ZUM ARBEITEN

In der populären »Hollywood-Diät« gab es dagegen weder Korn noch Brot. Es war eine eiweißreiche Low- bis No-Carb-Diät bei der kiloweise Grapefruit, Ananas oder Papaya gefuttert wurden. Wie es schien, äußerst erfolgreich: Das damalige Sexsymbol Bo Derek verdankte laut eigenen Angaben der Diät ihren Bikini-Traumbody, mit dem sie sich in »Die Traumfrau« am Strand räkelte.

ZUBEREITUNG: 25 MIN. – BACKEN: 50 MIN. – PRO SCHEIBE CA. 290 KCAL – FÜR 1 KASTENFORM (30 CM LÄNGE, CA. 16 SCHEIBEN)

NUSS-BANANEN-BROT

Ausgerechnet Bananen wollten die DDR-Bürger. Weil es die auch in den 80ern immer noch nicht ausreichend gab, versuchte die DDR-Führung ihren Bürgern heimisches Obst und Gemüse schmackhaft zu machen. Aber wer glaubt schon, dass »Sauerkraut sooo gesund ist«, wenn er Bananen möchte. Die Südfrüchte dienten weiterhin als harte Währung im alltäglich üblichen Tauschhandel und waren wertvolle Kostbarkeiten. Entsprechend kursierten zahllose Bananen-Witze, wie etwa dieser: Wie verdoppelt man den Wert eines Trabis? Einmal volltanken! Und wie vervierfacht man ihn? Eine Banane auf den Rücksitz legen!

1 Den Backofen auf 170° vorheizen, eine Kastenform gründlich einfetten. Die Margarine hellcremig rühren und nach und nach den Zucker sowie die Eier unterrühren. Die Bananen schälen und mit einer Gabel fein zerdrücken oder durch ein Sieb streichen. Das Bananenpüree unter die Margarine-Zucker-Mischung rühren.

2 Die Vanilleschote längs aufschlitzen und das Mark herauskratzen. Das Mehl mit dem Backpulver sieben und mit ¼ TL Salz, den Nüssen und dem Vanillemark mischen. Abwechselnd mit der Milch unter den Bananenteig rühren.

3 Den Teig in die Form füllen, glatt streichen und im heißen Backofen (2. Schiene von unten) ca. 50 Min. backen. Herausnehmen, auf ein Kuchengitter stürzen und auskühlen lassen.

150 G WEICHE MARGARINE
160 G FARINZUCKER
3 EIER (M)
4 VOLLREIFE BANANEN
½ VANILLESCHOTE
350 G VOLLKORN-WEIZENMEHL
3 TL BACKPULVER
MEERSALZ
100 G GEHACKTE WALNUSSKERNE
125 ML MILCH

AUSSERDEM:
FETT FÜR DIE FORM

FUR DAS TOPPING:
2 EL BUTTER
1 EL HONIG
100 G MANDELSTIFTE

FUR DEN TEIG:
4 EIER (M)
SALZ
250 G WEICHE BUTTER
100 G ROHRZUCKER
2 EL RUM (ERSATZWEISE ROSENWASSER)
375 G VOLLKORN-WEIZENMEHL
1 PCK. BACKPULVER
JE ¼ TL GEMAHLENER KARDAMOM UND KORIANDER
JE ¼ TL GEMAHLENE NELKEN UND MUSKATBLÜTE
½ TL ZIMTPULVER
180 ML MILCH

FUR DEN GUSS:
1 EL HONIG
3 EL ZITRONENSAFT

AUSSERDEM:
FETT FÜR DIE FORM
BACKPAPIER

ZUBEREITUNG: 40 MIN. – BACKEN: 1 STD. – PRO STÜCK CA. 270 KCAL – FÜR 1 KASTENFORM (30 CM LÄNGE, CA. 18 STÜCKE)

GEWÜRZKUCHEN MIT MANDELN

Voll auf Korn setzte man in den Backstuben der 80er: Vollkornmehl und -schrot, Rohrzucker oder Honig statt Weißmehl und Raffinadezucker sollten einen natürlicheren und gesünderen Backgenuss fördern. Der Kochbuchmarkt wurde geflutet von Vollwertbackbüchern, deren Rezepte auch vor altbekannten Klassikern nicht halt machten und Schwarzwälder-Kirsch-Torte mit Buchweizenmehl oder Waffeln aus Kartoffelteig vorschlugen. Nicht alles schmeckte wirklich gut, aber einige Rezepte bewiesen: Vollkorn kann auch richtig lecker, wie dieser Kuchen aus dem GU-Archiv.

1 Für das Topping Butter und Honig bei mittlerer Hitze schmelzen, die Mandelstifte einrühren, vom Herd nehmen. Den Backofen auf 180° vorheizen, die Form gründlich einfetten.

2 Für den Teig die Eier trennen. Die Eiweiße und 1 Prise Salz mit den Rührbesen des Handrührgeräts steif schlagen und kühl stellen. Die Butter und den Zucker in eine Rührschüssel geben und hellcremig rühren. Nach und nach die Eigelbe unterrühren und weiterrühren, bis sich der Zucker möglichst vollständig aufgelöst hat und eine cremige dickliche Masse entstanden ist. Den Rum unterrühren.

3 Mehl, Backpulver und Gewürze mischen. Im Wechsel mit der Milch unter die Eiermasse rühren. Anschließend den Eischnee unter den Teig heben. Den Teig in die Form füllen und glatt streichen. Die Mandelstiftmasse auf dem Teig verteilen, den Kuchen in den Ofen schieben (Mitte) und in ca. 1 Std. goldbraun backen, dabei eventuell gegen Backzeitende mit Backpapier abdecken.

4 Kuchen aus dem Ofen nehmen und leicht abkühlen lassen, dann noch warm aus der Form stürzen. Währenddessen für den Guss Honig und Zitronensaft verrühren. Den Kuchen noch warm damit bestreichen und dann vollständig auf einem Kuchengitter auskühlen lassen.

ZUBEREITUNG: 50 MIN. – QUELLEN: 3 STD. – RUHEN: 50 MIN. – BACKEN: 40 MIN. – PRO SCHEIBE CA. 80 KCAL – FÜR 3 BROTE (À CA. 15 SCHEIBEN)

MÜSLIBROT

1 In einem Topf 100 ml Wasser erhitzen. Leinsamen, Sonnenblumen- und Kürbiskerne dazugeben, abdecken und 2–3 Std. quellen lassen. Dann die Äpfel waschen, vierteln, entkernen und in feine Spalten schneiden.

2 Für den Teig die Hefe in einer Schüssel in 300 ml lauwarmem Wasser auflösen und mit dem Sauerteig mischen. Beide Mehle, die Körnermischung und zum Schluss das Salz hinzufügen und alles gut unterarbeiten. Den Teig 8–10 Min. in der Küchenmaschine (4 Min. auf langsamer, 4 Min. auf schneller Stufe) oder von Hand durchkneten. Zum Schluss vorsichtig die Apfelstücke und die Rosinen unterarbeiten.

3 Den Teig auf die bemehlte Arbeitsfläche geben und abgedeckt 20–25 Min. gehen lassen. Dabei für eine schöne Struktur den Teig zwischendurch mehrmals rundherum von außen zur Mitte hin falten und andrücken.

4 Ein Backblech mit Backpapier auslegen. Den gegangenen Teig dritteln und die Stücke zu ovalen Laiben formen. Mit Wasser bepinseln und in den Haferflocken wälzen. Zum Schluss mit dem Puderzucker bestäuben und auf das Blech setzen. Die Laibe noch einmal 20–25 Min. abgedeckt ruhen lassen.

5 Inzwischen den Backofen auf 220° vorheizen (Umluft nicht empfehlenswert!), dabei ein mit Wasser benetztes Blech miterhitzen. Sobald die Temperatur erreicht ist, das Blech herausnehmen und die Brote in den heißen Ofen (Mitte) schieben und 10 Min. backen. Danach die Temperatur auf 210° reduzieren und die Brote in weiteren 25–30 Min. fertig backen.

30 G LEINSAMEN
35 G SONNENBLUMENKERNE
35 G KÜRBISKERNE
2 SÄUERLICHE ÄPFEL

20 G FRISCHE HEFE (½ WÜRFEL)
100 G FLÜSSIGER NATURSAUERTEIG (FERTIGPRODUKT)
350 G WEIZENMEHL (TYPE 550)
150 G ROGGENMEHL (TYPE 1150)
15 G SALZ (CA. 1 EL)
200 G ROSINEN

AUSSERDEM:
MEHL ZUM ARBEITEN
BACKPAPIER FÜR DAS BLECH
50 G KERNIGE HAFERFLOCKEN ZUM WÄLZEN
2 EL PUDERZUCKER ZUM BESTREUEN

Die **Ökobewegung** setzte in Deutschland viel Positives in Gang: Umweltschutz rückte ins öffentliche Bewusstsein, Recycling wurde in vielen Bereichen eingeführt und die Verbreitung von biologischer Landwirtschaft und gesünderer Ernährung gehen auf ihr Konto. Klar, einige schossen dabei in geradezu missionarischem Eifer übers Ziel hinaus – es muss ja nicht jeder Kuchen zu 100 Prozent aus Vollkornmehl bestehen. Diesen »Müslis« widmete 1981 die **Kölner Deutschrockband BAP** eigens den Song **»Müsli-Män«**. Darin erscheint dem Sänger ein neuer Messias mit langem Haar und Flammenschwert, der in diversen Lebenssituationen unbarmherzig die Vollwert-Variante einfordert. Gleich zu Liedbeginn stellt sich der neue Heilsbringer keck selbst vor: »Typisch, dat do mich nit kenns, ich benn dä Müsli-Män.« – alles wie immer bei BAP selbstverständlich auf gut Kölsch.

DIE 1980ER

»DER ROTE PIZZA-FADEN«

ZUBEREITUNG: 25 MIN. – RUHEN: 1 STD. – BACKEN: 40 MIN. – PRO STÜCK CA. 895 KCAL – FÜR 1 BACKBLECH (4 STÜCKE)

BOLOGNESER PIZZA

1 Für den Teig die Milch lauwarm erhitzen, die Hefe dazubröckeln, verrühren. Mehl mit 1 TL Salz, Koriander und Kümmel in einer Rührschüssel mischen, eine Mulde hineindrücken, die Hefemilch hineingießen. Mit den Knethaken des Handrührgeräts kurz verkneten, dann die Butter und die Eier dazugeben und den Teig ca. 6 Min. auf höchster Stufe durchkneten. Abgedeckt an einem warmen Ort 1 Std. gehen lassen.

2 Für den Belag Ketchup mit 1 TL Pizzagewürz, Olivenöl und TK-Kräutern verrühren, kräftig mit Salz und Pfeffer würzen. Fenchel und Lauch waschen und putzen, den Fenchel längs in ganz feine Scheiben schneiden, den Lauch in feine Ringe, beides mischen. Tomaten waschen und in dünne Scheiben schneiden, dabei Stielansätze entfernen.

3 Den Backofen auf 220° vorheizen, ein Backblech einfetten. Teig durchkneten und auf einer bemehlten Arbeitsfläche in Blechgröße ausrollen. Teig auf das Blech legen, dabei einen Rand formen. Mit dem Würzketchup bestreichen und mit Fenchel, Lauch und Tomaten belegen. Mit Salz, Pfeffer und übrigem Pizzagewürz würzen. Oliven halbieren und darauf verteilen.

4 Die Pizza im heißen Ofen (Mitte) 30–35 Min. backen. Dann den Käse darüberstreuen und die Pizza in weiteren 5 Min. fertig backen.

FÜR DEN TEIG:
175 ML MILCH
30 G FRISCHE HEFE (¾ WÜRFEL)
500 G VOLLKORN-WEIZENMEHL
SALZ
JE ½ TL GEMAHLENER KORIANDER UND KÜMMEL
70 G WEICHE BUTTER
2 EIER (M)

FÜR DEN BELAG:
2 EL TOMATENKETCHUP
2 TL PIZZAGEWÜRZ (ERSATZWEISE GRILLGEWÜRZ, FERTIGMISCHUNG)
2 EL OLIVENÖL
3 EL ITALIENISCHE TK-KRÄUTERMISCHUNG
SALZ – PFEFFER
250 G FENCHEL
75 G LAUCH
200 G TOMATEN
12 SCHWARZE OLIVEN (OHNE STEIN)
150 G GERIEBENER BERGKÄSE

AUSSERDEM:
FETT FÜR DAS BLECH
MEHL ZUM ARBEITEN

Auch vor Pizza machte die **Vollwertbegeisterung** der 80er nicht Halt – in Italien ein Sakrileg. Ähnlich wie der Name, bei dem Kenner Fleischragout obenauf vermuten. Zwar ist man kulinarisch umtriebig und **erkundet fremde Küchen,** doch auf Authentizität wird wenig Wert gelegt. Dazu fehlen oft noch nötiges Know-how und Originalzutaten. Man backt – ohne von allzu viel Wissensballast beschwert – unkompliziert, und findet auch die **erste Pizza-Hut-Pfannenpizza** prima. Die US-Pizza hat mit dem italienischen Original allerdings ebenso wenig gemein wie Krusta, die man sich seit 1984 in der DDR als Ost-Pizza schmecken ließ, oft mit den spannendsten Belägen: Nicht Bolognese, im Osten war Krusta »Spreewald« der Renner, zwar mit Hackfleisch, aber zusätzlich mit Sauerkraut und saurer Sahne – molto buono!

1983
eröffnet in Deutschland die erste Pizza-Hut-Filiale.

1984
In der DDR wird die ostdeutsche Pizza-Interpretation eingeführt: die Krusta mit dunklem Teig und in rechteckige Stücke geschnitten.

1985
Bei Anruf: Pizza. In München gibt es den ersten deutschen Pizzalieferservice »Call a pizza«.

1989
McDonald's startet in den USA einen Versuch mit der McPizza, gibt den Plan, Pizza Hut Konkurrenz zu machen, aber wieder auf.

ZUBEREITUNG: 30 MIN. – BACKEN: 45 MIN. – PRO STÜCK CA. 315 KCAL –
FÜR 1 KASTENFORM (22 CM LÄNGE, CA. 10 STÜCKE)

MAUERKUCHEN

1 Den Backofen auf 175° vorheizen, eine Kastenform gründlich einfetten. Für den Teig Butter, Zucker und Eier mit den Rührbesen des Handrührgeräts hellcremig rühren. Mehl, Backpulver und Kakao dazusieben und unterrühren. Die Milch hinzufügen und alles zu einem glatten Teig verrühren. Den Teig in die Form füllen und glatt streichen. Im Ofen (Mitte) 45 Min. backen. Den Kuchen aus der Form lösen und vollständig auskühlen lassen.

2 Die »Kuppel« waagerecht abschneiden, sodass eine gerade Oberfläche entsteht. Den Kuchen so auf eine der Längsseiten legen, dass die soeben begradigte Seite nach vorne zeigt, und auf eine Kuchenplatte setzen.

3 Für die Garnitur die Kuvertüre fein hacken und über einem heißen Wasserbad schmelzen. Den Kuchen gleichmäßig mit der Kuvertüre überziehen. Wenn diese etwas angetrocknet ist, die beiden Schokoriegel als »Geländer« auf den Kuchen setzen, und die Kuvertüre dann vollständig trocknen lassen.

4 Mit den Back- und Speisefarben ein paar bunte Kleckse auf der nach vorn zeigenden Seite verteilen. Die Farbkleckse mit Küchenpapier oder einem Geschirrtuch verwischen, um einen Graffiti-Effekt zu erzeugen. Den Kuchen in der Mitte zwischen den Schokoriegeln durchschneiden.

CAKE-POPS FIX GEMACHT: Einfach die abgeschnittene Kuppel zerbröseln und mit etwas Frischkäse zu einer formbaren Masse vermengen. Daraus Cake-Pop-Kugeln formen. Diese auf Stiele stecken und 1 Std. im Kühlschrank fest werden lassen. Dann in geschmolzene Kuvertüre dippen.

FÜR DEN TEIG:
125 G WEICHE BUTTER
125 G ZUCKER
2 EIER (M)
175 G MEHL
1 TL BACKPULVER
2 EL KAKAOPULVER
75 ML MILCH

FÜR DIE GARNITUR:
100 G ZARTBITTER-KUVERTÜRE
2 SCHOKORIEGEL MIT KEKS UND KARAMELL (Z. B. TWIX)
BACK- UND SPEISEFARBE (ROT, GELB, GRÜN, BLAU)

AUSSERDEM:
FETT FÜR DIE FORM

Bei vielen Deutschen ist die Erinnerung an die geschichtsträchtigen Geschehnisse des **9. November 1989** eher nur dunkel. Tiefschwarz sogar, denn die meisten verschliefen an diesem Tag schlicht und ergreifend die nächtliche **Öffnung der Berliner Mauer.** Um so klarer sind dagegen die Bilder vom nächsten Morgen im kollektiven Gedächtnis geblieben: Tausende DDR-Bürger machen sich endlich ungehindert auf nach Westberlin. Auf dem Ku'damm liegen sich Ost und West zwischen hupenden Autos in den Armen, und die Kneipen geben spontan Freibier aus: Auf die Wiedervereinigung! Der regierende Bürgermeister Walter Momper griff ebenfalls tief ins Säckel und spendierte jedem DDR-Bürger **100 D-Mark Begrüßungsgeld.** Und die Mauer? An der machten sich bereits die ersten Mauerspechte zu schaffen und trugen das Symbol der Teilung stückchenweise ab. Wer damals kein Souvenir davon ergattern konnte, den soll dieser Kuchen an den historischen Tag erinnern.

FÜR DEN TEIG:
250 G MEHL
3 EL MILCH
20 G FRISCHE HEFE (½ WÜRFEL)
6 EL ZUCKER
1 EI (M)
SALZ
125 G WEICHE BUTTER

FÜR DEN BELAG:
2 EL ROSINEN
4 EL RUM
7 ÄPFEL (Z. B. COX ORANGE)
JE 4 TL ZITRONAT UND ORANGEAT
5 EL WALNUSSKERNE
4 EL ZUCKER
1 TL ZIMTPULVER
2 PRISEN KARDAMOM
2 EL KIRSCHKONFITÜRE
7 BUTTERFLÖCKCHEN
3 EIWEISS (M)
100 G PUDERZUCKER

AUSSERDEM:
BACKPAPIER FÜR DIE FORM
KERNGEHÄUSEAUSSTECHER

ZUBEREITUNG: 1 STD. – RUHEN: 1 STD. – BACKEN: 1 STD. –
PRO STÜCK CA. 330 KCAL – FÜR 1 SPRINGFORM (28 CM Ø, CA. 12 STÜCKE)

BRATAPFEL-KUCHEN

1 Für den Teig das Mehl in eine Schüssel sieben und in die Mitte eine Mulde drücken. Milch lauwarm erhitzen, die Hefe hineinbröckeln und darin auflösen. Hefemlich in die Mulde gießen und mit etwas Mehl verrühren. Den Vorteig abgedeckt an einem warmen Ort 30 Min. gehen lassen.

2 Danach den Zucker, das Ei, 1 Prise Salz und die Butter in die Schüssel geben und alles mit den Knethaken des Handrührgeräts zu einem elastischen Teig verkneten. Den Teig abgedeckt 30 Min. gehen lassen. Inzwischen für den Belag die Rosinen in dem Rum einweichen.

3 Anschließend den Backofen auf 200° vorheizen. Die Springform mit Backpapier auskleiden. Äpfel schälen und die Kerngehäuse ausstechen. Zitronat, Orangeat und Walnüsse jeweils fein hacken. Die Rosinen in einem Sieb abtropfen lassen, Rum auffangen. Den Teig durchkneten und in die Form geben, dabei einen Rand hochdrücken.

4 Die Äpfel auf den Teig setzen. Mit Zitronat, Orangeat, Nüssen und Rosinen füllen. Zucker, Zimt und Kardamom darüberstreuen und mit Rum beträufeln. Auf jeden Apfel 1 Klecks Konfitüre und 1 Butterflöckchen setzen. Im Ofen (Mitte) zunächst 45 Min. backen.

5 Die Eiweiße mit Puderzucker steif schlagen, auf dem Kuchen verstreichen und diesen in 15 Min. fertig backen. Aus dem Ofen nehmen und auf einem Kuchengitter auskühlen lassen.

ZUBEREITUNG: 45 MIN. – BACKEN: 45 MIN. – PRO STÜCK CA. 275 KCAL – FÜR 1 STRUDEL (CA. 12 STÜCKE)

BIRNENSTRUDEL MIT WALNÜSSEN

1 Für den Teig das Mehl mit ¼ TL Salz in eine Schüssel geben und eine Mulde hineindrücken. 3 EL Öl und ⅛ l lauwarmes Wasser in die Mulde gießen und mit dem Mehl rasch zu einem glatten, elastischen Teig verkneten. Den Teig zu einer Kugel formen, mit dem übrigen Öl bestreichen und in dem Tiefkühlbeutel an einem warmen Ort 25 Min. ruhen lassen.

2 Inzwischen für die Füllung die Birnen schälen, vierteln, entkernen und quer in dünne Scheiben schneiden. Die Rosinen waschen und mit den Birnen in eine Schüssel geben. Die Sahne mit Zitronensaft und Puderzucker verrühren und mit den Birnen und Rosinen mischen. Die Semmelbrösel in einer Pfanne ohne Fett goldbraun anrösten. Die Nüsse grob hacken, die Butter schmelzen.

3 Den Backofen auf 200° vorheizen, das Backblech mit Backpapier auslegen. Ein großes Geschirrtuch auf der Arbeitsfläche auslegen, mit Mehl bestäuben. Den Strudelteig auf der bemehlten Arbeitsfläche mit dem Nudelholz so dünn wie möglich rechteckig ausrollen, dann über den Handrücken hauchdünn ausziehen und auf das Geschirrtuch legen.

4 Den Teig mit 1 EL lauwarmem Wasser und der Butter bestreichen, mit den Bröseln bestreuen. Nüsse unter die Birnen mischen und die Füllung auf den Teig geben, dabei rundherum einen 2 cm breiten Rand frei lassen. Den Teig von einer Längsseite her mithilfe des Geschirrtuchs so aufrollen, dass die Naht zuletzt unten liegt, und die beiden Enden nach unten einschlagen.

5 Den Strudel mit der Naht nach unten auf das Blech legen, mit der Milch bestreichen und im heißen Ofen (Mitte) in ca. 45 Min. goldbraun backen. Lauwarm abkühlen lassen und mit Puderzucker bestäuben.

FÜR DEN TEIG:
250 G MEHL
SALZ
4 EL ÖL

FÜR DIE FÜLLUNG:
1 ½ KG BIRNEN (Z. B. WILLIAMS CHRIST)
50 G ROSINEN
100 G SAHNE
1 EL ZITRONENSAFT
50 G PUDERZUCKER
3 EL SEMMELBRÖSEL
100 G WALNUSSKERNE
2 EL BUTTER
3 EL MILCH

AUSSERDEM:
TIEFKÜHLBEUTEL
BACKPAPIER FÜR DAS BLECH
MEHL ZUM ARBEITEN
PUDERZUCKER ZUM BESTÄUBEN

ZUBEREITUNG: 1 STD. – RUHEN: 1 STD. – BACKEN: 35 MIN. –
PRO STÜCK CA. 240 KCAL – FÜR 1 BACKBLECH (CA. 20 STÜCKE)

ZWETSCHGEN-DATSCHI

1 Mehl mit 1 Prise Salz, Zucker und Zitronenschale in einer Schüssel mischen, in die Mitte eine Mulde drücken. Hefe hineinbröckeln und mit der Milch und ein wenig Mehl vom Rand zu einem Vorteig verrühren. Abgedeckt an einem warmen Ort 15 Min. gehen lassen.

2 Die Butter schmelzen und etwas abkühlen lassen, dann mit den Eiern unter den Teig kneten. Jetzt den Teig mit den Knethaken des Handrührgeräts so lange kneten, bis er glatt und elastisch ist und sich vom Schüsselrand löst. Den Teig zugedeckt an einem warmen Ort ca. 30 Min. gehen lassen, bis er sein Volumen verdoppelt hat.

3 Das Blech einfetten. Den Teig kräftig durchkneten und auf der bemehlten Arbeitsfläche in Blechgröße ausrollen. Auf das Blech legen, die Ränder etwas hochziehen und den Teig zugedeckt an einem warmen Ort nochmals 15 Min. gehen lassen.

4 Den Backofen auf 200° vorheizen. Für die Streusel Mehl, Zucker, die Butter in Stückchen und den Zimt in eine Schüssel geben. Alles mit den Händen rasch zu Streuseln verarbeiten und kalt stellen. Für den Belag die Zwetschgen waschen, halbieren, entsteinen und mit den Schnittflächen nach oben nebeneinander in den Teig drücken. Die Streusel darauf verteilen. Den Datschi im heißen Backofen (Mitte) ca. 35 Min. backen, bis die Teigränder schön goldbraun sind.

FÜR DEN TEIG:
500 G MEHL
SALZ
80 G ZUCKER
FEIN ABGERIEBENE SCHALE VON 1 BIO-ZITRONE
42 G FRISCHE HEFE (1 WÜRFEL)
125 ML MILCH
100 G BUTTER
2 EIER (M)

FÜR DIE STREUSEL:
150 G MEHL
75 G ZUCKER
75 G KALTE BUTTER
2 TL ZIMTPULVER

FÜR DEN BELAG:
1,2 KG ZWETSCHGEN

AUSSERDEM:
FETT FÜR DAS BLECH
MEHL ZUM ARBEITEN

ZUBEREITUNG: 50 MIN. – RUHEN: 1 STD. – BACKEN: 30 MIN. – PRO STÜCK CA. 240 KCAL – FÜR 1 BACKBLECH (CA. 20 STÜCKE)

KLECKSEL-KUCHEN

1 Für den Teig das Mehl mit Trockenhefe, Zucker und 1 Prise Salz in einer Schüssel vermischen. Die Milch lauwarm erhitzen, darin 50 g Butter schmelzen. Mit dem Ei unter das Mehl rühren und alles zu einem glatten, elastischen Teig verkneten. Abgedeckt an einem warmen Ort ca. 45 Min. gehen lassen.

2 Dann ein Backblech einfetten. Den Teig nochmals durchkneten und auf dem Blech ausrollen, die Ränder etwas hochdrücken. Den Teig weitere 15 Min. gehen lassen.

3 Für den Belag die Birnen schälen, entkernen und klein würfeln. Mit 4 EL Wasser, Zitronensaft, 2 EL Zucker und Vanillezucker in einen Topf geben und 4 Min. dünsten. Den Backofen auf 200° vorheizen.

4 Kleine Mulden in den Teig drücken, darin abwechselnd die Birnen und die Preiselbeeren verteilen. Die restliche Butter in Flöckchen dazwischen setzen. Mit Mandelblättchen und übrigem Zucker bestreuen. Im heißen Backofen (Mitte) 25–30 Min. backen. Der Kleckselkuchen schmeckt lauwarm am besten.

FÜR DEN TEIG:
420 G MEHL
1 PCK. TROCKENHEFE
80 G ZUCKER
SALZ
250 ML MILCH
150 G BUTTER
1 EI (M)

FÜR DEN BELAG:
4 BIRNEN
2 EL ZITRONENSAFT
70 G ZUCKER
1 PCK. VANILLEZUCKER
200 G PREISELBEEREN (AUS DEM GLAS)
120 G MANDELBLÄTTCHEN

AUSSERDEM:
FETT FÜR DAS BLECH

ZUBEREITUNG: 50 MIN. – RUHEN: 1 STD. 20 MIN. – BACKEN: 1 STD. –
PRO STÜCK CA. 325 KCAL – FÜR 1 KASTENFORM (30 CM LÄNGE, CA. 18 STÜCKE)

MOHNSTRIEZEL

Mohnkuchen gilt vor allem in Ostpreußen und Schlesien als Spezialität, und ein Stück Striezel war für viele Kriegsvertriebene immer auch ein Stückchen Heimat. Die Öffnung der DDR-Grenzen schürte zunächst so manche Hoffnung, dass auch diese »verlorenen« Gebiete irgendwann zukünftig wieder zu Deutschland gehören könnten. Vergeblich: In den Zwei-Plus-Vier-Verträgen wurden bereits ein Jahr nach Maueröffnung die Grenzen der alten BRD und DDR als verbindlich festgelegt. Damit war aber auch der Weg zur vollständigen Wiedervereinigung gebahnt.

1 Für den Teig die Milch lauwarm erhitzen. Das Mehl in eine Schüssel geben, in die Mitte eine Mulde drücken. Die Hefe hineinbröckeln, mit etwas Milch, 1 TL Zucker und etwas Mehl vom Rand verrühren. Den Vorteig abgedeckt an einem warmen Ort 15 Min. gehen lassen.

2 Dann die übrige Milch, restlichen Zucker, Eigelbe, Butter und 1 Prise Salz zum Vorteig geben. Zunächst mit den Knethaken des Handrührgeräts, dann mit den Händen zu einem glatten Teig verkneten. Kräftig kneten, bis der Teig Blasen wirft und sich vom Schüsselrand löst. Den Teig abgedeckt ca. 45 Min. an einem warmen Ort bis zur doppelten Größe aufgehen lassen.

3 Inzwischen für die Füllung die Rosinen nach Belieben in Rum einweichen. Sahne und Honig in einem kleinen Topf aufkochen, Grieß und Mohn zugeben, unter Rühren zu einem dicken Brei kochen. Abkühlen lassen, dann Ei, Zitronenschale und Rosinen unterrühren.

4 Eine Kastenform mit Backpapier auslegen. Den Teig einmal kräftig durchkneten und auf der bemehlten Arbeitsfläche zu einem Rechteck (30 × 40 cm) ausrollen. Die Mohnfüllung daraufstreichen und den Teig von einer kurzen Seite her aufrollen. Dann die Rolle einmal längs nicht ganz bis zum Ende durchschneiden, die beiden Stränge umeinanderschlingen und in die Form legen. Weitere 20 Min. gehen lassen.

5 Den Backofen auf 200° vorheizen. Teigoberseite mit Milch bestreichen. Den Striezel im Ofen (unten) ca. 1 Std. backen, dabei zwischendurch mit Backpapier abdecken, damit die Oberfläche nicht zu dunkel wird.

FÜR DEN TEIG:
250 ML MILCH
500 G MEHL
42 G FRISCHE HEFE (1 WÜRFEL)
75 G ZUCKER
2 EIGELB (M)
125 G WEICHE BUTTER
SALZ

FÜR DIE FULLUNG:
50 G ROSINEN
2 EL RUM (NACH BELIEBEN)
250 G SAHNE
100 G HONIG
2 EL WEIZENGRIESS
250 G GEMAHLENER MOHN
1 EI (M)
1 TL FEIN ABGERIEBENE
BIO-ZITRONENSCHALE

AUSSERDEM:
BACKPAPIER
FÜR DIE FORM
MEHL ZUM
ARBEITEN
1 EL MILCH ZUM
BESTREICHEN

ZUBEREITUNG: 50 MIN. – RUHEN: 1 STD. 15 MIN. – BACKEN: 35 MIN. – PRO STÜCK CA. 360 KCAL – FÜR 1 ZOPF (CA. 16 STÜCKE)

NUSSZOPF

1 Für den Teig die Milch lauwarm erhitzen. Das Mehl in eine Schüssel geben, in die Mitte eine Mulde drücken. Die Hefe hineinbröckeln, mit etwas Milch, 1 TL Zucker und etwas Mehl vom Rand verrühren. Den Vorteig abgedeckt an einem warmen Ort 15 Min. gehen lassen.

2 Dann die übrige Milch, restlichen Zucker, Eigelbe, Butter und 1 Prise Salz zum Vorteig geben. Zunächst mit den Knethaken des Handrührgeräts, dann mit den Händen zu einem glatten Teig verkneten. Kräftig kneten, bis der Teig Blasen wirft und sich vom Schüsselrand löst. Den Teig abgedeckt ca. 45 Min. an einem warmen Ort bis zur doppelten Größe aufgehen lassen.

3 Für die Füllung gemahlene Haselnüsse mit Semmelbröseln, Puderzucker und Zimt mischen. In einer Pfanne ohne Fett anrösten und abkühlen lassen. Die Eiweiße zusammen mit der Sahne cremig aufschlagen, Zucker unterrühren. Mit der gerösteten Nussmasse und eventuell dem Kirschwasser verrühren. Die Butter schmelzen und kurz abkühlen lassen.

4 Hefeteig auf der bemehlten Arbeitsfläche durchkneten, zu einem großen Rechteck (ca. 30 × 40 cm) ausrollen und mit der geschmolzenen Butter bestreichen. Die Nussmasse nicht ganz bis zum Rand aufstreichen und den Teig von der Längsseite her aufrollen. Die Nussrolle längs nicht ganz bis zum Ende durchschneiden. Die Hälften mit der Schnittfläche nach oben ineinander verschlingen. Das Backblech mit Backpapier auslegen, den Zopf auf das Blech legen und zugedeckt 15 Min. gehen lassen.

5 Den Backofen auf 180° vorheizen. Den Nusszopf im Ofen (Mitte) 30–35 Min. backen. Herausnehmen und den Zopf etwas abkühlen lassen. Für die Glasur Puderzucker mit Kirschwasser und 1–2 EL Wasser verrühren. Den warmen Nusszopf mit der Puderzuckerglasur bestreichen.

FÜR DEN TEIG:
225 ML MILCH
500 G MEHL
30 G FRISCHE HEFE
(¾ WÜRFEL)
60 G ZUCKER
2 EIGELB (M)
75 G WEICHE BUTTER
SALZ

FÜR DIE FÜLLUNG:
200 G GEMAHLENE HASEL-
NUSSKERNE
50 G SEMMELBRÖSEL
75 G PUDERZUCKER
¼ TL ZIMTPULVER
2 EIWEISS (M)
100 G SAHNE
2 EL ZUCKER
1 EL KIRSCHWASSER
(NACH BELIEBEN)
2 EL BUTTER

FÜR DIE GLASUR:
150 G PUDERZUCKER
1 EL KIRSCHWASSER (ERSATZ-
WEISE ZITRONENSAFT)

AUSSERDEM:
MEHL ZUM ARBEITEN
BACKPAPIER FÜR DAS BLECH

FÜR DEN TEIG UND DIE STREUSEL:
410 G MEHL
1 TL BACKPULVER
SALZ
2 PCK. VANILLEZUCKER
150 G CRÈME FRAÎCHE
275 G KALTE BUTTER
75 G ZUCKER
½ TL ZIMTPULVER

FÜR DEN BELAG UND DIE GARNITUR:
750 G ZWETSCHGEN (ERSATZWEISE PFLAUMEN)
75 G ZUCKER
1 ZIMTSTANGE
1 STERNANIS
2 EL SPEISESTÄRKE
1 VANILLESCHOTE
400 G SAHNE
2 PCK. SAHNEFESTIGER
60 G WALNUSSKERNE

AUSSERDEM:
MEHL ZUM ARBEITEN
BACKPAPIER FÜR DIE BLECHE
PUDERZUCKER ZUM BESTÄUBEN
ELEKTRISCHES MESSER

ZUBEREITUNG: 1 STD. 30 MIN. – KÜHLEN: 3 STD. – BACKEN: PRO BLECH 13 MIN. – PRO STÜCK CA. 585 KCAL – FÜR 1 SPRINGFORM (24 CM Ø, CA. 12 STÜCKE)

FRIESENTORTE

1 Für den Teig 250 g Mehl, Backpulver, 1 Prise Salz, Vanillezucker, Crème fraîche und 175 g Butter in Flöckchen mit den Händen zu einem glatten Teig verkneten, abgedeckt ca. 2 Std. kalt stellen. Restliches Mehl, Zucker, Zimt und restliche Butter mit den Händen zu kleinen Streuseln zerkrümeln, kalt stellen.

2 Für den Belag die Zwetschgen waschen, halbieren, entsteinen und in kleine Würfel schneiden. Mit Zucker, Zimt und Anis in einem Topf bei mittlerer Hitze 5 Min. köcheln. Stärke mit 3 EL kaltem Wasser verrühren, dazugeben, das Kompott nochmals aufkochen, dann abkühlen lassen. Gewürze entfernen.

3 Den Backofen auf 200° vorheizen. Teig vierteln und jede Portion auf etwas Mehl zu einem Kreis (ca. 24 cm Ø) ausrollen, dann mit der Springform genau ausstechen. Je 1 Teigboden auf einen Backpapierbogen legen und mit einer Gabel mehrfach einstechen. Die Streusel auf den Böden verteilen und leicht andrücken. Nacheinander die Böden mit dem Papier auf ein Backblech legen und im heißen Ofen (unten) ca. 13 Min. backen. 1 gebackenen Boden noch warm in 12 gleich große Stücke schneiden, alle Böden auskühlen lassen.

4 Die Vanilleschote längs aufschlitzen und das Mark herauskratzen. Die Sahne mit dem Sahnefestiger und dem Vanillemark steif schlagen. Die Walnüsse nicht zu fein hacken.

5 1 ganzen Boden auf eine Tortenplatte legen und mit dem Springformrand umschließen. Den Boden mit einem Drittel des Kompotts bestreichen, dann die Walnüsse darüberstreuen und ein Drittel der Sahne darauf verteilen. In dieser Reihenfolge restliche ganze Böden, restliches Kompott und restliche Sahne einschichten. Geteilten Boden auf die letzte Sahneschicht legen. Torte ca. 1 Std. kalt stellen. Formrand entfernen. Torte mit Puderzucker bestäuben und mit einem elektrischen Messer in Stücke schneiden.

DIE 1990ER

HOME SWEET HOME

Das gerade angebrochene Jahrzehnt bescherte den Deutschen einen neuen Feiertag im Kalender: Am 3. Oktober 1990 unterzeichnete die DDR-Volkskammer den Beitritt zur BRD. Damit ging für das nun wiedervereinte Deutschland erst einmal eine turbulente Zeit zu Ende. Anderenorts begann sie erst: Aus der Sowjetunion wurde eine Gemeinschaft unabhängiger Staaten, der jugoslawische Bürgerkrieg erschütterte Europa, und Slowaken und Tschechen entschieden sich friedlich, fortan getrennt zu leben. Die gewohnte Weltordnung geriet aus den Fugen. Doch mit dem Zerfall des ehemaligen Ostblocks ging auch die Ära des gegenseitigen Wettrüstens mit dem Westen zu Ende. Der im Jahrzehnt zuvor befürchtete Weltuntergang schien bis auf Weiteres verschoben.

Nicht nur in Deutschland begegnete man diesen Umwälzungen vermehrt mit einem Rückzug in das Private, ganz nach dem Motto: Abwarten, Tee trinken und Kuchen backen. Schnell war für diesen Trend zur neuen Häuslichkeit auch ein passendes Wort gefunden: »Cocooning«. Passend zum Kuscheln auf dem eigenen Sofa boten inzwischen immer mehr private Fernsehkanäle Ablenkung von der verworrenen Weltlage. Dort wurde getalkt, was das Zeug hält, in Herz-Schmerz-Daily-Soaps geliebt und gelitten – und es wurde vor allem auch gekocht und gebacken. Unterhielt zunächst nur Alfred Biolek mit gehobenem Küchentalk und ungewohnten Zutaten wie Rucola und Bärlauch, wurde spätestens mit dem »Kochduell« klar: Die Schlacht am kalten Büfett und in der Küche war voll entbrannt – die Deutschen entdeckten Kochen als neues Lieblingshobby.

Neben dem Fernsehzimmer wurde nun auch die (Wohn-)Küche ein neuer Lieblingsaufenthaltsort. Mit neuartigen Kaffee- und Brotbackmaschinen, Retrokühlschränken und großen Esstischen entstand hier ein Lebenszentrum, wo es sich sogar gut schmökern ließ. Kochbücher boomten wie nie zuvor: Wessis entdeckten darin mit Leipziger Allerlei und Dresdner Stollen die gemeinsamen Wurzeln der deutschen Küche wieder, und Ossis wehte daraus der Küchenduft neuer kulinarischer Welten mit Chili, Ingwer und Kokos-Aroma an. Das Ergebnis: ein vereintes Koch- und Backdeutschland mit gleichzeitiger Vorliebe für Hausmannskost und Crossover-Küche.

LINDA EVANGELISTA, CHRISTY TURLINGTON, NAOMI CAMPBELL, CINDY CRAWFORD UND TATJANA PATITZ POSIERTEN **1990** VEREINT AUF DEM COVERFOTO DER ZEITSCHRIFT »VOGUE«. EIN IKONISCHES FOTO DES FOTOGRAFEN PETER LINDBERGH, DAS DIE ÄRA DER SUPERMODELS EINLÄUTETE.

»Hilfe, ich bin backsüchtig« war zwar kein Thema, aber ansonsten war Moderatoren wie Hans Meiser, Ilona Christen, Bärbel Schäfer oder Pfarrer Fliege nichts Menschliches fremd: Äußerst Privates wurde Anfang der 90er in den Talkshows der Privatsender öffentlich behandelt. Äußerst publikumswirksam, sodass **1996** pro Woche 80 Shows liefen!

Während sich die einen in den Talkshows furchtbar ernst nahmen, nahmen die anderen nichts mehr ernst: Comedyshows boomten. Harald Schmidt, Dirk Bach, Dieter Nuhr, Wigald Boning oder Anke Engelke trieben ihre Späße von kabarettistisch ernsthaft bis klamaukig.

Marken sind in: Egal ob Gucci, Chanel oder Adidas – Logos prangen fett auf T-Shirts und anderen Bekleidungsstücken. Die Techno- und Raverszene entwirft Antilogos, die sich ebenfalls wunderbar verkaufen, wenn zum Beispiel aus »Jägermeister« ein »Ravermeister« wird.

Kochen wird Staatssache: **1997** lud Christiane Herzog, die Gattin des Bundespräsidenten, nach Bellevue, um dort mit ausgewählten (Talk-)Gästen vor der Kamera zu kochen. Wie schon Kanzlergattin Hannelore Kohl hatte sie bereits ein Jahr zuvor ein Kochbuch mit »persönlichen Rezepten« veröffentlicht. Bevorzugte Gerichte der First Ladys: gute Hausmannskost mit regionalem Einschlag – Pfälzer Saumagen natürlich inklusive.

1993 wurde die Bezeichnung »Couch-Potato« als offizieller Bestandteil der Sprache in das Oxford English Dictionary übernommen.

Die Kinder der 70er waren nun älter, ohne erwachsen geworden zu sein. In seinem Buch »Generation Golf« skizziert Florian Illies seine Altersgenossen kritisch: eine Generation, die nur den Wohlstand der Elterngeneration unhinterfragt genießen möchte, auf Äußeres setzt und sich selbst als Mittelpunkt sieht. »Ätsch, wir haben mehr Golf als ihr«, lautet dann auch die Überschrift zum Kapitel, in dem es um Markenkult und das Ende der Bescheidenheit geht.

DIE WELT WAR ZUTIEFST GESCHOCKT: AM **31. AUGUST 1997** VERUNGLÜCKTE LADY DIANA TÖDLICH. OBWOHL SIE IHREN KÖNIGLICHEN TITEL DURCH DIE TRENNUNG VON PRINZ CHARLES BEREITS FÜNF JAHRE ZUVOR VERLOREN HATTE, WURDE SIE AUF DRUCK DER TRAUERNDEN BEVÖLKERUNG IN EINER OFFIZIELLEN STAATSZEREMONIE BEIGESETZT UND BLIEB ALS »KÖNIGIN DER HERZEN« IM GEDÄCHTNIS.

Mitte des Jahrzehnts löste das Tamagotchi-Ei einen weltweiten, wenn auch nur kurzen Boom aus. Wie ein lebendiges Haustier verlangte das virtuelle Küken rechtzeitig gefüttert, gestreichelt oder ins Bett gebracht zu werden – und starb bei allzu großer Vernachlässigung. Im Gegensatz zu einem echten Tier verhalf allerdings die Reset-Taste zu neuem Leben.

*Am **1. Juni 1991** wurde die erste weltweit nutzbare Internetseite ins Netz gestellt: Die kostenfreie Nutzung und die immer größer werdende Zahl der privaten Computer ließen das World Wide Web von nun an rasend schnell wachsen. Mobiltelefone wurden immer preiswerter und **1992** wurde die erste SMS verschickt: die Digitalisierung des Alltags nahm ihren Anfang.*

ZUBEREITUNG: 45 MIN. – BACKEN: 40 MIN. – KÜHLEN: 2 STD. –
PRO STÜCK CA. 415 KCAL – FÜR 1 SPRINGFORM (20 CM Ø, CA. 8 STÜCKE)

MAULWURF-KUCHEN

Die Grenzen waren offen, und die DDR-Bürger stürmten die Supermärkte, um endlich all das zu kaufen, was ihnen jahrelange staatliche Misswirtschaft vorenthalten hatte. Zitrusfrüchte und vor allem Bananen waren ratzfatz ausverkauft. »Zonen-Gaby (17) im Glück: Meine erste Banane.« titelte daraufhin das Satiremagazin Titanic bitterböse. Auf dem Cover zu sehen: eine junge Frau, die anstelle einer Banane eine geschälte Gurke in der Hand hält. Die Ostdeutschen nahmen es mehrheitlich mit Humor und genossen vor allem eins: die Freiheit und Bananen satt, letztere gerne auch in einem Maulwurfkuchen.

1 Den Backofen auf 180° vorheizen. Den Boden der Springform mit Backpapier auslegen und den Rand einfetten. Für den Teig die Butter bei kleiner Hitze schmelzen und abkühlen lassen.

2 Butter, Zucker und Vanille mit den Rührbesen des Handrührgeräts in 2–3 Min. hellcremig rühren. Dann nacheinander die Eier unterrühren, anschließend die Milch. Mehl, Kakao, Backpulver und 1 Prise Salz vermischen und in zwei Portionen unter den Teig rühren.

3 Den Teig in die Springform füllen, glatt streichen und im Ofen (Mitte) 35–40 Min. backen. Herausnehmen und abkühlen lassen. Dann den Kuchenboden mit einem Esslöffel 1–2 cm tief aushöhlen, dabei ringsherum einen Rand von 2 cm stehen lassen. Den Kuchenabschnitt mit den Händen fein zerkrümeln.

4 Für die Füllung die Sahne in eine Schüssel geben und kurz mit den Rührbesen des Handrührgeräts durchrühren. Den Vanillezucker und Sahnefestiger dazugeben und die Sahne steif schlagen, Schokostreusel unterheben. Die Bananen schälen und in dünne Scheiben schneiden.

5 Den Kuchen mit den Bananenscheiben belegen. Die Sahne daraufgeben und so verteilen, dass ein Hügel entsteht, die Teigkrümel rundherum verteilen. Den Kuchen 2 Std. kalt stellen.

FÜR DEN TEIG:
100 G BUTTER
125 G ZUCKER
½ TL GEMAHLENE VANILLE
2 EIER (M)
75 ML MILCH
150 G MEHL
30 G KAKAOPULVER
2 TL BACKPULVER
SALZ

FÜR DIE FÜLLUNG:
250 G SAHNE
1 PCK. VANILLEZUCKER
1 PCK. SAHNEFESTIGER
30 G SCHOKOLADENSTREUSEL
2 BANANEN

AUSSERDEM:
BACKPAPIER UND FETT
FÜR DIE FORM

ZUBEREITUNG: 50 MIN. – BACKEN: 1 STD. – PRO STÜCK CA. 720 KCAL – FÜR 1 SPRINGFORM (18 CM Ø, CA. 8 STÜCKE)

KOKOSCREME-TORTE

Mit wachsender Kochbegeisterung interessierte man sich für immer mehr (exotische) Küchen und Produkte; neben Rucola war wahrscheinlich vor allem Kokosnuss das In-Lebensmittel: nicht nur in Form von Kokosmilch im Curry, sondern vor allem auch als süße Coconut Cream in Desserts, Cocktails und Gebäck. Alles duftete und schmeckte danach, Kokospralinenbällchen versprachen – zumindest in der Werbung – niemals endende Sommer und mit Piña Colada versetzte man sich ins »Bacardi Feeling«. Die Vorstellung vom Träumen unter Palmen und der Werbesong des gleichnamigen Rumherstellers gefielen den Deutschen so gut, dass der eigentliche Werbejingle zum Song mit nachträglichem Namen »Summer dreamin'« umgewidmet wurde – ein Riesenerfolg für die eher unbekannte Sängerin Kate Yanai.

1 Für den Teig die Butter bei kleiner Hitze schmelzen. Eier trennen, die Eiweiße mit 1 Prise Salz steif schlagen, zuletzt 2 EL Zucker und die Kokosraspel unterschlagen. Die Eigelbe mit übrigem Zucker mit den Rührbesen des Handrührgeräts schaumig schlagen. Mehl und Backpulver mischen und unterrühren, anschließend die Eiweißmasse unterheben und zuletzt die flüssige Butter unterziehen.

2 Die Springform einfetten und den Teig einfüllen. Den Kuchen in den kalten Backofen (unten) schieben und dann bei 160° ca. 1 Std. backen. Herausnehmen und in der Form abkühlen lassen. Anschließend aus der Form nehmen und einmal quer durchschneiden.

3 Zwischendurch für die Füllung das Puddingpulver mit 100 ml Milch gründlich verrühren. Übrige Milch mit Kokoscreme unter Rühren zum Kochen bringen und die Puddingmilch unter Rühren mit dem Schneebesen einrühren und einmal aufkochen lassen. Den Pudding abgedeckt abkühlen lassen, dabei ab und zu umrühren.

4 Sahne mit den Rührbesen des Handrührgeräts steif schlagen und nach Wunsch mit Kokoslikör abschmecken. Pudding und Sahne verrühren. Ein Drittel der Creme auf den unteren Kuchenboden streichen. Obere Kuchenhälfte daraufsetzen und die Oberfläche und den Tortenrand mit der übrigen Creme bestreichen. Anschließend mit Kokosraspeln bestreuen und mit den kandierten Rosenblütenblättern verzieren.

FÜR DEN TEIG:
200 G BUTTER
4 EIER (M)
SALZ
200 G ZUCKER
50 G KOKOSRASPEL
200 G MEHL
1 TL BACKPULVER

FÜR DIE FULLUNG UND DIE GARNITUR:
1 PCK. SAHNEPUDDINGPULVER
250 ML MILCH
200 G KOKOSCREME (AUS DEM ASIENLADEN)
200 G SAHNE
2 EL KOKOSLIKÖR (NACH BELIEBEN)
5 EL KOKOSRASPEL
KANDIERTE ROSENBLÜTENBLÄTTER

AUSSERDEM:
FETT FÜR DIE FORM

ZUBEREITUNG: 45 MIN. – BACKEN: 35 MIN. – PRO STÜCK CA. 260 KCAL – FÜR 1 BACKBLECH (CA. 30 STÜCK)

NUSSECKEN

1 Für den Teig das Mehl auf die Arbeitsfläche häufen. Die kalte Butter in Flöckchen schneiden und daraufgeben. Zucker und Vanillezucker darüberstreuen. Backpulver und Eier dazugeben, alles mit einem großen Messer bröselig hacken. Den Teig dann rasch mit den Händen zu einem glatten Teig verkneten. Diesen in Frischhaltefolie gewickelt 30 Min. kalt stellen.

2 Inzwischen für den Belag die Butter in einem Topf bei kleiner Hitze schmelzen. Den Zucker einrühren. Dann Haselnüsse, Mandeln, Vanillezucker und 4 EL Wasser dazugeben und unter Rühren leicht köcheln lassen.

3 Den Backofen auf 175° vorheizen. Das Backblech gründlich einfetten und den Teig direkt auf dem Blech dünn ausrollen. Mit der Aprikosenkonfitüre bestreichen, dann die Nuss-Mandel-Mischung ebenfalls aufstreichen.

4 Die Nussplatte im heißen Backofen (Mitte) in ca. 35 Min. goldbraun backen. Herausnehmen und abkühlen lassen. Dann die Platte zuerst der Länge und Breite nach in 12–16 Vierecke schneiden. Diese in kleine Dreiecke schneiden.

FÜR DEN TEIG:
300 G MEHL
130 G KALTE BUTTER
100 G ZUCKER
1 PCK. VANILLEZUCKER
1 TL BACKPULVER
2 EIER (M)

FÜR DEN BELAG:
200 G BUTTER
200 G ZUCKER
200 G GEHACKTE HASELNÜSSE
200 G GEHACKTE MANDELN
2 PCK. VANILLEZUCKER
7 EL APRIKOSENKONFITÜRE

AUSSERDEM:
FRISCHHALTEFOLIE
FETT FÜR DAS BLECH

»Darf dieser Mann für Deutschland singen?« titelte die »Bild-Zeitung« 1998. Er durfte. Und Guildo Horn belegte mit seinem Song »Guildo hat euch lieb« immerhin Platz 7 des Eurovision Song Contest. Als **Liebesbeweis für ihre Treue** versprach er in dem Song seinen Fans, Nussecken und Himbeereis zu schicken. Das Eis blieb zwar aus, aber die Nussecken nach Rezept von Mutter Horn machten Furore: Guildo-Anhänger buken selbst wie wild zu Hause, und in Konditoreien herrschte **Nusseckennotstand,** da alle von jetzt auf gleich ausverkauft waren. Gebäck, Song und Auftritt in schrillem Samtanzug entsprachen wohl dem Zeitgeist: Alles, und vor allem sich selbst, **nicht ganz so ernst zu nehmen.** Der Song stammte übrigens aus der Feder von Stefan Raab, der in dieser Zeit mit seiner Erfolgs-Comedy-Sendung startete.

ZUBEREITUNG: 45 MIN. – KÜHLEN: 3 STD. – PRO STÜCK CA. 330 KCAL – FÜR 1 SPRINGFORM (24 CM Ø, CA. 10 STÜCKE)

PIÑA-COLADA-TORTE

1 Die Springform mit Backpapier auslegen. Für den Boden den Zwieback fein zerbröseln. Butter zerlassen und mit den Bröseln mischen. Die Masse auf den Formboden drücken.

2 Für den Belag Gelatine 5–10 Min. in kaltem Wasser einweichen. Zitronensaft, Ananassaft, 300 g Kokosmilch und Kokoslikör verrühren. Übrige Kokosmilch erwärmen, Gelatine ausdrücken und darin auflösen, dann unter die Kokosmilchmischung rühren. Die Mischung ca. 30 Min. kalt stellen, bis sie zu gelieren beginnt.

3 Sahne steif schlagen, nach Belieben Rum unterrühren. 5 Ananasscheiben klein würfeln, 5 Scheiben halbieren. Die Sahne unter die gelierende Kokosmasse rühren. Ananaswürfel unter die Hälfte der Kokossahne heben, auf dem Tortenboden verteilen. Übrige Kokossahne daraufgeben, glatt streichen. Abgedeckt 3 Std. kalt stellen.

4 Den Springformrand entfernen. Die Torte auf eine Platte setzen und den Tortenrand mit Kokoschips bestreuen. Mit übriger Ananas, Belegkirschen und Minzeblättchen garnieren.

FÜR DEN BODEN:
150 G KOKOSZWIEBACK
125 G WEICHE BUTTER

FÜR DEN BELAG:
8 BLATT WEISSE GELATINE
SAFT VON 1 ZITRONE
250 ML ANANASSAFT
350 G KOKOSMILCH
2 EL KOKOSLIKÖR (ERSATZWEISE KOKOSSIRUP)
300 G SAHNE
2 EL WEISSER RUM (NACH BELIEBEN)
10 SCHEIBEN ANANAS (AUS DER DOSE)

FÜR DIE GARNITUR:
3 EL KOKOSCHIPS (ERSATZWEISE KOKOSRASPEL)
10 BELEGKIRSCHEN
EINIGE MINZEBLÄTTCHEN

AUSSERDEM:
BACKPAPIER FÜR DIE FORM

ZUBEREITUNG: 30 MIN. – KÜHLEN: 4 STD. – PRO STÜCK CA. 285 KCAL – FÜR 1 SPRINGFORM (26 CM Ø, CA. 12 STÜCKE)

TOFFIFEE-TORTE MIT SMACKS

1 Das Puddingpulver mit 4 EL Milch und dem Zucker verrühren, die übrige Milch aufkochen. Das angerührte Puddingpulver unter die heiße Milch rühren und nochmals aufkochen lassen. Den Pudding abgedeckt abkühlen lassen, dabei ab und zu umrühren.

2 Inzwischen eine Springform mit Backpapier auslegen. Schokolade und 150 g Toffifees hacken und über dem heißen Wasserbad bei niedriger Temperatur schmelzen – sonst gerinnt die Karamellmasse. Mit 100 g Smacks mischen. Die Masse in die Form füllen und mit einem Löffel verstreichen, 1 Std. kalt stellen und fest werden lassen.

3 Sahne mit dem Sahnefestiger steif schlagen. Den kalten Pudding glatt rühren, die Sahne unterheben. Die Creme auf den Toffifeeboden streichen. Die Torte zugedeckt ca. 3 Std. kalt stellen.

4 Die Torte aus der Form lösen und mit den übrigen Toffifees (nach Belieben ganz lassen, halbieren, in Scheiben schneiden oder hacken) und den restlichen Smacks verzieren.

1 PCK. KARAMELL-PUDDINGPULVER
400 ML MILCH
30 G ZUCKER
50 G ZARTBITTER-SCHOKOLADE
200 G TOFFIFEES
110 G KNUSPRIG GERÖSTETER WEIZEN (»SMACKS«)
200 G SAHNE
1 PCK. SAHNEFESTIGER

AUSSERDEM:
BACKPAPIER FÜR DIE FORM

Backen wird »très chic«: Als letzter Schrei erscheint 1997 Dr. Oetkers erstes »Modetorten«-Buch, das sich verkauft wie warme Törtchen. Das Erfolgsrezept von Stricknadel- oder Fress-mich-dumm-Torte: Süßigkeitenlieblinge wie Schokoküsse, Toffifee, Milka-Herzen, After-Eight-Täfelchen oder Bounty-Riegel wandern mit in Teig und Deko. Und dazu: möglichst noch ein Schlückchen Alkohol.

FUR DEN TEIG:
3 EIER (M)
75 G PUDERZUCKER
SALZ
50 G ZUCKER
100 G MEHL

FUR DIE CREME:
3 BLATT WEISSE GELATINE
3 EIER (M, GANZ FRISCH!)
75 G PUDERZUCKER
250 G MASCARPONE
SALZ
1 PCK. BOURBON-
VANILLEZUCKER

ZUM BETRAUFELN:
150 ML KALTER ESPRESSO
50 ML MANDELLIKÖR
(AMARETTO, ERSATZWEISE
ESPRESSO)
2 EL GRAPPA (NACH BELIEBEN)

AUSSERDEM:
FETT FÜR DIE SCHÜSSEL
FRISCHHALTEFOLIE
KAKAOPULVER ZUM
BESTÄUBEN

ZUBEREITUNG: 50 MIN. – BACKEN: 35 MIN. – KÜHLEN: 3 STD. – PRO STÜCK CA. 405 KCAL – 1 HALBRUNDE OFENFESTE SCHÜSSEL (18 CM Ø, CA. 8 STÜCKE)

TIRAMISU-KUPPELTORTE

1 Den Backofen auf 180° vorheizen. Die halbrunde ofenfeste Schüssel dick einfetten. Für den Teig die Eier trennen. Die Eigelbe mit dem Puderzucker schaumig schlagen. Eiweiße mit 1 Prise Salz steif schlagen, dabei den Zucker einrieseln lassen. Das Mehl zum Eigelbschaum sieben und unterrühren. Ein Drittel des Eischnees unterrühren, restlichen Eischnee behutsam unterheben.

2 Den Biskuitteig in die vorbereitete Schüssel füllen, glatt streichen und im heißen Ofen (Mitte) ca. 35 Min. backen. Herausnehmen, auf ein Kuchengitter stürzen und auskühlen lassen.

3 Für die Creme die Gelatine ca. 5 Min. in kaltem Wasser einweichen. Eier trennen. Eigelbe mit dem Puderzucker in einer Schüssel über einem heißen Wasserbad schaumig schlagen. Die Gelatine ausdrücken und im warmen Eigelbschaum auflösen, Mascarpone unterrühren. Eiweiße mit 1 Prise Salz steif schlagen, dabei den Vanillezucker einrieseln lassen. Den Eischnee behutsam unter die Mascarponecreme heben.

4 Die Biskuitkuppel waagerecht in ca. 1 ½ cm dicke Scheiben schneiden. Den Espresso mit Amaretto und Grappa verrühren, die Biskuitscheiben damit gleichmäßig beträufeln.

5 Die halbrunde Schüssel säubern und mit Frischhaltefolie auskleiden. Die Mascarponecreme abwechselnd mit den Biskuitscheiben einschichten, dabei mit einer Biskuitscheibe abschließen. Die Torte in der Schüssel mind. 3 Std. (oder auch über Nacht) kalt stellen. Zum Servieren die gekühlte Tiramisu-Kuppeltorte auf eine Platte stürzen, Frischhaltefolie abziehen und die Torte großzügig mit dem Kakao bestäuben.

ZUBEREITUNG: 45 MIN. – BACKEN: 1 STD. – PRO STÜCK CA. 550 KCAL – FÜR 1 SPRINGFORM (20 CM Ø, CA. 10 STÜCKE)

LOVE CAKE

1 Den Backofen auf 160° vorheizen, die Springfom einfetten. Für den Teig die Butter schmelzen und abkühlen lassen. Dann mit Zucker und Vanillezucker mit den Rührbesen des Handrührgeräts in 3 Min. hellcremig rühren. Eier, Mehl und Backpulver dazugeben, unterrühren. Teig in 4 Portionen teilen und jeweils mit Lebensmittelfarbe in Rot, Gelb, Grün und Blau einfärben.

2 Die bunten Teige nacheinander in die Form füllen, die oberste Schicht glatt streichen. Im Ofen (Mitte) 50–60 Min. backen. Herausnehmen, aus der Form lösen und auskühlen lassen.

3 Für die Garnitur den Puderzucker mit dem Zitronensaft zu einem dicken Guss verrühren. Den Kuchen auf ein Kuchengitter setzen und rundherum mit Zuckerguss überziehen. Die Gummischnüre der Halsketten zerschneiden und die Zuckerbonbons in eine Schüssel geben.

4 Die Kuchen-Deko wie folgt in den noch weichen Zuckerguss drücken: In der Kuchenmitte aus Zuckerbonbons ein Herz und davon ausgehend strahlenförmig bunte Bonbonreihen legen. Den Kuchenrand mit Brause-Ufos und Glühwürmchen garnieren.

FÜR DEN TEIG:
200 G BUTTER
200 G ZUCKER
1 PCK. VANILLEZUCKER
3 EIER (M)
250 G MEHL
3 TL BACKPULVER
LEBENSMITTELFARBE (ROT, GELB, GRÜN, BLAU)

FÜR DIE GARNITUR:
200 G PUDERZUCKER
SAFT VON ½ ZITRONE
3 HALSKETTEN MIT BUNTEN ZUCKERBONBONS (CA. 65 G)
1 TÜTE BRAUSE-UFOS (CA. 75 G)
1 TÜTE SAURE GLÜHWÜRMCHEN (CA. 200 G)

AUSSERDEM:
FETT FÜR DIE FORM

Unter dem Motto »Friede, Freude, Eierkuchen« fand am 1. Juli 1989 in Berlin die erste **»Loveparade«** statt. Als »friedliche Demonstration« angemeldet, war es eher eine spontan organisierte Party mit rund 150 Leuten. Daraus entwickelten sich in den Folgejahren Treffen der internationalen Techno-Szene mit bis zu 1,5 Millionen Besuchern. Auf den Straßen und **»Lovemobiles«,** den LKW mit Tanzfläche obenauf, fanden Open-Air-Raves statt. Das Partyvolk zeigte viel nackte Haut oder kombinierte Flokati-Jacken mit neonfarbenem Neoprenoutfit und war echt high: von wummerndem Techno oder dem ein oder anderen bunten Pillchen.

FUR DEN TEIG:
3 EIER (M)
200 G ZUCKER
75 ML SONNENBLUMENÖL
125 ML FANTA
200 G MEHL
2 TL BACKPULVER
FEIN ABGERIEBENE SCHALE
VON 1 BIO-ORANGE

FUR DEN BELAG:
1 DOSE MANDARINEN
(175 G ABTROPFGEWICHT)
200 G SAHNE
3 EL ZUCKER
1 PCK. SAHNEFESTIGER
200 G CRÈME FRAÎCHE

AUSSERDEM:
BACKPAPIER FÜR DIE FORM

ZUBEREITUNG: 30 MIN. – BACKEN: 25 MIN. – PRO STÜCK CA. 330 KCAL – FÜR 1 BACKBLECH (20 x 25 CM, CA. 12 STÜCKE)

FANTA-SCHNITTEN

Dieses Gebäck ist keine Hommage an Die Fantastischen Vier, die Anfang der 90er als erste Hip-Hop-Band mit deutschen Texten rappten. Auch wenn die vier Fantas inzwischen eine feste Größe sind, damals waren es vor allem Erfrischungsgetränke wie Fanta, Cola oder Pepsi, die absolut hip waren. Das Markenbewusstsein bestimmte das Sein, ganz nach dem Motto: »Sage mir, was Du trinkst, und ich sage Dir, wer Du bist.« Die Industrie und Werbung reagierten auf die starke Nachfrage und erweiterten das Angebot ständig: von Crystal Pepsi über Cherry Coke bis hin zu Fanta Pink Grapefruit – so konnte sich jeder sein eigenes Selbstbild backen: Fanta-Schnitten versus Cola-Muffins.

1 Den Backofen auf 180° vorheizen, das Backblech mit Backpapier auslegen. Für den Teig die Eier und den Zucker mit den Rührbesen des Handrührgeräts in 5 Min. schaumig schlagen. Sonnenblumenöl und Fanta dazugeben und mit ein paar Umdrehungen einrühren. Das Mehl und Backpulver dazusieben, die Orangenschale dazugeben und alles zu einem glatten Teig verrühren.

2 Den Teig auf dem Blech verteilen, glatt streichen und im Ofen (Mitte) 20–25 Min. backen. Herausnehmen und und auf einem Kuchengitter auskühlen lassen.

3 Für den Belag die Mandarinen in ein Sieb geben und abtropfen lassen. Sahne in eine Schüssel geben und kurz mit den Rührbesen des Handrührgeräts durchrühren. Zucker und Sahnefestiger dazugeben und die Sahne steif schlagen. Die Crème Fraîche vorsichtig unterheben.

4 Die Sahnemischung gleichmäßig auf dem Kuchenboden verteilen und mit den Mandarinen belegen. Den Kuchen in 12 Schnitten schneiden und auf eine Tortenplatte oder einen großen Teller setzen.

DIE 1990ER

»DER ROTE PIZZA-FADEN«

ZUBEREITUNG: 25 MIN. – RUHEN: 1 STD. – BACKEN: PRO BLECH 10 MIN. – PRO STÜCK CA. 1220 KCAL – 2 STÜCK

PIZZA MIT ZIEGENKÄSE UND PFIRSICH

1 Die Hefe mit Zucker und 75 ml lauwarmem Wasser verrühren. Das Mehl in eine Schüssel geben, in die Mitte eine Mulde drücken und das Hefewasser hineingießen. Abgedeckt 15 Min. gehen lassen. Dann mit ½ TL Salz, Öl und ca. 75 ml lauwarmem Wasser zu einem elastischen Teig verkneten. Abgedeckt 45 Min. gehen lassen.

2 Den Backofen auf 250° vorheizen. Thymian abbrausen und trocken schütteln, die Blättchen abstreifen. Die Pfefferbeeren im Mörser zerstoßen. Pancetta in kleine Würfel schneiden. Die Pfirsiche waschen, halbieren, entsteinen und in dünne Spalten schneiden. Den Ziegenkäse in kleine Flocken teilen.

3 Zwei Backbleche mit Olivenöl einfetten. Den Hefeteig nochmals kneten und halbieren. Die Hälften auf wenig Mehl zu dünnen, runden Fladen ausrollen, dabei die Ränder etwas dicker lassen. Die Fladen auf die Bleche legen und mit dem Tomatensugo bestreichen. Mit Pfirsichen, Pancetta, Ziegenkäse, Thymian und Pfeffer belegen. Mit Salz würzen.

4 Die Pizzas nacheinander im Ofen (unten) ca. 10 Min. backen. Dann die zuerst gebackene Pizza nochmals 2 Min. in den abgeschalteten Ofen schieben. Sofort servieren.

20 G FRISCHE HEFE (½ WÜRFEL)
1 TL ZUCKER
250 G MEHL
SALZ
2 EL OLIVENÖL
4 ZWEIGE THYMIAN

1 EL ROSA PFEFFERBEEREN
80 G PANCETTA (ERSATZWEISE BACON)
4 PFIRSICHE (CA. 400 G)
200 G MILDER ZIEGENFRISCHKÄSE
400 G TOMATENSUGO (AUS DEM GLAS ODER SELBST GEMACHT, SIEHE S. 42)

AUSSERDEM:
OLIVENÖL FÜR DIE BLECHE
MEHL ZUM ARBEITEN

Die Deutschen wandeln sich zu **Feinschmeckern:** Nach dem reinen Sattwerden der Nachkriegsjahre, der Begeisterung für Fast Food und gesunde (Körner-)Kost richtet sich das Interesse zusehends auf etwas exklusivere Lebensmittel und deren sachgerechte Verwendung. Wahre **Kennerschaft** ist angesagt – wieder einmal zuerst was die italienische Küche angeht: Cappuccino und Macchiato werden Kult, Olivenöl und Aceto gibt es in Fachgeschäften, Rucola wird Trendkraut und kein Menü ohne Tomate mit Mozzarella und Tiramisu. Die Pizzeria um die Ecke ist out, der »Edelitaliener« in. Nachhilfe in Sachen authentischer Länderküche gibt Soft-Talker Alfred Biolek, der die Zuschauer kulinarisch an alle Orte der Welt entführt – außer ins eigene Land. Das sollte erst Ende des Jahrzehnts neu entdeckt werden und Bärlauch den Rucola ablösen.

1990
erscheint im Gräfe und Unzer Verlag »Die echte italienische Küche« – ein Bestseller.

1994
Start der Kochsendung »Alfredissimo« mit Alfred Biolek.

1997
Die Pizza bekommt Konkurrenz: in Frankfurt eröffnet die erste Running-Sushi-Bar.

ZUBEREITUNG: 30 MIN. – KÜHLEN: 3 STD. – BACKEN: 40 MIN. –
PRO STÜCK CA. 480 KCAL – FÜR 1 SPRINGFORM (26 CM Ø, CA. 12 STÜCKE)

Retro wird Trend. In den 90ern erinnern sich die Kinder der 70er voller Sehnsucht an ihre Jugend: an Zeitschriften, TV-Serien und an Lebensmittel wie TRi TOP, Brausepulver und Liebesperlenketten. All das erlebte nun ein Revival in gleicher oder leicht abgewandelter Form. Aber auch die etwas älteren Jahrgänge blickten in eine häufig verklärte Vergangenheit: Eine (N)Ostalgiewelle machte Spreewälder Gurken oder Soljanka (wieder) populär, und gebacken wurde wie zu Großmutters Zeiten – Linzer Torte zum Beispiel. Das Interesse daran, »Was die Großmutter noch wusste« machte die gleichnamige SWR-Kochsendung mit Kathrin Rüegg zum Dauererfolg. Sie wurde während des gesamten Jahrzehnts wöchentlich ausgestrahlt.

LINZER TORTE

1 Für den Teig Mehl, Haselnüsse, Zucker, Kakao und Gewürze in eine Rührschüssel geben. Die Butter in Flöckchen, Ei und Kirschwasser dazugeben. Alles zuerst mit den Knethaken des Handrührgeräts zu groben Streuseln, dann mit den Händen rasch zu einem glatten Teig verkneten. In Frischhaltefolie gewickelt mind. 3 Std. kalt stellen.

2 Den Backofen auf 200° vorheizen, eine Springform einfetten. Drei Viertel des Teiges auf wenig Mehl etwas größer als die Form ausrollen und in die Form legen, dabei einen kleinen Rand bilden. Übrigen Teig auf wenig Mehl 5 mm dünn ausrollen und in lange Streifen schneiden.

3 Für die Füllung Johannisbeergelee oder Himbeerkonfitüre glatt rühren und auf dem Teig verstreichen. Die Teigstreifen gitterartig darauflegen. Eigelb und Milch verquirlen und das Teiggitter damit bestreichen. Den Teigrand mit den Mandelblättchen bestreuen. Die Torte im Ofen (Mitte) ca. 40 Min. backen, dann herausnehmen und auf einem Kuchengitter auskühlen lassen.

LUST AUF EINEN FARBWECHSEL? Für eine helle Linzer Torte bereiten Sie den Teig wie beschrieben zu, ersetzen aber das Kakaopulver durch 1 TL Ingwerpulver. Die Torte mit Aprikosenkonfitüre oder Orangenmarmelade füllen.

FUR DEN TEIG:
200 G MEHL
200 G GEMAHLENE HASELNUSSKERNE
200 G ZUCKER
2 EL KAKAOPULVER
1 TL ZIMTPULVER
½ TL GEMAHLENE NELKEN
200 G KALTE BUTTER
1 EI (M)
3 EL KIRSCHWASSER

FUR DIE FULLUNG UND DIE GARNITUR:
300 G ROTES JOHANNISBEERGELEE ODER HIMBEERKONFITÜRE
1 EIGELB (M)
1 EL MILCH
2 EL MANDELBLÄTTCHEN

AUSSERDEM:
FRISCHHALTEFOLIE
FETT FÜR DIE FORM
MEHL ZUM ARBEITEN

ZUBEREITUNG: 55 MIN. – KÜHLEN: 30 MIN. – BACKEN: 55 MIN. –
PRO STÜCK CA. 535 KCAL – FÜR 1 TARTEFORM (26 CM Ø, CA. 12 STÜCKE)

»Überall duftete es nach Sommer und frisch Gebackenem …«, die Dr.-Oetker-Werbung für russischen Zupfkuchen aus den frühen 90ern besitzt Kultstatus. Mit Kostümen der Jahrhundertwende, reichlich Weichzeichner und sanfter Klavieruntermalung wurde ein romantisch entrücktes Bild von Familienfreuden rund um die Kaffeetafel gezeichnet. Ja, damals in den guten alten Zeiten wurde noch richtig gebacken und gefeiert. Die gestresste Hausfrau der 90er durfte dann aber zum Glück zumindest auf die mit diesen Bildern beworbene Fertigbackmischung zurückgreifen. Jetzt und heute backen wir aber lieber das Original …

RUSSISCHER ZUPFKUCHEN

1 Für den Teig Mehl, Backpulver, Kakao und 1 kräftige Prise Salz mischen und auf die Arbeitsfläche häufen. In die Mitte eine Mulde drücken und Zucker und Ei hineingeben. Die Butter in Flöckchen auf dem Rand verteilen. Alle Teigzutaten vom Rand aus rasch zu einem geschmeidigen Teig verkneten. Den Teig in Folie gewickelt 30 Min. kalt stellen.

2 Für die Quarkmasse die Butter schmelzen und abkühlen lassen. Die Eier trennen. Eigelbe mit Quark, 100 g Zucker, Vanillezucker, Puddingpulver und Zitronenschale verrühren. Die lauwarme Butter unterrühren. Die Eiweiße mit dem restlichen Zucker zu einem dickcremigen Eischnee schlagen und behutsam unterheben.

3 Backofen auf 180° vorheizen, eine Tarteform einfetten. Zwei Drittel des Mürbeteigs auf wenig Mehl rund ausrollen und in die Form legen, dabei einen Rand hochziehen. Die Quarkmasse einfüllen. Den restlichen Teig mit den Händen klein zupfen und auf der Quarkmasse verteilen.

4 Den Kuchen im Ofen (unten) 50–55 Min. backen. Herausnehmen und ca. 30 Min. in der Form abkühlen lassen, dann den Kuchen aus der Form lösen und auf einem Kuchengitter vollständig auskühlen lassen.

FÜR DEN TEIG:
375 G MEHL
2 TL BACKPULVER
35 G KAKAOPULVER
SALZ
200 G ZUCKER
1 EI (M)
200 G KALTE BUTTER

FÜR DIE QUARKMASSE:
150 G BUTTER
3 EIER (M)
500 G MAGERQUARK
150 G ZUCKER
1 PCK. BOURBON-VANILLEZUCKER
1 PCK. VANILLEPUDDING-PULVER
1 TL FEIN ABGERIEBENE BIO-ZITRONENSCHALE

AUSSERDEM:
FRISCHHALTEFOLIE
FETT FÜR DIE FORM
MEHL ZUM ARBEITEN

ZUBEREITUNG: 25 MIN. – BACKEN: 1 STD. – PRO STÜCK CA. 285 KCAL – FÜR 1 KASTENFORM (30 CM LÄNGE, CA. 16 STÜCKE)

Nach Cocktails, angesagten »Alkopops« und »Breezern« in den 80ern endecken die Deutschen langsam auch Wein neu: Statt Chianti in Literflaschen waren feine Winzerweine im Kommen – auch aus deutschen Landen.

ROTWEIN-KUCHEN

1 Den Backofen auf 180° vorheizen, eine Kastenform einfetten. Die Schokolade nicht zu fein reiben.

2 Die Butter mit Zucker, Vanillezucker und Eiern mit den Rührbesen des Handrührgeräts hellcremig rühren. Mehl mit Backpulver, Zimt und Kakao mischen. Mehlmischung und Wein nach und nach unter die Eiercreme rühren, zum Schluss die Schokolade unterheben.

3 Den Teig in die Form füllen und glatt streichen. Im Ofen (Mitte) ca. 1 Std. backen. Herausnehmen und kurz abkühlen lassen, dann den Rotweinkuchen auf eine Kuchenplatte stürzen. Auskühlen lassen und dick mit Puderzucker bestäuben.

NOCH EIN WENIG MEHR ROTWEINAROMA bekommt dieser saftige Kuchen, wenn man ihn mit einem Guss aus 150 g Puderzucker und 3 EL Rotwein überzieht. Wer möchte, kann auch anstatt der Zartbitter-Schokolade, die man reiben muss, 100 g fertige Schokostreusel unter den Teig rühren – das spart Zeit.

100 G ZARTBITTER-SCHOKOLADE
250 G WEICHE BUTTER
200 G ZUCKER
1 PCK. VANILLEZUCKER
4 EIER (M)
250 G MEHL
1 TL BACKPULVER
1 TL ZIMTPULVER
1 TL KAKAOPULVER
125 ML ROTWEIN

AUSSERDEM:
FETT FÜR DIE FORM
PUDERZUCKER ZUM BESTÄUBEN

ZUBEREITUNG: 25 MIN. – BACKEN: 50 MIN. – PRO STÜCK CA. 245 KCAL – FÜR 1 KRANZFORM (2 L INHALT, CA. 20 STÜCKE)

ESPRESSO-KAFFEEKRANZ

1 Den Backofen auf 200° vorheizen, eine Kranzform gründlich einfetten. Die Eier mit dem Zucker mit den Rührbesen des Handrührgeräts dickschaumig schlagen. Das Öl, 200 ml Espresso, Mandeln, Schokoraspel, Kardamom und Orangenschale unterrühren. Mehl und Backpulver mischen, dazugeben und ebenfalls unterrühren.

2 Den Teig in die Form füllen und glatt streichen. Im Ofen (unten) ca. 50 Min. backen. Herausnehmen und kurz abkühlen lassen, dann den Kaffeekranz auf eine Kuchenplatte stürzen. Auskühlen lassen.

3 Den Puderzucker sieben und mit dem übrigen Espresso zu einem glatten Guss verrühren. Den Kuchen mit dem Guss überziehen und mit den Schokobohnen garnieren.

AUCH NICHT SCHLECHT: SCHOKO- STATT PUDERZUCKERGUSS. Dafür 75 g Butter, 1 TL Honig und 100 g gehackte Zartbitter-Schokolade in einer (Metall-)Schüssel über dem heißen Wasserbad schmelzen, lauwarm abkühlen lassen. Den Kuchen mit dem Guss überziehen.

4 EIER (M)
250 G ZUCKER
200 ML ÖL
240 ML KALTER ESPRESSO
100 G GEHACKTE MANDELN
50 G SCHOKORASPEL
1 PRISE GEMAHLENER KARDAMOM
FEIN ABGERIEBENE SCHALE VON 1 BIO-ORANGE
300 G MEHL
1 PCK. BACKPULVER
150 G PUDERZUCKER

AUSSERDEM:
FETT FÜR DIE FORM
SCHOKOBOHNEN ZUM GARNIEREN

BROTBACKAUTOMAT – EINSTELLUNG: NORMAL / HELLE BRÄUNUNG – TIMER: NEIN – PRO SCHEIBE CA. 230 KCAL – 1 BROT (CA. 10 SCHEIBEN BEI 750G)

ROSINEN-ZIMT-BROT

Trotz Retrowelle und der neu entdeckten Lust am Kochen und Backen: die Zahl der Fertigbackmischungen und Fertigkuchen stieg ebenso wie die der Mikrowellen. Ihr täglich Brot kauften immer mehr Deutsche preisgünstig in den explosionsartig sich ausbreitenden Bäckereiketten. Wer würde da auf die Idee kommen, noch selbst zu backen? Die Japaner! Ausgerechnet im Land der aufgehenden Sonne kam Ende der 80er der erste Brotbackautomat auf den Markt. Die clevere Idee, alle Zutaten in eine Maschine zu geben, die selbstständig knetet und backt, war so genial, dass sie Anfang der 90er auch in Deutschland Fuß fasste.

1 Die Zutaten bereitstellen. Nacheinander Wasser, Zucker, Salz, Zimt, Butter, Mehl und die Trockenhefe in den Teigbehälter des Brotbackautomaten geben. Bitte die Bedienungsanleitung des Geräts beachten. Zum Abmessen eine Tasse mit 240 ml Fassungsvermögen verwenden.

2 Das Programm auf »Normal« (oder alternativ auf »Süßes Brot«) und »Helle Bräunung« stellen. Die Rosinen ca. 30 Min. nach Programmstart oder nach dem Signalton hinzufügen.

3 Das fertige Rosinen-Zimt-Brot aus dem Automaten nehmen und auskühlen lassen. Damit es fürs Toasten schön feucht bleibt, immer in einer Plastiktüte aufbewahren.

ES DARF GETAUSCHT UND ERGÄNZT WERDEN: Sie können den Zucker durch Honig ersetzen und anstatt der Rosinen andere Trockenfrüchte, wie z. B. klein gewürfelte Aprikosen oder Feigen, verwenden. Zusätzlich gerne auch einmal 2 (3 ½) EL Mandelblättchen, Mohn, Weizenkeime, Haferflocken oder Sesam mit in den Teig geben.

TIMEREINSATZ IST MÖGLICH, wenn die Rosinen gleich zu Anfang mit in den Teigbehälter gegeben werden – die Rührschaufel rührt dann jedoch die Rosinen in winzige Stücke.

ZUTATEN FÜR 750 G:
1 ½ TASSEN WASSER
2 EL ZUCKER
1 ½ TL SALZ
2 TL ZIMTPULVER
2 EL WEICHE BUTTER
3 ½ TASSEN WEIZENMEHL (TYPE 550)
1 ½ TL TROCKENHEFE
¾ TASSE ROSINEN

ZUTATEN FÜR 1500 G:
2 ¼ TASSEN WASSER
3 ½ EL ZUCKER
2 ¼ TL SALZ
3 TL ZIMTPULVER
3 EL WEICHE BUTTER
5 TASSEN WEIZENMEHL (TYPE 550)
2 ½ TL TROCKENHEFE
1 TASSE ROSINEN

1 DOSE ANANASSTÜCKE
(CA. 340 G ABTROPFGEWICHT)
80 G ROTE CHILISCHOTEN
100 G KOKOSRASPEL
50 G BUTTER

2 ½ EL ZUCKER
42 G FRISCHE HEFE (1 WÜRFEL)
500 G WEIZENMEHL (TYPE 550)
2 TL SALZ

AUSSERDEM:
MEHL ZUM ARBEITEN
FETT FÜR DIE FORM

ZUBEREITUNG: 40 MIN. – RUHEN: 1 STD. 10 MIN. – BACKEN: 45 MIN. –
PRO SCHEIBE CA. 130 KCAL – FÜR 1 KASTENFORM (35 CM LÄNGE, CA. 25 SCHEIBEN)

ANANAS-CHILI-STUTEN

Lieber Pasta, Sushi oder Sauerbraten? Diese Frage stellte sich in den 90ern ganz neu: Man lernte nicht nur die Finessen der einzelnen Küchen dank fortschreitender Globalisierung immer besser kennen. Auch die eigenen kulinarischen Wurzeln rückten – nicht zuletzt dank zahlreicher TV-Köche – wieder ins Zentrum des aktuellen Interesses am eigenen Herd. Kaum fing man an, sich hie und da besser auszukennen, schon mixte man ganz wild: Fusions- oder Crossover-Küche nannte sich das. Mit ihr eröffneten sich völlig neue Aromawelten, und die letzten Geschmacksgrenzen fielen: Sauerbraten mit Ingwer, Crème brûlée mit Zitronengras oder eben Hefegebäck mit Chili und Ananas – nicht alles schmeckt, aber letzteres garantiert!

1. Ananasstücke in ein Sieb abgießen, dabei den Saft auffangen. Ananas abtropfen lassen und etwas kleiner schneiden. Den Saft mit Wasser auf 320 ml auffüllen. Chilischoten putzen, längs halbieren und die Kerne herauskratzen. Schoten waschen und sehr fein hacken.

2. Die Kokosraspel in einer kleinen Pfanne ohne Fett bei mittlerer Hitze rösten, bis sie leicht zu bräunen beginnen, dann in eine Schüssel geben und auskühlen lassen. Butter in der Pfanne schmelzen. Darin die Chilis bei mittlerer Hitze unter Rühren 2 Min. andünsten. Zucker dazugeben und erhitzen, bis er schmilzt. Vom Herd nehmen und abkühlen lassen.

3. Hefe in eine Rührschüssel bröckeln, mit Ananassaft und Kokosraspeln verrühren und 15 Min. gehen lassen. Dann das Mehl und Salz in die Schüssel geben und alles 8–10 Min. mit den Knethaken des Handrührgeräts durchkneten (4 Min. auf kleiner Stufe, dann 4 Min. auf hoher Stufe). Ananas und Chilis dazugeben und gut unterarbeiten. Den Teig zugedeckt 15 Min. an einem warmen Ort gehen lassen.

4. Den Teig auf einer gut bemehlte Arbeitsfläche durchkneten. Abdecken und 10 Min. gehen lassen, inzwischen die Form einfetten. Dann den Teig in die Form geben und abgedeckt weitere 30 Min. gehen lassen.

5. Den Backofen auf 220° vorheizen (Umluft nicht empfehlenswert!), dabei eine mit Wasser gefüllte ofenfeste Schüssel miterhitzen. Die Schüssel herausnehmen, die Form zügig in den Ofen (Mitte) schieben und den Teig 10 Min. backen. Dann die Temperatur auf 200° reduzieren und den Stuten in ca. 35 Min. goldbraun fertig backen.

DIE 2000ER

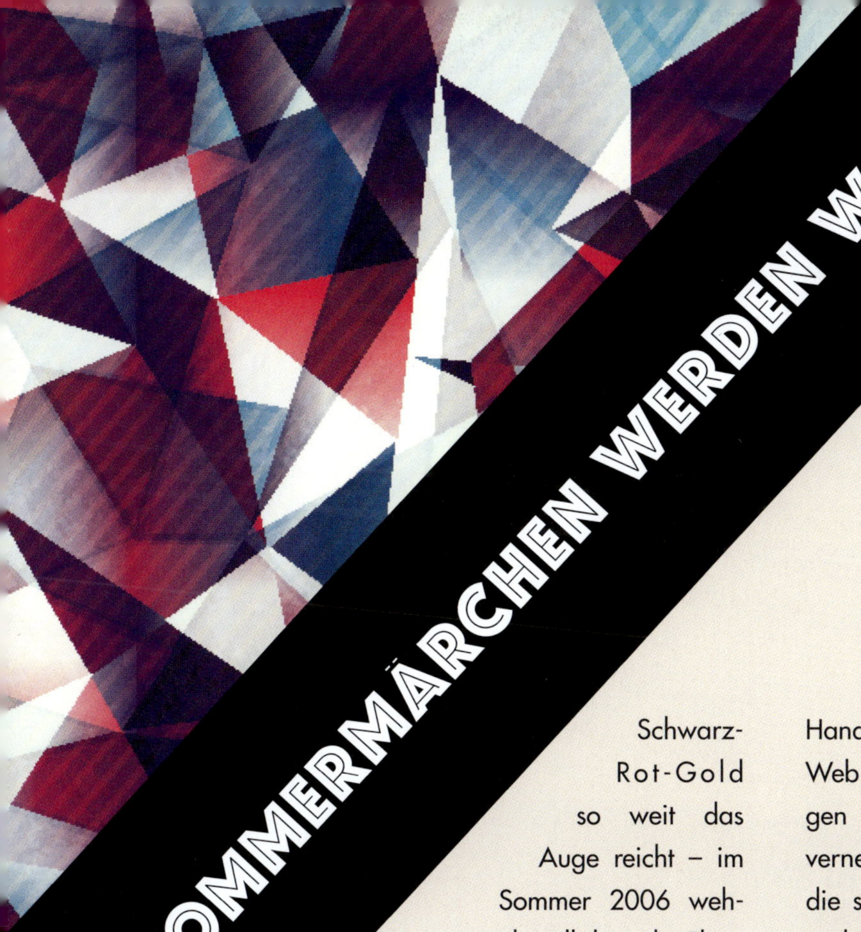

SOMMERMÄRCHEN WERDEN WAHR

Schwarz-Rot-Gold so weit das Auge reicht – im Sommer 2006 wehten überall deutsche Flaggen. Aus Fenstern, an Autos und natürlich auf öffentlichen Plätzen beim erstmals in großem Stil organisierten Public Viewing. Die Fußballweltmeisterschaft im eigenen Land elektrisierte die Deutschen. Obwohl es nur zum dritten Platz reichte, schien nun endlich der Ruck durch Deutschland zu gehen, den Roman Herzog in seiner Berliner Rede 1997 gefordert hatte.

Mit erstaunlich offenen Worten hatte der damalige Bundespräsident dazu aufgerufen, das »Gefühl der Lähmung« zu überwinden und den Anforderungen der Zeit mit mehr Mut entgegenzutreten. Doch auch der Wechsel ins neue Jahrtausend brachte zunächst keine Wende der depressiven Grundstimmung. Im Gegenteil, durch das Platzen der sogenannten Dotcom-Blase im März 2000 verloren weltweit nicht nur viele Kleinanleger ihre Ersparnisse. Man blickte misstrauisch auf die neuen Technologien, auf die zunächst so begeistert gesetzt worden war.

Handys für jedermann, mobile Computer und das Web 2.0 boten zwar unendlich viele Chancen, bargen aber auch unabsehbare Gefahren. Weltweit vernetzt verfolgte man ohnmächtig Katastrophen, die sich fernab ereigneten, und fühlte sich einsam und verloren im globalen Dorf: Bilder des brennenden World Trade Centers (2001) oder der verheerenden Tsunamikatastrophe (2004) setzten sich unauslöschlich im Gedächtnis fest.

Doch das euphorisch-leichte Feeling des Fußballsommers hielt an. Die Deutschen krochen aus ihren bequemen Cocooning-Nischen, und beim kollektiven Jubeln überwanden Ossis und Wessis nun endlich auch die sprichwörtliche Mauer in ihren Köpfen. Man stellte sich seinen Aufgaben: Weite Teile der unpopulären Agenda 2010 zur Ankurbelung der Wirtschaft wurden umgesetzt. Und auch sonst wurde man mutig, etwa als Kandidat in den immer populärer werdenden Castingshows, bei denen sich (fast) ganz Deutschland auf die Suche nach dem nächsten Superstar oder Topmodel machte. Oder bei Kochshows. Hier traten Köche gegen Kollegen, Amateure gegen Profis oder andere Hobbyköche an, frei nach dem Motto: Wer nicht backt, der nicht gewinnt.

DEUTSCHLAND, EIN SOMMERMÄRCHEN – DIE WM IM EIGENEN LAND LIESS DIE DEUTSCHEN IHRE LYRISCHE ADER ENTDECKEN. NEBEN DER ANLEIHE BEI HEINRICH HEINES »WINTERMÄRCHEN« GRIFF AUCH HERBERT GRÖNEMEYER MIT SEINER OFFIZIELLEN FIFA-HYMNE »ZEIT, DASS SICH WAS DREHT« AUF RILKES »HERBSTTAG« ZURÜCK: »WER SICH JETZT NICHT REGT, WIRD EWIG WARTEN.«

Schlicht DSDS und GNTM nennen Fans die beiden Casting-Fernsehshows, die seit **2002** bzw. **2006** ununterbrochen laufen. Egal ob Superstar oder Topmodel, wer teilnimmt, muss hart im Nehmen sein. »Drama, Baby, Drama«, forderte Ex-Jury-Mitglied Bruce Darnell in »Germany's Next Topmodel« von seinen Kandidatinnen – als Motto sicher für beide Formate passend: GNTM-Chefin Heidi Klum verlegt den Catwalk gern mal auf laufende Kofferförderbänder oder lässt zwischen zwei Skyscrapern balancieren, und Chef-Juror Dieter Bohlen von »Deutschland sucht den Superstar« ätzt mit dem ihm ganz eigenen Humor: »Dein Talent hat geglänzt – leider durch Abwesenheit.«

»Deutschland ist Papst« titelte die »Bild-Zeitung« nach der Wahl von Kardinal Joseph Ratzinger zum neuen Papst Benedikt XVI. Und als die Nationalelf den WM-Titel dann leider doch nicht packte, erklärte das Blatt sie immerhin umgehend zum »Weltmeister der Herzen«.

Die Story der US-Serie »Sex and the City« schien nebensächlich. Als die Sendung ab Herbst **2001** hierzulande ausgestrahlt wurde, interessierte deutsche Frauen vor allem eins: Neben pikanten Details aus den Schlafzimmern war in erster Linie der Blick in deren Kleiderschrank von Interesse – Schmuck, teure Markenbekleidung, die neuesten High Heels. Jeder Luxusfummel, in dem Carrie und ihre Freundinnen Cosmopolitan schlürften, war am nächsten Tag der letzte Schrei – genau wie der Cocktail.

YES WE CAN

*Historischer Wandel: Mit Angela Merkel wird **2005** erstmals eine Frau Bundeskanzlerin, und **2008** wählen die Amerikaner mit Barak Obama den ersten Schwarzen zu ihrem Präsidenten.*

Schlangen vor Buchläden, wer hätte das in Zeiten wachsender Digitalisierung erwartet? Der Autorin Joanne K. Rowling gelang mit ihren Harry-Potter-Romanen ein Jahrhundertcoup – nicht zuletzt durch deren Verfilmungen von **2001–2011.**

Auch Kochbücher werden Bestseller: Ausgerechnet ein Grundkochbuch zeigt, dass Vor-dem-Herd-Stehen hip und trendy ist. **1999** erschien »Basic cooking« und verkaufte sich so gut, dass zig Folgebände erschienen, so etwa gleich im Frühjahr **2000** »Basic baking«.

2002 KAM ENDGÜLTIG DER EURO. BEREITS ENDE **2001** GAB ES FÜR 20 D-MARK EIN »STARTERKIT« MIT 20 MÜNZEN IM WERT VON 10,23 EURO. NACH DEM JAHRESWECHSEL WURDEN ALLE GUTHABEN ZUM WECHSELKURS VON 2 : 1 UMGEWANDELT. DIE MARK HATTE AUSGEDIENT – WOBEI BIS HEUTE SCHEINE UND GROSCHEN IM WERT VON WEIT ÜBER 6 MILLIARDEN EURO NOCH NICHT UMGETAUSCHT WURDEN.

Ab **2000** fand Kuscheln nicht mehr nur in den heimischen vier Wänden statt. In der Fernsehshow »Big Brother« zogen erstmals Kandidaten in den Wohncontainer: »public cocooning« vor laufender Kamera. Die Scheu, Persönliches öffentlich zu machen, fällt immer mehr. Wie nicht zuletzt auch der Erfolg des **2004** gegründeten sozialen Netzwerks Facebook beweist.

*Sauerbraten – 2 Punkte, Schokotörtchen – 10 Punkte: im Vox-Format »Das perfekte Dinner« stellen sich seit **2006** werktags fünf Hobbyköche dem harten Urteil ihrer Mitstreiter – wer kocht und backt am besten? Am Sonntag ist dann richtig Showtime angesagt, wenn Promis und Sternchen im eigenen Heim den perfekten Gastgeber mimen.*

ZUBEREITUNG: 1 STD. 30 MIN. – BACKEN: 12 MIN. – KÜHLEN: 4 STD. – PRO STÜCK CA. 360 KCAL – FÜR 1 SPRINGFORM (24 CM Ø, CA. 10 STÜCKE)

GRÜNE APFELTORTE

In den wilden Seventies dufteten Hippie-Haare nach Sommer, Freiheit und Apfelblüten: Das Shampoo in der quietschgrünen Flasche war der Hit und erlebte zahllose Revivals – genau wie sein extremes Granny-Smith-Aroma. Hätte man damals diese Torte gebacken, wäre garantiert einfach künstliches Apfelaroma in Teig und Füllung gewandert. 30 Jahre später machte man es genau umgekehrt: aus Natürlichem wird ein aufwendiges (Back-)Kunstwerk geschaffen. Mit der augenzwinkernden Rückschau in die Vergangenheit, etwas mehr Küchen-Know-how und einer Vielfalt an verfügbaren Zutaten entsteht eine kunstvolle Tortenkreation.

1 Backofen auf 180° vorheizen, Boden der Form mit Backpapier auslegen. Für den Teig die Eier trennen. Eiweiße mit 1 Prise Salz steif schlagen. Butter mit Puderzucker und Zimt hellcremig rühren. Nacheinander die Eigelbe unterrühren, dann den Eischnee abwechselnd mit dem Mehl. Den Teig ca. 1 cm dick in der Form verteilen, glatt streichen und im heißen Ofen (Mitte) in ca. 12 Min. goldbraun backen. Aus dem Ofen nehmen und in der Form abkühlen lassen.

2 Für die Creme Gelatine ca. 5 Min. in kaltem Wasser einweichen, dann ausdrücken und in einer Schüssel in 2 EL Crème fraîche über einem heißen Wasserbad auflösen. Restliche Crème fraîche unterrühren. Die Eiweiße mit 1 Prise Salz steif schlagen, dabei den Zucker einrieseln lassen. Eischnee behutsam unter die Crème fraîche heben. Mousse auf den gebackenen Boden gießen, glatt streichen und 1 Std. kalt stellen.

3 Für das Gelee Zucker mit 150 ml Wasser in einem Topf verrühren und ca. 5 Min. bei mittlerer Hitze leise kochen, dann auskühlen lassen. Äpfel waschen und schälen, Apfelschalen klein schneiden, Äpfel vierteln und entkernen. Ein Drittel der Äpfel mit Apfelschalen, Zuckersirup, Zitronensaft und Vitamin-C-Pulver in einem Mixer oder mit dem Pürierstab in 2–3 Min. fein pürieren. Das Püree soll eine leuchtend grüne Farbe haben.

4 Übrige Äpfel winzig klein würfeln, auf der Mousse verteilen. Gelatine einweichen, ausdrücken und in 2 EL Apfelpüree über einem heißen Wasserbad auflösen. Restliches Püree unterrühren und das Gelee gleichmäßig über die Apfelwürfelchen auf die Mousse gießen. Torte bis zum Servieren 2–3 Std. kalt stellen und das Gelee schnittfest werden lassen.

FÜR DEN TEIG:
2 EIER (M)
SALZ
100 G WEICHE BUTTER
50 G PUDERZUCKER
1 TL ZIMTPULVER
100 G MEHL

FÜR DIE CREME:
4 BLATT WEISSE GELATINE
400 G CRÈME FRAÎCHE
2 EIWEISS (M, GANZ FRISCH!)
SALZ
50 G ZUCKER

FÜR DAS GELEE:
80 G ZUCKER
2 SÄUERLICHE GRÜNE ÄPFEL
(Z. B. GRANNY SMITH)
SAFT VON 1 ZITRONE
½ TL VITAMIN-C-PULVER
(ASCORBINSÄURE)
4 BLATT WEISSE GELATINE

AUSSERDEM:
BACKPAPIER FÜR DIE FORM

ZUBEREITUNG: 50 MIN. – BACKEN: 20 MIN. – PRO STÜCK CA. 365 KCAL – FÜR 1 SPRINGFORM (24 CM Ø, CA. 12 STÜCKE)

Wie in der bildenden Kunst oder in der Musik wird auch in Backstuben gesampelt, dekonstruiert und neu gemixt, möglichst mit einem Quäntchen Spaß und Ironie. »Anything goes«: Törtchen, die Sushiröllchen imitieren, Cupcakes, die nach einem Cocktail schmecken, oder ein alles andere als profaner Apfelkuchen, dessen Vorbild ein Shampoo ist. Das alles sind Dinge, um vor allem einem Zweck zu heiligen: Man will beeindrucken. Anstatt wie früher einfach nur einen Kuchen zu backen, wird nun wahre Backkunst zelebriert und kreiert: Meisterwerke, die toll aussehen und voller Zutaten stecken, die einen erlesenen Geschmack beweisen wie etwa Litschis, Rosenblütenblätter und -wasser.

LITSCHI-ROSEN-TORTE

1 Den Backofen auf 140° (Umluft verwenden!) vorheizen. Mithilfe der Springform auf drei Bögen Backpapier jeweils einen Kreis zeichnen und jeden Bogen auf ein Backblech legen.

2 Für das Baiser die Eiweiße mit Rote-Bete-Saft, Rosenblütenwasser und 1 Prise Salz mit den Rührbesen des Handrührgeräts steif schlagen. Den Puderzucker daraufsieben, die Mandeln darüberstreuen und beides mit einem Teigspatel vorsichtig unter den Eischnee ziehen. Baiser in den Spritzbeutel füllen und kreisförmig auf das Backpapier spritzen. Alle drei Böden gleichzeitig im heißen Ofen ca. 20 Min. backen. Die Böden sollten trocken sein, sich aber noch etwas elastisch anfühlen. Herausnehmen, umgekehrt auf ein Kuchengitter legen und das Papier abziehen.

3 Für die Füllung die Litschis schälen, entsteinen, klein schneiden und in einem Sieb abtropfen lassen. Die Himbeeren verlesen. Die Sahne mit Sahnefestiger und dem Puderzucker steif schlagen.

4 Auf eine Tortenplatte 1 Baiserboden geben und mit dem Springformrand umschließen. Den Boden mit der Hälfte der Sahne bestreichen und die Hälfte der Litschis und der Himbeeren darauf verteilen. Den zweiten Baiserboden daraufsetzen, Vorgang wiederholen und mit dem letzten Baiserboden abschließen. Den Springformrand entfernen. Die Torte mit den Rosenblütenblättern und eventuell Himbeeren belegen, mit Puderzucker bestäuben und sofort servieren. Die Torte am besten mit einem elektrischen Messer schneiden.

FÜR DAS BAISER:
5 EIWEISS (M)
4 EL ROTE-BETE-SAFT
4 TL ROSENBLÜTENWASSER (APOTHEKE)
SALZ
250 G PUDERZUCKER
225 G GEMAHLENE MANDELN

FÜR DIE FÜLLUNG:
500 G LITSCHIS (ERSATZWEISE 2 DOSEN LITSCHIS À 225 G ABTROPFGEWICHT)
250 G HIMBEEREN
400 G SAHNE
2 PCK. SAHNEFESTIGER
2 EL PUDERZUCKER

FÜR DIE GARNITUR:
ROSENBLÜTENBLÄTTER VON 2 UNGESPRITZTEN ROSEN
HIMBEEREN (NACH BELIEBEN)

AUSSERDEM:
BACKPAPIER FÜR DIE BLECHE
SPRITZBEUTEL MIT GROSSER LOCHTÜLLE
PUDERZUCKER ZUM BESTÄUBEN

ZUBEREITUNG: 2 STD. – BACKEN: 50 MIN. – RUHEN: 12 STD. – KÜHLEN: 2 STD. – PRO STÜCK CA. 380 KCAL – FÜR 1 SPRINGFORM (24 CM Ø, CA. 16 STÜCKE)

CHAMPAGNER-TORTE

1 Am Vortag Backofen auf 175° vorheizen, Boden der Springform einfetten. 50 g Butter schmelzen. Die Eier trennen, 4 Eigelbe mit 100 g Zucker und 1 Pck. Vanillezucker schaumig schlagen. 4 Eiweiße steif schlagen, mit 100 g Mehl, Stärke und Backpulver unter die Eigelbcreme heben, die flüssige Butter unterziehen. Teig in die Form füllen, im Ofen (Mitte) ca. 30 Min. backen. Biskuit auf ein Kuchengitter stürzen, über Nacht ruhen lassen, waagerecht halbieren.

2 Übriges Mehl auf die Arbeitsfläche häufen, übrige Teigzutaten dazugeben. Alles rasch zu einem glatten Mürbeteig verkneten. Diesen in Frischhaltefolie gewickelt 30 Min. kalt stellen. Backofen auf 200° vorheizen. Teig auf wenig Mehl ausrollen und den Boden der Form damit belegen. Den Teig mehrmals mit einer Gabel einstechen und im Ofen (Mitte) ca. 20 Min. backen.

3 Für die Füllung Gelatine 10 Min. in kaltem Wasser einweichen. Eigelbe mit Zucker, Zitronensaft und Champagner über dem heißen Wasserbad schaumig schlagen. Die Gelatine ausdrücken, bei kleiner Hitze unter Rühren auflösen und 2 EL warme Eigelbcreme unterrühren. Die restliche Creme unterziehen. Creme kalt stellen, bis sie halbfest ist. Sahne steif schlagen und unterheben.

4 Mürbeteig mit Marmelade bestreichen, Tortenring um den Boden stellen. Eine Biskuithälfte darauflegen und mit der Hälfte der Creme bestreichen. Die zweite Biskuithälfte auflegen und mit der übrigen Creme bedecken. Die Torte ca. 2 Std. kalt stellen, dann den Tortenring entfernen. Marzipan mit Puderzucker und Pistazien verkneten und zu einem Streifen (70 × 8 cm) ausrollen. Marzipanstreifen um die Torte legen und andrücken. Die Baisers in Stückchen brechen und die Torte damit bestreuen, dann mit Puderzucker bestäuben.

FÜR DIE TEIGE:
150 G KALTE BUTTER
4 EIER (M) – 130 G ZUCKER
2 PCK. VANILLEZUCKER
200 G MEHL – 75 G SPEISESTÄRKE
1 TL BACKPULVER – 1 EIGELB (M)

FÜR DIE FÜLLUNG:
8 BLATT WEISSE GELATINE
4 EIGELB (M)
3 EL ZUCKER
2 EL ZITRONENSAFT
200 ML CHAMPAGNER
250 G SAHNE
3 EL ZITRONENMARMELADE

FÜR DIE GARNITUR:
150 G MARZIPANROHMASSE
100 G PUDERZUCKER
25 G GEMAHLENE PISTAZIEN
2 BAISERS (50 G)
1 EL PUDERZUCKER

AUSSERDEM:
FETT FÜR DIE FORM
FRISCHHALTEFOLIE
MEHL ZUM ARBEITEN
TORTENRING

Auf die **Champagnerlaune** der Jahrtausendwende folgte Katerstimmung: Das Platzen der Dotcom-Blase bremste nicht nur den grenzenlosen Optimismus – durch die politisch verordneten rigorosen Sparmaßnahmen und drastischen Kürzungen im Sozialen hieß es nun »den Gürtel enger schnallen«. Doch die Not wurde prompt zur größten Tugend erklärt. Nun hieß es nicht nur »Geiz ist geil«, **vielmehr war lustvolle Askese** angesagt: Man gönnte sich nur wenig, dafür aber Besonderes, am besten in winzigen Portiönchen. Sushi, Fingerfood, Mini-Süppchen im Schnapsglas, Törtchen – alles klein, aber dafür richtig fein. Prosecco gab es nicht mehr kübelweise, dafür ab und an ein Glas Champagner, das sich auch mal in einer Torte versteckte. Prost, wohl bekomm's und auf bessere Zeiten!

FÜR DEN TEIG:
4 EIER (M)
2 EIGELB (M)
150 G ZUCKER
SALZ
3 EL RAPSÖL
3 EL MILCH
140 G MEHL
25 G KAKAOPULVER
2 TL BACKPULVER

FÜR DIE CREME:
200 G ZARTBITTER-KUVERTÜRE
100 G VOLLMILCH-KUVERTÜRE
100 G BUTTER
500 G SAHNE

FÜR DIE GARNITUR:
2 TL KAKAOPULVER
200 G ZARTBITTER-KUVERTÜRE

AUSSERDEM:
BACKPAPIER FÜR DIE FORM
FRISCHHALTEFOLIE

ZUBEREITUNG: 1 STD. 10 MIN. – BACKEN: 30 MIN. – KÜHLEN: 12 STD. –
PRO STÜCK CA. 560 KCAL – FÜR 1 SPRINGFORM (26 CM Ø, CA. 12 STÜCKE)

SCHOKOTORTE

1 Am Vortag für den Teig den Backofen auf 200° vorheizen. Den Boden der Springform mit Backpapier auslegen. Eier, Eigelbe, Zucker und 1 Prise Salz in einer Schüssel mit den Rührbesen des Handrührgeräts schaumig schlagen. Öl und Milch unterrühren. Das Mehl mit Kakao und Backpulver mischen, auf den Eischaum sieben und unterheben. Die Masse in die Form füllen, glatt streichen und im heißen Backofen (Mitte) ca. 30 Min. backen. Aus dem Ofen nehmen und den Biskuitboden in der Form abkühlen lassen.

2 Ebenfalls am Vortag für die Creme beide Kuvertüresorten hacken und mit Butter und Sahne in einem Topf bei kleiner Hitze unter Rühren schmelzen. In eine Schüssel umfülllen und direkt auf der Oberfläche mit Frischhaltefolie abdecken, damit sich keine Haut bilden kann. Abkühlen lassen und über Nacht kalt stellen.

3 Am nächsten Tag den Biskuit aus der Form lösen und einmal waagerecht durchschneiden. Den unteren Boden auf eine Kuchenplatte legen. Die Schokoladensahne mit den Rührbesen des Handrührgeräts nur ganz kurz dick-cremig aufschlagen. Die Hälfte der Creme auf den unteren Biskuit streichen, den oberen Boden darauflegen. Oberseite und Rand der Torte mit der übrigen Creme bestreichen.

4 Für die Garnitur die Torte mit Kakaopulver bestreuen. Die Kuvertüre an der Unterseite mit einem Föhn leicht erwärmen und, sobald sie glänzt, mit einem Sparschäler Locken abschälen. So fortfahren, bis die Hälfte der Kuvertüre zu Röllchen geformt ist (die übrige Kuvertüre anderweitig verwenden). Die Locken fest werden lassen und die Torte damit verzieren. Die Schokotorte locker mit Frischhaltefolie bedeckt kalt stellen.

ZUBEREITUNG: 1 STD. 30 MIN. – BACKEN: 10 MIN. – KÜHLEN: 1 STD. 15 MIN. – BEI 48 STÜCK PRO STÜCK CA. 55 KCAL – FÜR 36–48 STÜCK

Japans kleine Reisröllchen sind nach der Pizza inzwischen der Deutschen liebstes Fast Food. Nicht mehr nur in stylischen Sushi-Bars, sondern auch in den Frischetheken von Supermärkten und Discountern sind Maki & Co. nun zu finden. Sushi entsprachen perfekt dem Geist der 2000er: frisches, kunstvoll geformtes Mini-Food aus Asien mit wenig Kalorien. Die gute alte Biskuitroulade mit Marmelade oder üppig Sahne hatte ab sofort ausgedient. An deren Stelle rückten apart geformte süße Reisteilchen mit schlankem Obst. Da darf es ruhig mal eines mehr sein!

SUSHI-OBST-TÖRTCHEN

1 Für die Füllung Reis in einem Topf mit 150 ml kaltem Wasser, Kokosmilch und Zucker aufkochen und ca. 1 Min. sprudelnd kochen lassen, dann bei kleiner Hitze zugedeckt 15–20 Min. garen, dabei immer wieder durchrühren. Inzwischen Gelatine 5 Min. in kaltem Wasser einweichen. 25 ml Wein erhitzen, Gelatine ausdrücken und darin auflösen. Reis in eine große flache Schale füllen, Gelatine untermischen, abkühlen lassen.

2 Für den Teig Backofen auf 200° vorheizen, Backblech mit Backpapier auslegen. Die Eier trennen. Eigelbe mit 2 EL Zucker schaumig schlagen. Eiweiße mit restlichem Zucker und 1 Prise Salz steif schlagen. Mehl und Stärke mischen und zum Eigelbschaum sieben. Ein Drittel des Eischnees hinzufügen und unterrühren, restlichen Eischnee behutsam unterheben. Teig auf das Blech streichen und im heißen Ofen (Mitte) in ca. 10 Min. goldbraun backen. Herausnehmen, den Biskuit auf ein mit Puderzucker bestäubtes Geschirrtuch stürzen, Papier entfernen. Biskuit in 12 Stücke (à 12 × 8 cm) schneiden und mit restlichem Pflaumenwein beträufeln.

3 Für die Füllung die Sahne steif schlagen und unter den Reis heben. Die Mischung ca. ½ cm dick auf den Biskuitstücken verteilen, dabei an den schmalen Enden etwas Platz frei lassen. Mango und Melone schälen, falls nötig entkernen. Das Fruchtfleisch in Streifen (ca. 8 × 1 cm) schneiden und auf den Reis legen, den Biskuit vorsichtig einrollen, am besten mit Hilfe einer Sushi-Bambusmatte. Die Röllchen 1 Std. kalt stellen.

4 Für die Glasur die Schokolade schmelzen. Die Röllchen rundherum dünn damit einpinseln und für weitere 15 Min. kühl stellen. Dann jedes Röllchen in 3–4 Stücke schneiden und die Törtchen servieren.

FUR DIE FULLUNG:

150 G SUSHI-REIS
80 G KOKOSMILCH
2 EL ZUCKER
2 BLATT WEISSE GELATINE
50 ML PFLAUMENWEIN
80 G SAHNE
¼ VOLLREIFE MANGO
¼ HONIGMELONE ODER
1 KLEINES STÜCK WASSERMELONE

FUR DEN TEIG UND DIE GLASUR:

4 EIER (M)
4 EL ZUCKER
SALZ
50 G MEHL
3 EL SPEISESTÄRKE
100 G ZARTBITTER-SCHOKOLADE

AUSSERDEM:

BACKPAPIER FÜR DAS BLECH
PUDERZUCKER ZUM ARBEITEN
SUSHI-BAMBUSMATTE (FALLS VORHANDEN)

FÜR DEN BELAG:
4 FESTE BIRNEN (CA. 500 G)
200 ML PORTWEIN
1 STÜCK ZIMTSTANGE
1 KARDAMOMKAPSEL
100 G ZUCKER
4 BLATT WEISSE GELATINE
2 EIGELB (S)
100 G CRÈME FRAÎCHE

FÜR DEN TEIG:
125 G MEHL
100 G GEMAHLENE WALNUSSKERNE
50 G ZUCKER
SALZ
1 EI (S)
100 G KALTE BUTTER

FÜR DIE GARNITUR:
8 GERÖSTETE WALNUSSKERN-HÄLFTEN

AUSSERDEM:
FETT FÜR DIE FORMEN

ZUBEREITUNG: 1 STD. 30 MIN. – KÜHLEN: 20 MIN. – BACKEN: 15 MIN. –
PRO STÜCK CA. 465 KCAL – FÜR 8 TARTELETTFORMEN (À 10 CM Ø)

TÖRTCHEN MIT PORTWEIN-BIRNEN

Die einen stopfen sich bei »All-you-can-eat«-Wettbewerben mit extra-dicken XXL-Burgern voll, die anderen merken (spätestens seit dem Film »Super Size Me«, der im Sommer 2004 in die Kinos kam), was das Stündlein geschlagen hat: Auch in Deutschland zeigen sich die Folgen des überüppigen Nahrungsangebots. Man speckt ab – freiwillig: aus Torten werden Gourmet-Törtchen, statt ganzer Schokotafeln genießt man Pralinchen, und für Kinder gibt's Mini-Schoko-Bons statt dicker Milchschnitten. Wer etwas auf sich hält, hält sich mit edlen Häppchen schlank. Wie etwa Karl Lagerfeld, der sich mit Kaviar und anderen Delikatessen publikumswirksam 40 Kilo von den Rippen hungerte, um wieder in teure Designerroben zu passen. Essen wird damit immer mehr zum gesellschaftlichen Unterscheidungsmerkmal: Wer es sich leisten kann, isst weniger und besser.

1 Für den Belag die Birnen schälen, halbieren und von den Kerngehäusen befreien. In einem Topf den Portwein mit ¼ l Wasser, Zimt, Kardamom und 30 g Zucker aufkochen. Die Birnen hineinlegen und in 5–10 Min. bei kleiner Hitze nicht zu weich garen (sie sollen noch bissfest sein). Im Sud abkühlen, dann in einem Sieb abtropfen lassen, den Sud auffangen.

2 Für den Teig Mehl mit Nüssen, Zucker, 1 Prise Salz, Ei und der Butter in Flöckchen rasch verkneten. Den Teig in 8 Portionen teilen. Die Formen einfetten und mit dem Teig auskleiden, 20 Min. kalt stellen. Backofen auf 200° vorheizen. Die Teigböden mehrmals mit einer Gabel einstechen und ca. 15 Min. im Ofen (Mitte) backen. Herausnehmen, abkühlen lassen.

3 Die Gelatine 5–10 Min. in kaltem Wasser einweichen. In einem Topf 150 ml Portweinsud, übrigen Zucker und die Eigelbe bei kleiner Hitze unter Rühren erwärmen, bis die Mischung bindet (nicht kochen lassen!). Die Gelatine ausdrücken und in der warmen Creme auflösen. Abkühlen lassen, bis die Flüssigkeit zu gelieren beginnt. Crème fraîche unterziehen.

4 Die Creme auf die Tartelettböden verteilen. Die Birnenhälften in Spalten schneiden und fächerartig auf der Creme anrichten. Mit den Walnusskernhälften garnieren. Nach Belieben mit Walnusseiscreme servieren.

ZUBEREITUNG: 30 MIN. – BACKEN: 1 STD. – RUHEN: 15 MIN. –
PRO STÜCK CA. 440 KCAL – FÜR 1 SPRINGFORM (26 CM Ø, CA. 12 STÜCKE)

BEEREN-CHEESECAKE

1 Den Backofen auf 150° vorheizen, die Springform mit Backpapier auslegen. Die Butter schmelzen. Kekse in einem Tiefkühlbeutel fein zerkrümeln und mit Butter mischen. Die Keksmasse auf den Boden der Form drücken.

2 Die Beeren verlesen, eventuell waschen und trocken tupfen. Eier trennen. Die Eiweiße mit dem Zucker steif schlagen. Quark, Frischkäse, Crème fraîche und die Eigelbe mit den Rührbesen des Handrührgeräts verrühren. Stärke, Zitronensaft und Orangenschale unter die Creme rühren. Den Eischnee behutsam unterheben.

3 Die Quarkmasse auf den Keksboden streichen. Die Beeren darauf verteilen. Im Ofen (unten) ca. 1 Std. backen, dann im ausgeschalteten Ofen ca. 15 Min. stehen lassen. Den Kuchen in der Form mehrere Stunden auskühlen lassen.

100 G BUTTER
180 G VOLLKORN-BUTTERKEKSE
250 G GEMISCHTE BEEREN (Z. B. HIMBEEREN, ROTE JOHANNISBEEREN UND HEIDELBEEREN)

5 EIER (M)
150 G ZUCKER
400 G MAGERQUARK
400 G DOPPELRAHM-FRISCHKÄSE
200 G CRÈME FRAÎCHE
60 G SPEISESTÄRKE
2 EL ZITRONENSAFT
2 TL FEIN ABGERIEBENE BIO-ORANGENSCHALE

AUSSERDEM:
BACKPAPIER FÜR DIE FORM
TIEFKÜHLBEUTEL

Die Deutschen hatten von jeher ein etwas ambivalentes Verhältnis zu Kaffee: Die einen verdammten den Türkentrank musikalisch, die anderen widmeten ihm ganze Kantaten. Der Durchschnittsbürger trank morgens **eine Tasse aus der Filtermaschine** und ab und zu eine im Café. Aber ja, zu Kuchen gehörte Kaffee untrennbar. In den späten 90ern brachten dann ausgerechnet die Amis neue (Kaffee-)Kultur in die BRD: **»Coffee to go«** wurde der Renner. Zwar erinnern die Pappbecher mit Plastikaufsatz eher an Schnabeltassen, aber nicht nur hippe Großstädter nahmen den »Kaffee auf die Hand« begeistert an. Vielleicht auch, weil es in den Coffeeshops gleich **das passende Gebäck** gab: Muffins, Donuts, Bagels und Cheesecake – die besten Backimporte aus den USA.

ZUBEREITUNG: 20 MIN. – BACKEN: 25 MIN. – PRO STÜCK CA. 250 KCAL – FÜR 1 MUFFINFORM (12 STÜCK)

In den späten 90ern schwappte die Muffinswelle nach Deutschland. Und Carrie Bradshaw setzte 2000 noch eins drauf: In einer Folge von »Sex and the City« verzehrte sie in der legendären Magnolia Bakery ein Törtchen mit fluffiger Cremehaube. Danach wollten alle nur noch Cupcakes – immerhin waren die preiswerter als ein Paar Manolo Blahniks.

USA-HEIDELBEER-MUFFINS

1 Den Backofen auf 180° vorheizen. Die Mulden der Muffinform einfetten oder Papierförmchen hineinsetzen. Frische Heidelbeeren verlesen, Früchte aus dem Glas abtropfen lassen. TK-Heidelbeeren nicht auftauen lassen.

2 Das Mehl mit den Haferflocken, dem Backpulver und dem Natron vermischen. In einer Schüssel das Ei mit den Rührbesen des Handrührgeräts leicht verquirlen. Zucker, Vanillezucker, Butter und die saure Sahne dazugeben und alles gut verrühren. Die Mehlmischung zur Eimasse geben und nur so lange rühren, bis die trockenen Zutaten feucht sind. Die Heidelbeeren vorsichtig unterheben, da sich sonst der Teig verfärbt.

3 Den Teig in den Mulden der Form verteilen. Im Ofen 20–25 Min. backen. Die Muffins herausnehmen und kurz abkühlen lassen, dann aus dem Blech lösen und auf einem Kuchengitter auskühlen lassen. Mit Puderzucker bestäuben.

200 G HEIDELBEEREN (FRISCH, TK ODER AUS DEM GLAS)
200 G MEHL
50 G BLÜTENZARTE HAFERFLOCKEN
2 ½ TL BACKPULVER
½ TL NATRON
1 EI (M) – 120 G ZUCKER
1 PCK. VANILLEZUCKER
125 G WEICHE BUTTER
300 G SAURE SAHNE

AUSSERDEM:
FETT ODER 12 MUFFIN-PAPIERFÖRMCHEN FÜR DIE FORM
PUDERZUCKER ZUM BESTÄUBEN

ZUBEREITUNG: 30 MIN. – BACKEN: 25 MIN. – PRO STÜCK CA. 420 KCAL – FÜR 1 MUFFINFORM (12 STÜCK)

PEKANNUSS-KARAMELL-CUPCAKES

1 Den Backofen auf 170° vorheizen. Papierförmchen in die Mulden der Muffinform setzen. Die Pekannusskerne in einer Pfanne ohne Fett anrösten, bis sie duften, abkühlen lassen. Dann mit 75 g Zucker im Blitzhacker fein hacken.

2 Das Mehl mit Backpulver und 1 Prise Salz mischen. 150 g Butter, übrigen Zucker und Nuss-Zucker mit den Rührbesen des Handrührgeräts in 5 Min. hellcremig rühren. Eier einzeln unterrühren. Die Hälfte der Mehlmischung im Wechsel mit der Milch kurz unterrühren, dann die restliche Mehlmischung mit der Sahne.

3 Den Teig in die Mulden der Form verteilen. Im Ofen (Mitte) ca. 25 Min. backen. Die Muffins herausnehmen und kurz abkühlen lassen, dann aus dem Blech lösen und auf einem Kuchengitter auskühlen lassen.

4 Für das Topping übrige Butter mit Karamell-Aufstrich in ca. 5 Min. cremig aufschlagen. Den Frischkäse kurz unterrühren. Das Topping in den Spritzbeutel füllen und als Tuffs auf die Muffins spritzen. Die Cupcakes jeweils mit 1 karamellisierten Pekannuss verzieren.

50 G PEKANNUSSKERNE
150 G ZUCKER – 180 G MEHL
1 TL BACKPULVER – SALZ
250 G WEICHE BUTTER
2 EIER (M) – 100 ML MILCH
50 G SAURE SAHNE

150 G KARAMELL-BROTAUFSTRICH
135 G DOPPELRAHM-FRISCHKÄSE
12 KARAMELLISIERTE PEKANNUSSKERNE (FERTIGPRODUKT)

AUSSERDEM:
12 MUFFIN-PAPIERFÖRMCHEN
SPRITZBEUTEL MIT GROSSER LOCHTÜLLE

ZUBEREITUNG: 50 MIN. – KÜHLEN: 1 STD. – BACKEN: 1 STD. –
PRO STÜCK CA. 330 KCAL – FÜR 1 TARTEFORM (26 CM Ø, CA. 12 STÜCKE)

KEY LIME PIE

1 Für den Teig Mehl auf die Arbeitsfläche sieben und in die Mitte eine Mulde drücken. Zucker, 1 Prise Salz und Ei hineingeben. Die Butter in Flöckchen am Rand verteilen. Alles vom Rand aus rasch zu einem glatten Teig verkneten. In Folie gewickelt ca. 1 Std. kalt stellen.

2 Den Backofen auf 200° vorheizen, die Tarteform einfetten. Den Teig auf der bemehlten Arbeitsfläche rund (ca. 30 cm Ø) ausrollen. Die Form mit dem Teig auskleiden, dabei einen ca. 3 cm hohen Rand formen. Den Teigboden mit einer Gabel mehrmals einstechen, mit Backpapier belegen und mit den Hülsenfrüchten beschweren. Im Ofen (Mitte) 15 Min. blindbacken, dann in der Form auf einem Kuchengitter auskühlen lassen. Hülsenfrüchte und Backpapier entfernen.

3 Inzwischen für den Belag 2 Limetten heiß waschen, abtrocknen und die Schale fein abreiben. Alle Limetten auspressen (ergibt ca. ⅛ l Saft). Mit den Rührbesen des Handrührgeräts Limettensaft und -schale mit Eiern, Eigelben, Joghurt, Crème double und Puderzucker zu einer dickschaumigen Creme schlagen. Diese auf dem Mürbeteigboden verteilen. Im Backofen (Mitte) bei 180° 30–35 Min. backen. Dann den Kuchen aus dem Ofen nehmen.

4 Den Backofen auf 220° (Umluft nicht geeignet!) aufheizen. Für das Baiser die Eiweiße steif schlagen, dabei den Zucker langsam dazurieseln lassen. Die Baisermasse wolkenartig auf dem Kuchen verteilen. Im Ofen (Mitte) in 10 Min. zart bräunen. Abkühlen lassen.

ES GEHT AUCH OHNE BAISERHAUBE: Dann die Lime Pie einfach 10–15 Min. länger im Ofen stocken lassen. Der Kuchen ist fertig, wenn sich die Füllung beim Hin- und Herrütteln kaum mehr bewegt.

FÜR DEN TEIG:
250 G MEHL
75 G FEINER ZUCKER
SALZ
1 EI (M)
125 G KALTE BUTTER

FÜR DEN BELAG:
6 LIMETTEN
2 EIER (M)
2 EIGELB (M)
150 G JOGHURT
125 G CRÈME DOUBLE
150 G PUDERZUCKER

FÜR DAS BAISER:
3 EIWEISS (M)
120 G FEINER ZUCKER

AUSSERDEM:
FRISCHHALTEFOLIE
FETT FÜR DIE FORM
MEHL ZUM ARBEITEN
BACKPAPIER
GETROCKNETE HÜLSEN-
FRÜCHTE ZUM BLIND-
BACKEN

ZUBEREITUNG: 20 MIN. – BACKEN: 14 MIN. – PRO STÜCK CA. 180 KCAL – FÜR CA. 15 STÜCK

PEANUT BUTTER COOKIES

1 Den Backofen auf 180° vorheizen, ein Backblech mit Backpapier auslegen. Den Zucker im Mixer fein mahlen und mit dem Backpulver mischen, in eine Schüssel geben. Die Erdnussbutter und das Ei dazugeben und alles mit den Rührbesen des Handrührgeräts hellcremig rühren. Schokolade in ca. 5 mm große Stücke hacken und mit den Händen unterkneten.

2 Vom Teig mit einem Esslöffel gleich große Portionen abnehmen (à ca. 35 g), mit den Händen zu Kugeln formen und diese leicht flach drücken. Mit etwas Abstand zueinander auf das Blech legen und im Ofen (Mitte) in 12–14 Min. goldbraun backen.

3 Die Cookies herausnehmen und auf dem Blech kurz abkühlen lassen. Dann samt Backpapier auf ein Kuchengitter ziehen und vollständig auskühlen lassen.

150 G BRAUNER ZUCKER
1 GESTR. TL BACKPULVER
250 G ERDNUSSBUTTER MIT STÜCKCHEN (CRUNCHY)
1 EI (L)
100 G ZARTBITTER-SCHOKOLADE

AUSSERDEM:
BACKPAPIER FÜR DAS BLECH

ZUBEREITUNG: 15 MIN. – BACKEN: 20 MIN. – PRO STÜCK CA. 260 KCAL – FÜR 1 BACKFORM (22 × 22 CM, CA. 16 STÜCKE)

BROWNIES MIT WALNÜSSEN

1 Den Backofen auf 180° vorheizen. Den Boden der Backform mit Backpapier auslegen. Schokolade hacken und mit der Butter über dem heißen Wasserbad schmelzen. Lauwarm abkühlen lassen.

2 Die Eier und den Zucker mit den Rührbesen des Handrührgeräts in ca. 2 Min. schaumig schlagen. Die Schokoladenmischung unterrühren. Das Mehl mit Kakaopulver, Backpulver und 1 Prise Salz mischen und kurz unterrühren.

3 Den Teig in die Form füllen und glatt streichen. Die Walnusskerne grob hacken und auf den Teig streuen. Im Ofen (Mitte) ca. 20 Min. backen, sodass die Oberfläche knusprig, das Innere aber noch weich ist. Aus dem Ofen nehmen und in der Form abkühlen lassen, dann in kleine Brownie-Stücke schneiden.

150 G ZARTBITTER-SCHOKOLADE
150 G BUTTER – 3 EIER (M)
200 G ROHRZUCKER
150 G MEHL
1 EL KAKAOPULVER
1 TL BACKPULVER – SALZ
100 G WALNUSSKERNE

AUSSERDEM:
BACKPAPIER FÜR DIE FORM

ZUBEREITUNG: 30 MIN. – RUHEN: 1 STD. 30 MIN. – BACKEN: 20 MIN. –
PRO STÜCK CA. 140 KCAL – FÜR CA. 16 STÜCK

BAGELS

Jüdische Einwanderer aus Osteuropa brachten den Bagel bereits Ende des 19. Jahrhunderts in die USA. Dort wurde der Hefeteigkringel, der erst in Wasser gegart und anschließend gebacken wird, vor allem in Großstädten wie New York der Renner: in süßer Variante mit Zimt und Rosinen oder herzhaft vor allem als »New York Bagel« mit Lachs oder Pastrami belegt. So kam der tolle »Auf-die-Hand-Imbiss« auch ab etwa 2002 in Deutschland in Mode, als Bagelshops wie Pilze aus dem Boden schossen. Mit Kaffee und anderen »To-go«-US-Spezialitäten wie Muffins oder Brownies gerade richtig für alle umtriebigen, kosmopolitisch geprägten Großstadtmenschen.

1 Die Milch lauwarm erhitzen und in eine Rührschüssel geben. Die Hefe dazubröckeln, 1 TL Zucker dazugeben und alles verrühren, dann ca. 15 Min. zugedeckt an einem warmen Ort gehen lassen.

2 Nach dieser Zeit restlichen Zucker, Ei und 1 Prise Salz in die Schüssel geben und mit der Hefemilch verrühren. Die Butter dazugeben, das Mehl darübersieben und alles gründlich mischen. Die Zutaten mind. 10 Min. mit den Händen oder auf der niedrigsten Stufe in der Küchenmaschine mit dem Kneteinsatz kneten. Dann den Teig zugedeckt an einem warmen Ort ca. 1 Std. gehen lassen, bis sich sein Volumen verdoppelt hat.

3 Anschließend den Teig noch einmal kräftig durchkneten und auf einer bemehlten Arbeitsfläche gut fingerdick ausrollen. Mit einem Trinkglas (ca. 8 cm Ø) 16 Kreise ausstechen und jeweils in der Mitte ca. 3 ½ cm große Löcher bohren oder ausstechen. Die Teigringe auf ein Brett legen und mit einem Geschirrtuch bedeckt weitere 15 Min. gehen lassen.

4 In einem Topf reichlich Wasser zum Kochen bringen. Den Backofen auf 200° vorheizen, ein Backblech einfetten. Teigringe kurz in das kochende Wasser tauchen, dann auf das Blech legen. Die eine Hälfte der Bagels mit Sesam, die andere mit Mohn bestreuen. Im Ofen (Mitte) ca. 20 Min. backen. Fertige Bagels auf einem Kuchengitter auskühlen lassen.

100 ML MILCH
20 G FRISCHE HEFE (½ WÜRFEL)
50 G ZUCKER
1 EI (M) – SALZ
40 G WEICHE BUTTER
350 G MEHL

AUSSERDEM:
MEHL ZUM ARBEITEN
FETT FÜR DAS BLECH
SESAM UND MOHNSAMEN
ZUM BESTREUEN

ZUBEREITUNG: 1 STD. 15 MIN. – RUHEN, KÜHLEN: 16 STD. – BACKEN: PRO BLECH 20 MIN. – PRO STÜCK CA. 190 KCAL – FÜR CA. 20 STÜCK

CROISSANTS

Mit dem World Wide Web rückte die Welt immer näher, vor allem in die eigene Küche: In Blogs und in Communitys tauscht man sich mit anderen Kochfans aus, wie zum Beispiel auf dem schnell wachsenden »Chefkoch«-Portal. Durchs Netz wird die kulinarische Welt noch weiter und zu einer Fundgrube von einfachen, aber auch ausgefallenen Rezepten aus den entlegensten Winkeln des Planeten. Egal ob französische Croissants, spanische Churros oder Pavlova, die im weit entfernten Australien und Neuseeland als Nationaldessert gilt: Alles gibt es frei, kostenlos und ganz einfach zum Herunterladen.

1 Das Mehl in eine Schüssel geben und die Hefe hineinkrümeln. Salz, Zucker, Ei, Milch und 125 ml kaltes Wasser dazugeben. Alles mit den Knethaken des Handrührgeräts oder der Küchenmaschine in ca. 5 Min. zu einem elastischen Teig verkneten. Gut mit Frischhaltefolie abdecken und 12 Std. in den Kühlschrank stellen. Butter zwischen 2 Lagen Backpapier zu einer Platte (20 × 20 cm) ausrollen und abgedeckt kalt stellen.

2 Dann den Hefeteig auf eine bemehlte Arbeitsfläche legen und abgedeckt 1 Std. bei Zimmertemperatur ruhen lassen. Gegen Ende die Butterplatte aus dem Kühlschrank nehmen.

3 Den Teig zu einem Rechteck (ca. 30 × 40 cm) ausrollen und die Butterplatte mittig darauflegen. Überstehenden Teig wie einen Briefumschlag über die Butterplatte falten, dabei die Teigränder gut festdrücken. Für die erste »Tour« den Teig auf wenig Mehl zur doppelten Länge ausrollen. Ein Drittel des Teiges zur Mitte falten, dann das andere Teigdrittel darüberschlagen. Den Teig in Frischhaltefolie wickeln und 20 Min. kalt stellen. Dieses Tourieren und Kühlen noch zwei Mal wiederholen.

4 Dann den Teig zu einem Rechteck von 30 × 60 cm ausrollen, längs halbieren und quer in je 10 Dreiecke (mit langen Schenkeln) schneiden. Jedes Dreieck in der Mitte der kurzen Seite 2 cm einschneiden und von dort aus zur Spitze hin aufrollen, dabei den Einschnitt leicht auseinanderziehen. Die Enden zusammenbiegen, sodass die typische Croissantform entsteht. Zwei Backbleche mit Backpapier auslegen und die Teiglinge darauflegen. Abgedeckt 2 Std. an einem warmen Ort gehen lassen.

5 Den Backofen auf 200° vorheizen. Die Teiglinge mit etwas verquirltem Ei bestreichen. Die Croissants im Backofen (Mitte) in jeweils 15–20 Min. goldbraun backen (ein Blech nach dem anderen!).

500 G WEIZENMEHL (TYPE 550)
20 G FRISCHE HEFE (½ WÜRFEL)
2 TL MEERSALZ
50 G ZUCKER
1 EI (M)
125 ML MILCH
225 G BUTTER

AUSSERDEM:
FRISCHHALTEFOLIE
BACKPAPIER
MEHL ZUM ARBEITEN
1 EI (M) ZUM BESTREICHEN

FÜR DEN TEIG:
½ TL ZUCKER
SALZ
180 G MEHL

ZUM WÄLZEN:
100 G ZUCKER
1 MSP. VANILLEMARK (ERSATZWEISE 2 PCK. BOURBON-VANILLEZUCKER)

AUSSERDEM:
1 KG FRITTIERFETT
BACKPAPIER
SPRITZBEUTEL MIT KLEINER STERNTÜLLE (8 MM)

ZUBEREITUNG: 35 MIN. – PRO STÜCK CA. 265 KCAL – FÜR 12 STÜCK

SPANISCHE CHURROS

1 Für den Teig in einem Topf 300 ml Wasser mit Zucker und ½ TL Salz aufkochen. Mehl in eine Schüssel geben und unter Rühren mit den Rührbesen des Handrührgeräts oder der Küchenmaschine auf kleiner Stufe langsam das heiße Wasser einlaufen lassen. So lange weiterrühren, bis ein glatter, cremiger Teig entstanden ist.

2 Das Frittierfett in einem weiten Topf auf 180° erhitzen. Es hat die richtige Temperatur, wenn an einem Holzkochlöffelstiel, den man in das Fett hält, kleine Bläschen hochsteigen. Mehrere kleine Bogen Backpapier, die etwa den Durchmesser des Frittiertopfes haben, mit etwas Frittierfett bestreichen. Den Teig in den Spritzbeutel füllen und in Streifen (ca. 8 cm) auf das Backpapier spritzen. Das Backpapier kopfüber auf das heiße Fett legen, sodass die Teigstreifen hineingleiten können. Das Papier sofort wieder entfernen. Die Churros in 6–8 Min. goldbraun frittieren.

3 Zum Wälzen den Zucker mit dem Vanillemark in einer Schüssel mischen. Die Churros mit dem Schaumlöffel aus dem Fett heben, auf Küchenpapier kurz entfetten und dann sofort in dem Vanillezucker wälzen. Nach und nach die übrigen Teigstreifen auf die gleiche Weise frittieren, entfetten und in dem Vanillezucker wälzen.

EINFACH PERFEKT! Diesen Teig können Sie wunderbar bereits ein paar Stunden vorher zubereiten und bei Zimmertemperatur stehen lassen. Oder Sie spritzen ihn sogar schon auf das Backpapier. Dann müssen die Churros kurz vor dem Servieren nur noch in das heiße Fett gegeben und frittiert werden.

ZUBEREITUNG: 30 MIN. – BACKEN: 15 MIN. – PRO STÜCK CA. 415 KCAL – FÜR 4 OFENFESTE FÖRMCHEN (À CA. 150 ML INHALT)

WARME SCHOKO-KÜCHLEIN

Im Jahr 2000 kommt die Romantikkomödie »Chocolat« in die Kinos. Darin verzaubert Juliette Binoche in der Rolle der Vianne Rocher mit ihren selbst gemachten feinen Pralinen ein ganzes französisches Dorf – selbst den wilden Vagabunden Roux (gespielt von Johnny Depp). Der Film passte genau zur Zeit: Schokolade boomte, Chocolaterien eröffneten in so gut wie jeder deutschen Stadt. Preiswerte Schokotafeln aus dem Supermarkt sind out, dafür gibt man gerne etwas mehr Geld für Schoko-Kreationen mit Meersalz, Chili und Gewürzen oder noch Exotischerem wie Sellerie und Bergkäse aus. Ein bescheidener Luxus, der sich stückchenweise genießen lässt. Üppiger sind da diese französischen Törtchen mit schmelzendem Kern, die damals ebenfalls in Mode kamen.

1 Die Schokolade in Stücke brechen und mit der Butter in Flöckchen in eine Schüssel geben. Über dem heißen Wasserbad schmelzen, dabei gelegentlich durchrühren. Nach Belieben jetzt den Likör unterrühren. Schüssel vom Topf nehmen und die Schokolade leicht abkühlen lassen.

2 Inzwischen den Backofen auf 200° vorheizen. Die Förmchen dünn einfetten und mit Zucker ausstreuen, überschüssigen Zucker herausschütteln. Eier, Eigelb, Vanillemark und Zucker in eine große Schüssel geben. Mit den Rührbesen des Handrührgeräts dickschaumig schlagen – das kann gut 8–10 Min. dauern. Die Masse sollte richtig Volumen gewinnen, fluffig und fast so fest wie Eischnee sein.

3 Lauwarme Schokolade zur Eiercreme gießen, das Mehl darüberstäuben und vorsichtig mit einem Teigheber in kreisenden Bewegungen gründlich unter die Eiermasse heben. Schokocreme in die Förmchen füllen (nicht ganz voll machen!) und im Ofen (Mitte) 12–14 Min. backen. Die Törtchen sollten ca. 1 cm hoch aufgehen, außen eine leichte, feste Kruste bilden, innen aber noch cremig-flüssig sein. Aus dem Ofen nehmen, am besten in den Förmchen auf Teller stellen und sofort servieren.

WER GÄSTE EINLÄDT, kann die Schokocreme bis zu 8 Std. im Voraus zubereiten und in die Förmchen füllen. Die Förmchen mit Frischhaltefolie abdecken und in den Kühlschrank stellen. Backzeit: plus ca. 2 Min.

100 G ZARTBITTER-SCHOKOLADE
(MIND. 70 % KAKAOANTEIL)
60 G BUTTER
1 EL ORANGENLIKÖR
(NACH BELIEBEN)
2 EIER (L)
1 EIGELB (L)
MARK VON ½ VANILLESCHOTE
50 G ZUCKER
1 GEHÄUFTER EL MEHL

AUSSERDEM:
FETT UND ZUCKER FÜR
DIE FÖRMCHEN

ZUBEREITUNG: 40 MIN. – TROCKNEN: 30 MIN. – BACKEN: 13 MIN. – KÜHLEN: 18 STD. 10 MIN. – PRO STÜCK CA. 105 KCAL – FÜR 12 STÜCK

Klein und fein, ein Hauch von weniger ist mehr: Wer etwas auf sich hielt und am Puls der Zeit war, leistete sich ab und an wahre Delikatessen. Und wenn sich einer auf Luxusartikel versteht, sind es die Franzosen, egal ob in der Haute Couture oder Haute Cuisine. Kleine Tarteletts, Petit Fours, Éclairs, kunterbunte Macarons – diese gebackenen Petitessen gelten jetzt als »dernier cri«. Vor allem die Macarons, gefüllte Baisermakrönchen, erlangen Mitte des Jahrzehnts Kultstatus. Vor den Pariser Edelpatisserien von Pierre Hermé oder Ladurée stehen japanische Touristen schlangenweise an. Und in Deutschland versuchen sich Konditoren und Hobbybäcker an dem hauchzarten Edelgebäck.

LEBKUCHEN-MACARONS

1 Für die Ganache die Kuvertüre fein hacken und über dem heißen Wasserbad schmelzen. Die Sahne mit dem Lebenkuchengewürz aufkochen. Mit der Kuvertüre in eine Schüssel geben und mit den Rührbesen des Handrührgeräts zu einer glatten Creme verrühren. Zugedeckt mind. 6 Std., am besten über Nacht, kalt stellen.

2 Für das Baiser die Mandeln und den Puderzucker in einem Blitzhacker fein mahlen, anschließend sieben. Das Eiweiß mit den Rührbesen des Handrührgeräts anschlagen, dabei langsam den Zucker einrieseln lassen. Dann in ca. 8 Min. zu Eischnee schlagen, dabei wenig Lebensmittelfarbe hinzufügen. Den Eischnee unter die Mandelmischung heben und die Masse in den Spritzbeutel füllen.

3 Ein Backblech mit Backpapier oder Silikonbackmatte auslegen. Den Teig in 24 gleich großen Tupfen auf das Blech spritzen. Die Macaron-Schalen ca. 30 Min. trocknen lassen. Dann den Backofen auf 160° vorheizen und die Macaron-Schalen im Ofen (Mitte) ca. 13 Min. backen. Herausnehmen, mit dem Backpapier oder Silikonmatte vom Blech ziehen und ca. 10 Min. abkühlen lassen.

4 Die Ganache auf 12 Macaron-Schalen auftragen. Die übrigen Schalen daraufsetzen und leicht andrücken. Die Lebkuchen-Macarons in einer luftdicht schließenden Box mind. 12 Std. kalt stellen.

FÜR DIE GANACHE:
80 G VOLLMILCH-KUVERTÜRE (38 % KAKAOANTEIL)
80 G SAHNE
1 TL LEBKUCHENGEWÜRZ

FÜR DAS BAISER:
50 G GEMAHLENE GEHÄUTETE MANDELN
50 G PUDERZUCKER
1 EIWEISS (M, 3–5 TAGE ALT)
13 G ZUCKER
BRAUNE LEBENSMITTELFARBE

AUSSERDEM:
SPRITZBEUTEL MIT KLEINER LOCHTÜLLE (8 MM)
BACKPAPIER ODER SILIKON-BACKMATTE FÜR DAS BLECH

ZUBEREITUNG: 20 MIN. – BACKEN: 1 STD. 20 MIN. – PRO STÜCK CA. 225 KCAL – FÜR 1 PAVLOVA (CA. 10 STÜCKE)

EXOTEN-PAVLOVA

1 Den Backofen auf 150° vorheizen, ein Backblech mit Backpapier auslegen. Für das Baiser eine Rührschüssel mit Zitronensaft ausreiben. Die Eiweiße mit 1 Prise Salz in die vorbereitete Schüssel geben und mit den Rührbesen des Handrührgerätes steif schlagen. Nun unter weiterem Schlagen den Zucker einrieseln lassen, bis die Masse fest und glänzend ist.

2 Die Eischneemasse in die Mitte des Backblechs häufen und dann zu einem großen Kreis (ca. 25 cm Ø) verstreichen, dabei sollte der Rand etwas höher sein. Im Ofen (Mitte) 1 Std. 10 Min.–1 Std. 20 Min. backen. Das Baiser für die Pavlova sollte außen schön knusprig sein, innen aber noch einen weichen Kern haben. Herausnehmen und auskühlen lassen.

3 Für die Füllung die Mango schälen, das Fruchtfleisch vom Kern schneiden und klein würfeln. Die Passionsfrüchte aufschneiden und das Fruchtfleisch mit einem Teelöffel aus den Schalen lösen. Die Erdbeeren waschen, putzen und halbieren. Physalis putzen, waschen und eventuell halbieren. Ananas schälen und in kleine Würfel schneiden. Alles vermischen.

4 Die Sahne kurz mit den Rührbesen des Handrührgeräts durchrühren. Den Vanillezucker und Sahnefestiger dazugeben und die Sahne steif schlagen. Joghurt mit einem Teigschaber vorsichtig unterheben. Die Sahnemasse auf dem Baiser verteilen und darauf dann die Früchte, Basilikum darüberstreuen. Die Exoten-Pavlova unbedingt sofort servieren, damit sie nicht durchweicht!

FUR DAS BAISER:
4 EIWEISS (M)
SALZ
250 G ZUCKER

FUR DIE FULLUNG:
½ MANGO
2 PASSIONSFRÜCHTE
100 G KLEINE ERDBEEREN
1 HANDVOLL PHYSALIS
1 BABY-ANANAS
200 G SAHNE
1 PCK. VANILLEZUCKER
1 PCK. SAHNEFESTIGER
100 G JOGHURT (3,8%)

AUSSERDEM:
ZITRONENSAFT ZUM AUSREIBEN DER SCHÜSSEL
BACKPAPIER FÜR DAS BLECH
1 HANDVOLL BASILIKUM-BLÄTTCHEN

ZUBEREITUNG: 50 MIN. – RUHEN: 1 STD. – BACKEN: 8 MIN. – PRO STÜCK CA. 765 KCAL – FÜR 4 STÜCK

BEEREN-PIZZA MIT BASILIKUM

1 Für den Teig in einer Rührschüssel die Hefe in 250 ml lauwarmem Wasser auflösen. Mehl, Mandeln, Zucker und 1 kleine Prise Salz hinzufügen. Alles zu einem glatten, geschmeidigen Teig verkneten. Den Teig in 4 Stücke teilen und jeweils zu einer Kugel formen. Mit einem Geschirrtuch bedecken und an einem warmen Ort ca. 1 Std. gehen lassen.

2 Inzwischen TK-Himbeeren mit Puderzucker in einen Topf geben und bei mittlerer Hitze erst auftauen, dann ca. 10 Min. leise kochen lassen. Beeren pürieren und durch ein feines Sieb passieren. Die Himbeersauce abkühlen lassen. Mozzarellakugeln halbieren.

3 Backofen auf 250° vorheizen, Backblech mit Backpapier auslegen. Die Teigkugeln auf einer bemehlten Arbeitsfläche zu runden, flachen Fladen ausrollen. Die Fladen auf das Blech legen, mit der Himbeersauce bestreichen, mit dem Mozzarella belegen und dem braunen Zucker bestreuen. Pizzen im heißen Ofen (Mitte) ca. 8 Min. backen.

4 Die frischen Beeren waschen und putzen, Erdbeeren in Scheiben schneiden. Beeren mit Limettensaft und Puderzucker aromatisieren. Basilikumblätter eventuell in feine Streifen schneiden. Pizzen aus dem Ofen nehmen, mit den Beeren belegen, mit Basilikum bestreuen und sofort servieren.

FÜR DEN TEIG:
20 G FRISCHE HEFE (½ WÜRFEL)
350 G MEHL
100 G GEMAHLENE MANDELN
1 EL ZUCKER
SALZ

FÜR DEN BELAG:
250 G TK-HIMBEEREN
2 EL PUDERZUCKER
16 MINI-MOZZARELLAKUGELN
4 EL BRAUNER ZUCKER
500 G FRISCHE BEEREN
(Z. B. ERDBEEREN, BROMBEEREN, HIMBEEREN, HEIDELBEEREN)
2 EL LIMETTENSAFT
2 EL PUDERZUCKER
4 STÄNGEL BASILIKUM

AUSSERDEM:
BACKPAPIER FÜR DAS BLECH
MEHL ZUM ARBEITEN

Auch wenn viele fürchteten, durch die Einführung des Euro nur noch kleine Brötchen backen zu können, der Trend zu winzigen Portionen, Fingerfood, Mini-Törtchen und Muffins war keineswegs ein Zeichen von Einschränkung und Mangel. Eher im Gegenteil. Man konnte sich **Luxus** – zumindest im Kleinen – leisten. Essen diente in erster Linie nicht zur Sättigung, **Genuss** trat in den Vordergrund. Und der Geschmack der Deutschen wurde immer exquisiter: Schaumsüppchen im Shotglas, Garnelenspieße beim Flying Dinner, Pizza als Partyhäppchen. Riesenportionen galten als unfein und waren out, dafür begab man sich auf die Suche nach **neuen Gaumenreizen**: ungewöhnliche Kombis wie Erdbeeren mit Balsamico oder Pfeffer, Feigen mit Ziegenkäse oder eben diese süße Pizza, bei der keiner als Belag Mozzarella vermuten würde.

2004
Dr. Oetker bringt die kleinen Mini-Pizzen »Ristorante Piccola« auf den Markt.

2005
Die Ristorante-Linie von Dr. Oetker feiert 20-jähriges Jubiläum, und die Firma nimmt die zu 50 % fettreduzierte »Leggera« mit ins Sortiment auf.

2006
Nach dem Erfolg der Piccola-Minis schrumpft Dr. Oetker seine Pizzen noch weiter zu »Ristorante Piccolissima« ein.

DIE 2010ER

ES BLEIBT SPANNEND!

Wir sind mittendrin, das Jahrzehnt dauert noch an. Und wir sind weltweit mittendrin – dank Internet. Fast zweieinhalb Stunden täglich verbringt der Durchschnittsdeutsche statistisch betrachtet vor dem Computer. Dazu knapp vier weitere Stunden vor dem Fernseher und sieben schlafend im Bett. Wie viel Zeit bleibt dann noch für das Kochen oder Backen? Rund sechs Stunden, pro Woche wohlgemerkt, Tendenz weiter fallend. Ist es also bald vorbei mit Keks und Kuchen aus dem heimischen Ofen?

Garantiert nicht, zumindest, wenn man noch ein paar weitere Stunden im Internet zubringt. Dort verliert man sich nämlich schier in der Fülle an Rezepten und Kochblogs. Bei YouTube gibt es Video-Tipps und »Tutorials«, und auf Instagram und Pinterest werden die Fotos der neuesten Küchenkreationen gepostet. Online blitzen Foodtrends heute auf, verbreiten sich blitzschnell weiter und sind schon morgen der Megahype. Das ist vielleicht auch eine Erklärung für die neue Unübersichtlichkeit in Sachen Ernährung. Unzählige Trends existieren nebeneinander, manche nur kurz, manche erweisen sich als langlebiger: Vegetarisch, vegan, Rawfood, Paleo und Low Carb, Essen mit oder ohne Lactose, Gluten oder Zucker – noch nie drehte sich so viel einfach nur um das, was wir tagtäglich auf unserem Teller haben.

Ernährung erscheint heute als Religion und Mittel der Selbstdefinition: Das ins Netz gestellte Bild der kunstvoll dekorierten Torte dient wie das Selfie als Bestätigung des eigenen Ich. Die einen lichten glutenfreie Rohkosttorten ab, die anderen rücken fetttriefendes Blätterteigebäck mit Schokosauce ins rechte Licht. Erlaubt ist, was gefällt – und gefallen muss es vor allem auch der kritischen Netzcommunity, die dann mit Kommentaren und geklickten »Likes« den Daumen hebt oder senkt. Das macht Spaß und kann unendlich kreativ sein. Trotzdem wäre es doch schade, wenn wir fortan nur noch digital vor uns hinbackten.

Backen (und auch Kochen) will gelebt werden. Mit der sinnlichen Freude in weichem Teig zu kneten, die Finger abzulecken und den Duft des fertigen Gebäcks zu schnuppern. Und dieses Vergnügen sollte man unbedingt teilen, nicht nur virtuell: sondern mit der Familie und Freunden real, live, hier, jetzt, heute und auch morgen.

DIE 2010ER

ES BLEIBT SPANNEND!

Die verheerenden Erdbeben in Haiti und Nepal, die durch einen Tsunami ausgelöste Reaktorkatastrophe von Fukushima, Kriege und unzählige Terrorakte: Die Bilder davon erschütterten uns gleich zu Beginn des Jahrzehnts bis heute. Nicht zuletzt, weil sie durch das Internet fast augenblicklich verfügbar sind und in den sozialen Netzwerken hitzig debattiert werden.

TROTZ ODER GERADE AUFGRUND DER NEUEN MEDIEN ERSCHEINEN ZAHLREICHE KONFLIKTE IN UNENDLICHE FERNE GERÜCKT. SO REALISIERTEN VIELE DIE FOLGEN DER BÜRGERKRIEGE IN SYRIEN UND AFGHANISTAN ERST, ALS **2015** HUNDERTTAUSENDE FLÜCHTLINGE VOR DEN DEUTSCHEN GRENZEN STANDEN.

2010 *erschien die deutsche Übersetzung von Jonathan Safran Foers »Tiere essen«, das die Folgen von Massentierhaltung kritisch beleuchtet. Das Buch machte auch hierzulande heiß diskutiert Furore und gab der aufkommenden neuen Vegetarismusbewegung rasanten Auftrieb.*

Endlich klappte es auch mit Jogi. Unter Joachim Löw, der **2006** sein Amt als Bundestrainer antrat, schrammt die Nationalelf bei zwei Europa- und einer Weltmeisterschaft knapp am Titel vorbei. **2014** gewann sie dann in Brasilien das WM-Finale gegen Argentinien.

»Völlig unverfroren« kam **2013** der Film »Die Eiskönigin« in die Kinos, der zum bislang erfolgreichsten Animationsfilm wurde. Und nicht nur Kinder lieben Trickfilme nach neuester Technik aus dem Hause Disney oder von Konkurrent Pixar: »Findet Dorie«, »Ich – einfach unverbesserlich« und die »Minions« hängten an den Kinokassen fast alle Filme mit echten Darstellern ab.

Happy Birthday: 2016 sendete die ARD die 1000ste Folge »Tatort«. Deren Titel »Taxi nach Leipzig« entsprach dem der ersten Folge, die am 29. November 1970 ausgestrahlt wurde.

Megabrummer **2010:** Der südkoreanische Rapper Psy stellt seinen Song »Gangnam-Style« auf YouTube – es wird das weltweit am häufigsten aufgerufene Video seit Bestehen des Onlinekanals: über 2 Milliarden »Like«-Klicks.

Eintagsfliege **2010:** Lena Meyer-Landrut gewinnt den Eurovision Song Contest – der erste Platz 1 für Deutschland nach 28 Jahren.

»WIR SCHAFFEN DAS«, ENTSCHIED KANZLERIN ANGELA MERKEL ENDE AUGUST **2015** MUTIG IN DER FLÜCHTLINGSKRISE. GANZ IM GEGENSATZ ZU ANDEREN EUROPÄISCHEN LÄNDERN, WO SICH WIDERSTAND UND NATIONALISTISCHE TENDENZEN REGTEN. IMMERHIN: ÖSTERREICH WÄHLTE DAS IM NACHBARLAND ERFUNDENE »WILLKOMMENSKULTUR« **2015** ZUM WORT DES JAHRES.

Einfach Häkeln und Sticken war gestern. Unter der Bezeichnung DIY (»Do it yourself«) werden als altmodisch verschriene Handarbeiten zum kreativen Zeitvertreib oder sogar zur lebensausfüllenden Beschäftigung. Es wird gewerkelt und inzwischen auch »upgecycelt« was das Zeug hält, und so manche Kreation findet anschließend ihre Abnehmer auf den Mitte der Nullerjahre entstandenen Online-Plattformen DaWanda oder Etsy.

ZUBEREITUNG: 35 MIN. – KÜHLEN: 8 STD. – PRO STÜCK CA. 760 KCAL – FÜR 1 SPRINGFORM (24–26 CM Ø, CA. 14 STÜCKE)

AVOCADO-LIMETTEN-TORTE

Rawfood: Wer da an Rohkost und ein bisschen Möhrenstifte knabbern denkt, ist voll von gestern. Jünger des angesagten Trends essen nicht nur ab und zu, sondern ausschließlich pflanzliche Lebensmittel, vor allem Obst und Gemüse. Wie gewohnt ab damit in den Ofen oder auf den Herd? Auf keinen Fall: »Gekocht« und »gebacken« wird nur bis maximal 42°, ab dann nämlich – so die Verfechter der neuen Rohkostlehre – werden die meisten der gesunden Inhaltsstoffe zerstört. Deswegen bleibt bei dieser Torte der Ofen gleich ganz aus, dafür kommt reichlich Avocado auf nur mit fruchteigenem Zucker gesüßten Nussboden. Dazu ein Tässchen Kaffee? Dann aber unbedingt »coldbrewed«: Aficionados brühen ihren Kaffee seit jüngstem nur mit kaltem Wasser – stundenlang.

1 Die Limetten heiß waschen, abtrocknen und die Schale von 4 Limetten fein abreiben. Limettenschale mit Cashewkernen, 70 g Kokosraspeln, Feigen, 2 EL Kokosöl, 1 EL Agavendicksaft, ½ TL gemahlener Vanille und 1 Prise Salz in einem Mixer pürieren, bis eine klebrige Masse entsteht. Die Masse mit feuchten Händen auf den Boden der ungefetteten Form drücken. Kalt stellen, bis die Avocadocreme fertig ist.

2 Die Avocados halbieren und entsteinen, das Fruchtfleisch mit einem Esslöffel aus den Schalen heben. Die Schale der restlichen Limetten fein abreiben und den Saft aller Limetten auspressen.

3 Avocados, Limettenschale und -saft, übrigen Agavendicksaft, restliche Vanille, Zimt und Kokoscreme in eine Rührschüssel geben und mit dem Pürierstab fein pürieren. Zum Schluss das restliche Kokosöl mit einem Löffel unterrühren.

4 Die Avocadocreme auf die kalte Masse in der Form geben und gleichmäßig verteilen. Die Avocado-Limetten-Torte mind. 8 Std. (am besten über Nacht) in den Kühlschrank stellen und fest werden lassen. Dann mit den übrigen Kokosraspeln verzieren.

8 BIO-LIMETTEN
300 G CASHEWKERNE
120 G KOKOSRASPEL
150 G GETROCKNETE FEIGEN
120 ML FLÜSSIGES KOKOSÖL
8 EL AGAVENDICKSAFT
1 ½ TL GEMAHLENE BOURBON-VANILLE
SALZ
6 VOLLREIFE AVOCADOS (Z. B. SORTE HASS)
1 MSP. ZIMTPULVER
50 G ZIMMERWARME KOKOSCREME

ZUBEREITUNG: 50 MIN. – KOCHEN: 50 MIN. – BACKEN: 50 MIN. – KÜHLEN: 2 STD. – PRO STÜCK CA. 550 KCAL – FÜR 1 SPRINGFORM (22 CM Ø, CA. 12 STÜCKE)

ROTE-BETE-SCHOKOTORTE

1 Für den Teig Rote Beten waschen, in einem Topf mit reichlich Wasser aufkochen und in ca. 50 Min. weich kochen. Dann die Knollen schälen, klein würfeln und pürieren. Schokolade in Stücke brechen, mit dem Öl in eine kleine Schüssel geben und über einem heißen Wasserbad schmelzen.

2 Den Backofen auf 180° vorheizen. Boden der Springform mit Backpapier auslegen, den Rand einfetten. Eier trennen. Eiweiße und 1 Prise Salz steif schlagen. Eigelbe mit Dicksaft verrühren, Schokolade und Rote-Bete-Püree unterrühren. Mandeln, Stärke und Eischnee unter die Schokomasse heben. Den Teig in die Form füllen. Im Ofen (Mitte) 45–50 Min. backen. Herausnehmen, Kuchen in der Form auskühlen lassen, aus der Form lösen.

3 Für die Creme die Schokolade in Stücke brechen und über dem heißen Wasserbad schmelzen. Mascarpone mit Vanillezucker und Schokolade glatt verrühren. Sahne steif schlagen, Mascarponecreme löffelweise unterrühren.

4 Kuchen zweimal waagerecht durchschneiden. Einen Boden auf eine Platte legen, ein Drittel der Creme darauf verteilen. Zweiten Boden auflegen, wieder ein Drittel Creme daraufgeben, dritten Boden auflegen und restliche Creme darauf verteilen. Kuchen im Kühlschrank mind. 2 Std. durchziehen lassen. Vor dem Servieren mit den Beeren garnieren. (Wer mag, kann auch etwas mehr Rote Bete garen und dann klein gewürfelt als Garnitur verwenden.)

FÜR DEN TEIG:
2 ROTE BETEN (CA. 300 G)
200 G ZARTBITTER-SCHOKOLADE (HÖCHSTENS 50–60 % KAKAOANTEIL)
3 EL OLIVENÖL
5 EIER (M)
SALZ
3 EL AGAVENDICKSAFT
200 G GEMAHLENE MANDELN
50 G SPEISESTÄRKE

FÜR DIE CREME:
100 G WEISSE SCHOKOLADE
250 G MASCARPONE
1 PCK. VANILLEZUCKER
500 G SAHNE

AUSSERDEM:
BACKPAPIER UND FETT FÜR DIE FORM
2 HANDVOLL GEMISCHTE BEEREN ZUM GARNIEREN (Z. B. HIMBEEREN UND HEIDELBEEREN)

Health Food und **provokative Völlerei** erscheinen in diesem Jahrzehnt als zwei sich kontrastierende Ernährungstendenzen. Trendsetter wie Christina Tosi verbinden beides mit Augenzwinkern: So stammt von der Gründerin der berühmten New Yorker Momofuku Milk Bar auch die Idee der **»naked cakes«** aus gesunden Zutaten, die sich nicht unter viel Creme oder Fondant verstecken, sondern sich als **»natural beauties«** präsentieren. Hier denkt keiner an dröge Körnerbackstube. Im Gegenteil: Um in den Genuss einer ihrer nackten Hochzeitstorten zu kommen, wäre so manche Hollywoodgröße fast bereit, ihren Zukünftigen zu opfern.

FÜR DEN TEIG:
400 G MUSKATKÜRBIS
3 EIER (M)
SALZ
2 EL AGAVENDICKSAFT
1 TL FEIN ABGERIEBENE BIO-ORANGENSCHALE
75 G DINKELMEHL (TYPE 630)
1 TL BACKPULVER

FÜR DEN BELAG:
2 VOLLREIFE AVOCADOS
2 EL ZITRONENSAFT
50 G PUDERZUCKER
100 G MASCARPONE (ERSATZWEISE DOPPELRAHM-FRISCHKÄSE)
200 G SAHNE
500 G KLEINE ERDBEEREN (MIT GRÜN)

AUSSERDEM:
BACKPAPIER FÜR DIE FORM

ZUBEREITUNG: 40 MIN. – BACKEN: 55 MIN. – PRO STÜCK CA. 255 KCAL – FÜR 1 SPRINGFORM (26 CM Ø, CA. 12 STÜCKE)

KÜRBISBISKUIT MIT AVOCADO

1 Den Backofen auf 200° vorheizen. Für den Teig Kürbis halbieren, entkernen und auf ein Backblech legen. Im Ofen (Mitte) 35–40 Min. backen, bis das Kürbisfleisch schön weich ist. Den Kürbis aus dem Ofen nehmen und etwas abkühlen lassen. Dann das Kürbisfleisch mit einem Löffel von den Schalen schaben (es müssen 200 g Fruchtfleisch sein).

2 Den Backofen auf 180° zurückschalten. Den Boden der Springform mit Backpapier auslegen. Eier trennen. Eiweiße und 1 Prise Salz mit den Rührbesen des Handrührgeräts steif schlagen. Eigelbe mit Agavendicksaft, Kürbisfruchtfleisch und Orangenschale cremig schlagen. Eischnee dazugeben, Mehl und Backpulver darübersieben. Alles locker unter die cremige Masse heben.

3 Den Teig in die Form füllen und glatt streichen. Im Ofen (Mitte) ca. 15 Min. backen. Herausnehmen und den Biskuit in der Form auf einem Kuchengitter kurz abkühlen lassen, dann aus der Form lösen und auskühlen lassen.

4 Für den Belag die Avocados halbieren, die Kerne entfernen. Das Fruchtfleisch mit einem Löffel aus den Schalen lösen und klein würfeln. Mit Zitronensaft, Puderzucker und Mascarpone in einem Mixer oder mit einem Pürierstab fein zerkleinern. Sahne steif schlagen und unterheben. Die Avocadocreme locker auf dem Kürbisbiskuit verteilen. Die Erdbeeren samt dem Grün abbrausen, trocken tupfen, eventuell halbieren und leicht in die Avocadocreme drücken.

ZUBEREITUNG: 40 MIN. – BACKEN: 40 MIN. – PRO STÜCK CA. 205 KCAL – FÜR 1 BACKFORM (20 × 20 CM, CA. 20 STÜCKE)

KAKAOKUCHEN MIT EXOTEN

Verzicht ist in, nichts geht mehr ohne: ohne Gluten, Lactose, Fructose, Weizen, Zucker, Salz … Stars und Sternchen machen im Netz und in Zeitschriften vor, wie man dank dieser »Ganz ohne«-Wunderdiäten strahlend schön und ewig jung bleibt. Askese wird zum Lifestyle erhoben, dem viele »ohne« Not folgen. Denn ob das Weglassen etwas nützt, ist unklar. Finanziellen Nutzen bringt es auf jeden Fall den Herstellern von »frei-von«-Ersatzprodukten. Trotz alledem: Für tatsächlich Betroffene ist dieser Trend ein Segen. Nahrungsbedingte Krankheiten werden schneller als solche erkannt, und Menschen, die etwa das im Mehl enthaltene Klebereiweiß Gluten nicht vertragen, müssen nicht mehr auf Brot, Gebäck und Kuchen verzichten. Inzwischen gibt es massig Rezepte »ohne« – wie dieses Prachtstück, das auch Nicht-Allergiker auf jeden Fall mal probieren sollten.

1 Den Backofen auf 190° vorheizen. Die Form einfetten und mit Nüssen ausstreuen. Für den Teig die Haselnüsse in einer beschichteten Pfanne ohne Fett unter Rühren leicht rösten, vom Herd nehmen und abkühlen lassen. Danach Leinsamen mit Haselnüssen, Natron und Kakaopulver gründlich mischen. Die Bananen schälen, in grobe Stücke schneiden und durch die Kartoffelpresse drücken.

2 Die weiche Butter mit Zucker und 1 Prise Salz mit den Rührbesen der Küchenmaschine oder des Handrührgeräts hellcremig rühren. Die Eier einzeln dazugeben und jeweils gründlich unterrühren. Alles noch ca. 2 Min. weiterschlagen, dann die zerdrückten Bananen untermischen. Die trockenen Zutaten hinzufügen, Rum und Zitronensaft dazugeben und alles ca. 1 Min. durchrühren.

3 Für den Belag die Physalis putzen und waschen, trocken tupfen und halbieren. Die Banane schälen und in grobe Würfel schneiden. Die Mango schälen und in ½–1 cm große Würfel schneiden.

4 Den Teig in die Form füllen und mit den Früchten belegen. Im Ofen (Mitte) ca. 40 Min. backen. Herausnehmen und kurz abkühlen lassen, dann aus der Form lösen und auf einem Kuchengitter auskühlen lassen. Zum Servieren mit Puderzucker bestäuben und in Stücke schneiden.

FÜR DEN TEIG:
160 G GEMAHLENE HASELNUSSKERNE
70 G GESCHROTETER LEINSAMEN
1 PCK. NATRON (5 G)
30 G KAKAOPULVER
2 VOLLREIFE BANANEN
120 G WEICHE BUTTER
150 G ROHRZUCKER
SALZ – 3 EIER (L)
45 ML RUM
2 TL ZITRONENSAFT

FÜR DEN BELAG:
100 G PHYSALIS
1 REIFE, ABER FESTE BANANE
100 G MANGOFRUCHTFLEISCH

AUSSERDEM:
FETT UND GEMAHLENE HASELNUSSKERNE FÜR DIE FORM
PUDERZUCKER ZUM BESTÄUBEN

ZUBEREITUNG: 55 MIN. – EINWEICHEN, ABTROPFEN: 8 STD. – KÜHLEN: 10 STD. – TROCKNEN: 3 STD. – PRO STÜCK CA. 460 KCAL – FÜR 8 TARTELETTFORMEN (À 10 CM Ø)

NUSSTARTELETTS

1 Für die Creme die Datteln in 100 ml Wasser 5–6 Std. einweichen. Danach das Wasser abgießen und auffangen, Datteln mit 3–4 EL Einweichwasser fein pürieren. Die Cashewkerne in einer Schüssel mit Wasser bedecken und mind. 4 Std. einweichen, dann in einem Sieb abspülen und abtropfen lassen.

2 Für die Böden den Buchweizen in einem Nussmilchbeutel mit Wasser bedeckt mind. 4 Std. einweichen. Dann in ein Sieb abgießen, abspülen und bei Zimmertemperatur ca. 4 Std. abtropfen lassen.

3 Das Kokosöl und die Kakaobutter in einem warmen Wasserbad schmelzen. Die Haselnüsse im Blender cremig mixen und in eine Schüssel geben. Die Cashewnüsse mit 40 ml Wasser und dem Agavendicksaft im Blender fein pürieren. Die Haselnusscreme, 50 g Dattelpüree und alle übrigen Zutaten für die Creme untermixen. Die Kokosöl-Kakaobutter-Mischung unter ständigem Mixen langsam einfließen lassen. Die Nugatcreme in den Einwegspritzbeutel füllen und im Kühlschrank in mind. 10 Std. fest werden lassen.

4 Buchweizen, Walnüsse und Paranüsse im Blitzhacker fein mahlen. Die Nussmischung mit Kokosmehl, Agavendicksaft und Salz verkneten. Die Tartelettförmchen mit Frischhaltefolie auslegen. Teig in 8 Portionen teilen und jeweils in einem Förmchen zu einem Boden mit Rand andrücken. Die Böden im Backofen bei 50° (Mitte, Umluft verwenden!) und leicht geöffneter Ofentür ca. 2 Std. oder im Dörrgerät bei 42° ca. 3 Std. trocknen lassen. Herausnehmen und 30 Min. abkühlen lassen, dann die Tartelettböden aus den Formen heben und die Folie entfernen. Die Nugatcreme in die Tarteletts spritzen. Im Kühlschrank sind die Nusstarteletts ca. 1 Woche haltbar.

DER CRUNCH MACHT'S: 25 g Haselnusskerne, 2 EL Kokosblütenzucker, ½ TL gemahlene Vanille und 1 Prise Salz im Blitzhacker zerkleinern, mit ½ TL Agavendicksaft verrühren und auf die gefüllten Tarteletts streuen.

FÜR DIE CREME:
60 G GETROCKNETE SOFT-DATTELN
100 G CASHEWKERNE
4 EL KOKOSÖL
2 EL KAKAOBUTTER
100 G HASELNUSSKERNE
4 EL AGAVENDICKSAFT
2 EL KOKOSBLÜTENZUCKER
3 EL KAKAOPULVER
1 TL ZIMTPULVER
1 MSP. GEMAHLENE VANILLE
1 PRISE SALZ

FÜR DIE BODEN:
50 G BUCHWEIZEN
100 G WALNUSSKERNE
40 G PARANÜSSE
40 G KOKOSMEHL
3 EL AGAVENDICKSAFT
1 PRISE SALZ

AUSSERDEM:
NUSSMILCHBEUTEL (ERSATZWEISE WÄSCHENETZ)
FRISCHHALTEFOLIE
EINWEGSPRITZBEUTEL MIT STERNTÜLLE

ZUBEREITUNG: 35 MIN. – KÜHLEN: 1 STD. – PRO STÜCK CA. 490 KCAL – FÜR 6 STÜCK

MARSHMALLOW BERRY CRONUTS

1 Den Croissantteig aus der Packung nehmen und auseinanderrollen, dabei anhaftendes Mehl mit einem Pinsel entfernen. Die Teigplatten aufeinanderlegen und auf einer bemehlten Arbeitsfläche zu einem Rechteck (60 × 25 cm) ausrollen. Das linke und rechte Teigdrittel leicht mit Wasser bepinseln und zur Mitte zusammenklappen, sodass fast ein Quadrat (20 × 25 cm entsteht), leicht festdrücken. Den Teigblock 1 Std. im Kühlschrank ruhen lassen.

2 Das Öl in einem weiten Topf oder in der Fritteuse auf 180° erhitzen. Es ist heiß genug, wenn sich an einem Holzstäbchen, das man ins Fett taucht, sofort kleine Bläschen entstehen.

3 Mit dem großen Ausstecher 6 Kreise aus dem Teig ausstechen. Dann aus den Teigkreisen mit dem kleinen Ausstecher mittig jeweils ein Loch ausstechen. Je 3 Teigringe im heißen Öl 2–3 Min. frittieren, bis sie aufsteigen und goldbraun sind, nun wenden und weitere 2–3 Min. frittieren. Mit einem Schaumlöffel herausheben und auf Küchenpapier entfetten. Abkühlen lassen.

4 Die Beeren bei Bedarf kurz abbrausen und behutsam trocken tupfen. Die Johannisbeeren mit einer Gabel von den Rispen streifen. Die Marshmallowcreme in den Spritzbeutel füllen.

5 Die Cronuts waagerecht durchschneiden und auf jeden Boden einen Ring aus Marshmallowcreme spritzen. Die Cremeringe mit den Beeren belegen, dabei einige Beeren für die Deko zurückbehalten. Die restliche Marshmallowcreme daraufspritzen, dann die Deckel wieder auflegen und leicht andrücken. Den Zuckerguss nach Packungsangabe im Beutel durchkneten und die Oberseite der Cronuts damit glasieren. Mit den restlichen Beeren dekorieren.

3 PCK. CROISSANTTEIG (À 250 G, FERTIGPRODUKT AUS DEM KÜHLREGAL, Z. B. VON KNACK & BACK)
50 G ROTE JOHANNISBEEREN
50 G HEIDELBEEREN
50 G HIMBEEREN
50 G BROMBEEREN
50 G WALDERDBEEREN ODER KLEINE ERDBEEREN
200 G MARSHMALLOWCREME (AUS DEM GLAS, Z. B. FLUFF)
80 G ROSAFARBENER ZUCKERGUSS (FERTIGPRODUKT)

AUSSERDEM:
MEHL ZUM ARBEITEN
¾ L FRITTIERÖL
2 AUSSTECHER (2 CM UND 8 CM Ø)
SPRITZBEUTEL MIT GROSSER LOCHTÜLLE

1 PCK. CROISSANTTEIG
(250 G, FERTIGPRODUKT
AUS DEM KÜHLREGAL,
Z. B. VON KNACK & BACK)
30 G ZUCKER
1 TL ZIMTPULVER

AUSSERDEM:
FETT FÜR DIE FORM
PUDERZUCKER ZUM BESTÄUBEN

ZUBEREITUNG: 10 MIN. – BACKEN: 25 MIN. – PRO STÜCK CA. 190 KCAL – FÜR 1 MUFFINFORM (6 STÜCK)

CINNAMON CRUFFINS

2013 stand ganz New York Schlange. In Dominique Ansels Bäckerei wurden die von ihm erfundenen Cronuts nur limitiert herausgegeben, höchstens drei pro Kunde – so riesig war der Run auf die frittierten, cremegefüllten Plunderteigkringel. Was brachte figurbewusste Großstädterinnen dazu, freiwillig in derartige Kalorienbomben zu beißen? Eine Antwort liefert das Netz. Dort ploppte zeitgleich ähnliches Vollfett-Food auf: beispielsweise unter Käse begrabene Pizzen oder mit massig Vanilleeis gefüllte, öltriefende Churros. Als Gegentrend und Protest gegenüber Vegankost, Healthfood und gesunden Verzicht-Diäten manifestierte sich »Foodporn«: (Wunsch-)Bilder von sündig-zügellosem Fressen. Eine Peep-Show mit den wildesten Paarungen: Auf den aus Croissant und Donut gekreuzten Cronut (einmal zurückblättern, bitte) folgte kurzerhand die Verbindung aus einem Muffin und Croissant – der Cruffin.

1 Den Backofen auf 180° vorheizen, die Mulden der Muffinform gründlich einfetten. Den Croissantteig aus der Packung nehmen und auseinanderrollen, dabei das anhaftende Mehl mit einem Pinsel entfernen. Die Teigplatten an den langen Seiten leicht überlappend aneinanderlegen, sodass ein großes Rechteck entsteht.

2 Den Zucker und Zimt vermischen und zwei Drittel davon auf den Teig streuen. Das Teigrechteck von einer langen Seite her aufrollen und die Rolle in 6 gleich große Stücke schneiden.

3 Die Teigstücke mit einer Schnittseite nach oben in die Muffinmulden setzen und mit dem restlichen Zimtzucker bestreuen. Die Cruffins im Ofen (Mitte) in 20–25 Min. goldbraun backen. Herausnehmen und kurz abkühlen lassen, dann aus dem Blech lösen und auf einem Kuchengitter auskühlen lassen. Mit Puderzucker bestäuben.

CRUFFINS GIBT'S AUCH NOCH ANDERS: Den Croissantteig wie oben beschrieben aus der Packung nehmen und zu einem Rechteck auslegen. Dann entweder mit 140 g Apfelmus bestreichen und mit 3 EL Rosinen, 1 TL Zimtpulver und 30 g Zucker bestreuen. Oder aber 125 g Himbeeren und 40 g Schokoraspel auf dem Teig verteilen. So oder so das Teigrechteck aufrollen und in 6 Stücke schneiden, in die Form setzen und im 200° heißen Backofen (Mitte) 20–25 Min. backen.

ZUBEREITUNG: 30 MIN. – BACKEN: 15 MIN. – TROCKNEN: 30 MIN. – PRO STÜCK CA. 125 KCAL – FÜR 1 DONUTFORM (16 STÜCK À 6 CM Ø)

GALAXY DONUTS

1 Den Backofen auf 180° vorheizen, die Donutform einfetten. Für den Teig Zucker, Vanillezucker und Ei in einer Schüssel mit den Rührbesen des Handrührgeräts in 2 Min. schaumig schlagen. Buttermilch und Butter dazugeben und langsam einrühren. Mehl, Backpulver und 1 Prise Salz dazugeben und alles zu einem glatten Teig verrühren.

2 Den Teig in den Spritzbeutel füllen und die Mulden der Form spritzen. Im Ofen (Mitte) 15 Min. backen. Herausnehmen und kurz abkühlen lassen, dann aus dem Blech lösen und auf einem Kuchengitter auskühlen lassen.

3 Für den Guss den Puderzucker mit dem Zitronensaft zu einem dicken Zuckerguss verrühren (eventuell weniger Saft verwenden). Die Masse so auf drei Schüsseln verteilen, dass eine große und zwei kleine Portionen entstehen. Die große Portion mit Lebensmittelfarbe kräftig blau einfärben, die anderen beiden Portionen lila und pink.

4 Den blauen, lila und pinken Zuckerguss vorsichtig zusammen in eine Schüssel geben, dabei keinesfalls mischen. Nach und nach die Oberseiten der Donuts in den Zuckerguss tauchen und leicht darin drehen, sodass sie ein bisschen von allen Farben abbekommen. Den Guss 30 Min. trocknen lassen.

FUR DEN TEIG:
75 G ZUCKER
1 PCK. VANILLEZUCKER
1 EI (M)
150 ML BUTTERMILCH
25 G WEICHE BUTTER
200 G MEHL
1 TL BACKPULVER
SALZ

FUR DEN GUSS:
150 G PUDERZUCKER
SAFT VON ½ ZITRONE
LEBENSMITTELFARBE
(BLAU, LILA, PINK)

AUSSERDEM:
FETT FÜR DIE FORM
SPRITZBEUTEL MIT
GROSSER LOCH-
TÜLLE

ZUBEREITUNG: 40 MIN. – BACKEN: PRO BLECH 15 MIN. – PRO STÜCK CA. 150 KCAL – FÜR 15 STÜCK

Wer hat's erfunden? Jedenfalls nicht die Schweizer. Über die Urheberschaft der Whoopies stritten sich 2011 die US-Bundesstaaten Pennsylvania und Maine sogar vor Gericht – und mit enormer medialer Unterstützung auf Facebook. Auch wenn Maine gewann: Die wahren Sieger waren eigentlich die gefüllten Kekse, die schon seit etwa 100 Jahren im Verborgenen existieren. Via World Wide Web kamen sie plötzlich weltweit in Mode.

RED VELVET WHOOPIES

1 Den Backofen auf 160° vorheizen, zwei Backbleche mit Backpapier auslegen. Für den Teig die Butter mit dem Puderzucker hellcremig rühren. Nacheinander Ei, Buttermilch und so viel Lebensmittelfarbe einrühren, bis die Masse kräftig rot ist. Mehl, Kakao und Backpulver mischen und zügig unterrühren.

2 Den Teig in den Spritzbeutel (ohne Tülle) füllen und mit ausreichend Abstand 30 Teighäufchen auf die Bleche spritzen. Nacheinander im Ofen (Mitte) jeweils ca. 15 Min. backen. Herausnehmen und vollständig auskühlen lassen. Spritzbeutel säubern.

3 Für die Füllung die Zitrone heiß waschen und abtrocknen, die Schale fein abreiben, 1 EL Saft auspressen. Beides mit Quark und Puderzucker verrühren. Die Creme in den Spritzbeutel mit Tülle füllen und auf die Unterseite von 15 Whoopiehälften spritzen. Mit den restlichen Whoopiehälften zusammensetzen.

SO RICHTIG RED VELVET: Backen Sie die Whoopiehälften nur so lange, bis sie bei sanftem Fingerdruck leicht zurückfedern. Bleiben die Hälften nämlich zu lange im Ofen, überdeckt die zunehmende Gebäckbräunung die Rotfärbung.

FÜR DEN TEIG:
100 G WEICHE BUTTER
100 G PUDERZUCKER
1 EI (M) – 100 ML BUTTERMILCH
FLÜSSIGE ROTE LEBENSMITTELFARBE
190 G MEHL
1 EL KAKAOPULVER
1 ½ TL BACKPULVER

FÜR DIE FÜLLUNG:
1 BIO-ZITRONE
180 G QUARK (20% FETT I. TR.)
30 G PUDERZUCKER

AUSSERDEM:
BACKPAPIER FÜR DIE BLECHE
SPRITZBEUTEL MIT GROSSER STERNTÜLLE

ZUBEREITUNG: 10 MIN. – PRO BECHER CA. 855 KCAL – FÜR 1 BECHER (MIND. 300 ML INHALT)

TRÜFFEL-TRAUM

1 Die Mokkaschokolade in Stücke brechen. Mit der Butter in den Becher geben und in der Mikrowelle bei 600 Watt in ca. 30 Sek. schmelzen lassen. Mit einer Gabel oder einem Mini-Schneebesen glatt rühren. Bei Bedarf wiederholen.

2 Zucker, Crème double, Ei und Krokant dazugeben und sorgfältig mit der Schokobutter verrühren. Anschließend den Rum und die Schokoladentropfen oder -stücke unterziehen.

3 Das Mehl in den Becher geben und das Backpulver daraufstreuen. Zuerst das Backpulver leicht mit dem Mehl vermischen, dann alles zu einem glatten Teig verquirlen.

4 Den Becher in die Mikrowelle stellen und den Teig bei 600 Watt ca. 1 Min. 30 Sek. backen, bis die Oberfläche fest ist. Den Becher herausnehmen und den Kuchen mit Schokoladenpulver bestäuben. Nach Belieben die Trüffelkugel darauflegen. Wenige Minuten nach dem Backen oder noch warm genießen.

20 G MOKKASCHOKOLADE (CA. 5 STÜCKE)
2 EL BUTTER – 2 EL ZUCKER
3 EL CRÈME DOUBLE – 1 EI (M)
1 EL HASELNUSSKROKANT
1 EL BRAUNER RUM
1 EL BACKFESTE SCHOKOLADENTROPFEN ODER -STÜCKE
5 EL MEHL (CA. 40 G)
½ TL BACKPULVER

AUSSERDEM:
TRINKSCHOKOLADENPULVER ZUM BESTÄUBEN
1 TRÜFFELKUGEL (NACH BELIEBEN)

Kuchen, schneller als die Polizei erlaubt: Zutaten im Becher verrühren und in zwei Minuten ist der Trüffeltraum fertig. Garantiert besser als jede Tütensuppe. Und: Erfunden haben die Mug-Cakes wieder mal ganz zweifelsfrei die Amerikaner.

ZUBEREITUNG: 1 STD. 15 MIN. – BACKEN: 20 MIN. – KÜHLEN: 15 MIN. – PRO STÜCK CA. 125 KCAL – FÜR 1 CAKE-POP-FORM (AUS SILIKON, 16 STÜCK)

KONFETTI-CAKE-POPS

1 Den Backofen auf 180° vorheizen. Für den Teig die Butter schmelzen. Ei, Zucker, Vanillezucker und 1 Prise Salz mit den Rührbesen des Handrührgeräts in ca. 5 Min. schaumig schlagen. Mehl mit Backpulver mischen und einrühren. Die flüssige Butter und den Joghurt gut unterrühren.

2 Den unteren Teil der Backform auf ein Backblech stellen, den Teig mit zwei Teelöffeln in die Mulden füllen und die Form mit dem Deckel verschließen. Den Teig im Ofen (Mitte) ca. 20 Min. backen. Die Form herausnehmen und 5 Min. abkühlen lassen. Dann den Deckel abnehmen und die Cake-Pops aus den Mulden drücken.

3 Für die Garnitur die Kuvertüre hacken und in einer Tasse im heißen Wasserbad schmelzen. Cake-Pop-Stiele oder Holzstäbchen ca. 1 cm tief eintauchen, in die Cake-Pops stecken und diese 15 Min. kühlen.

4 Die Milch leicht erwärmen, mit dem Puderzucker zu einer dickflüssigen Glasur verrühren und diese dritteln. Eine Portion mit einigen Tropfen roter, die zweite mit einigen Tropfen gelber und die dritte mit einigen Tropfen grüner Lebensmittelfarbe verrühren. Cake-Pops einzeln in je eine Glasur tauchen, den Überschuss durch Drehen der Stiele oder Stäbchen abtropfen lassen. Mit Dekor-Konfetti bestreuen und trocknen lassen.

BESONDERS GUT DECKT EINE EIWEISSGLASUR: Dazu 1 ganz frisches Eiweiß halbsteif schlagen. 200 g Puderzucker und 1 TL Zitronensaft nach und nach einrühren, bis eine dicke, glänzende Glasur entsteht. Die Cake-Pops einzeln hineintauchen und den Überschuss abtropfen lassen. Mit bunten Zuckerstreuseln bestreuen und trocknen lassen.

FÜR DEN TEIG:
30 G BUTTER
1 EI (M)
50 G ZUCKER
1 PCK. VANILLEZUCKER
SALZ
90 G MEHL
¼ TL BACKPULVER
1 EL JOGHURT

FÜR DIE GARNITUR:
25 G WEISSE KUVERTÜRE
2 EL MILCH
200 G PUDERZUCKER
LEBENSMITTELFARBE (ROT, GELB, GRÜN)
DEKOR-KONFETTI ZUM BESTREUEN

AUSSERDEM:
16 CAKE-POP-STIELE ODER HOLZSTÄBCHEN

ZUBEREITUNG: 25 MIN. – BACKEN: 45 MIN. – KÜHLEN: 2 STD. – PRO STÜCK CA. 260 KCAL – FÜR 1 SPRINGFORM (23 CM Ø, CA. 10 STÜCKE)

MAGIC CAKE

»It's a kind of magic«: Nach dem Backen steht dieser Kuchen Kopf. Zumindest sieht es so aus: Unten setzt sich eine und in der Mitte noch mal eine zweite feuchtcremige Schicht ab. Die trockenen Zutaten driften während des Backens als Boden ganz nach oben ab. Keiner weiß, wer sich diesen Wunderkuchen ausgedacht hat. Wie durch Zauberei tauchte er eines Tages im Netz auf, fand schnell reichlich »Follower« und verbreitete sich so »world wide«. Ähnliche mirakulöse Erfolgstorys gibt es im Netz auf den einschlägigen Portalen wie Instagram oder Pinterest, Flickr oder Facebook zu entdecken: japanische Käsekuchen (Cotton Cake) aus nur drei Zutaten, Cloud Bread, getränkte Poke Cakes …

1 Den Boden der Springform mit Backpapier auslegen. Dann die Form rundherum so in Alufolie einwickeln, dass der Spalt zwischen Boden und Rand möglichst fest verschlossen ist. Den Rand der Backform einfetten.

2 Die Vanilleschote längs aufschlitzen und das Mark herauskratzen. Mark und Schote mit der Milch in einen Topf geben und kurz aufkochen. Vom Herd nehmen und beiseitestellen.

3 Den Backofen auf 180° vorheizen. Butter in einem Topf bei kleiner Hitze schmelzen. Eier trennen. Die Eiweiße steif schlagen. Eigelbe und Zucker mit den Rührbesen des Handrührgeräts in 3 Min. cremig schlagen. Die Butter zur Ei-Zucker Masse geben und kurz einrühren.

4 Vanilleschote aus der Milch entfernen. Milch mit Mehl und 1 Prise Salz zur Eigelbcreme geben. Kurz durchrühren, bis alle Zutaten gut vermischt sind. Den Eischnee dazugeben und mit dem Teigschaber vorsichtig nur unvollständig unterheben. (Nicht wundern, der Teig hat eine ungewöhnlich flüssige Konsistenz, es sollen Eiweißflocken zu sehen sein.)

5 Den Teig in die Form füllen und im Ofen (unten) 40–45 Min. backen, bis der Rand und die Oberfläche des Kuchens goldbraun sind und sich in der Mitte eine Art Puddingschicht gebildet hat (der Kuchen fühlt sich darum auch am Ende der Backzeit noch weich an). Herausnehmen und den Magic Cake mind. 1–2 Std. kalt stellen. Vor dem Anschneiden nach Belieben noch mit Puderzucker bestäuben.

1 VANILLESCHOTE
500 ML MILCH
125 G BUTTER
4 EIER (M)
150 G ZUCKER
125 G MEHL
SALZ
PUDERZUCKER ZUM BESTÄUBEN (NACH BELIEBEN)

AUSSERDEM:
BACKPAPIER UND FETT FÜR DIE FORM
ALUFOLIE

FÜR DIE DEKO:
JE 50 G ROTER, GELBER UND GRÜNER FONDANT
SILBERNER DEKORZUCKER (STREUZUCKER)

FÜR DEN TEIG:
400 G WEICHE BUTTER
1 PRISE SALZ
400 G ZUCKER
2 TL VANILLEEXTRAKT
8 EIER (M)
400 G MEHL
1 PCK. BACKPULVER

FÜR DIE KÄSECREME:
4 PASSIONSFRÜCHTE
150 G DOPPELRAHM-FRISCHKÄSE
150 G MASCARPONE
100 G PUDERZUCKER
200 G KALTE SAHNE

FÜR DIE BUTTERCREME:
500 G WEICHE BUTTER
2 TL VANILLEEXTRAKT
1 KG PUDERZUCKER

AUSSERDEM:
HERZAUSSTECHER (5 CM Ø)
3 STÜCKE WICKELDRAHT (À 20 CM LANG)
2 SPRINGFORMEN (À 15 CM Ø)
BACKPAPIER UND FETT FÜR DIE FORMEN
LEBENSMITTELFARBE (LILA, BLAU, GRÜN, GELB, ORANGE, ROT)
CAKE BOARD (15 CM Ø)
DREHTELLER
6 SPRITZBEUTEL MIT ROSEN-TÜLLEN (À 15 MM Ø)

ZUBEREITUNG: 2 STD. – TROCKNEN: 3 STD. – BACKEN: 1 STD. 45 MIN. – KÜHLEN: 1 STD. 30 MIN. – PRO STÜCK CA. 1040 KCAL – FÜR 1 TORTE (CA. 16 STÜCKE)

RAINBOW CAKE

1 Für die Deko die Fondants weich kneten und ca. 5 mm dick ausrollen. Je ein Herz ausstechen, auf 1 Stück Wickeldraht stecken und 3 Std. trocknen lassen.

2 Den Backofen auf 180° vorheizen. Die Böden der Formen mit Backpapier auslegen, Ränder einfetten. Für den Teig alle Zutaten verrühren (siehe S. 272). Den Teig in 6 Portionen teilen und jeweils mit einer Lebensmittelfarbe einfärben. Die ersten beiden Teige in die Formen füllen, glatt streichen und im Ofen (Mitte) 30–35 Min. backen. Die Kuchen leicht abgekühlt aus den Formen lösen und auskühlen lassen. Die übrigen Teige ebenso backen.

3 Für die Käsecreme Passionsfrüchte halbieren, Fruchtfleisch rauskratzen und durch ein Sieb streichen, dabei 40 ml Saft auffangen. Mit Frischkäse, Mascarpone und Puderzucker verrühren. Die Sahne steif schlagen und vorsichtig unter die Creme heben, ca. 30 Min. kühlen. Dann die Kuchenböden mit der Käsecreme bestreichen und in den Regenbogenfarben aufeinanderstapeln. Die Torte auf das Cake Board setzen und auf den Drehteller stellen.

4 Für die Buttercreme Butter, Vanilleextrakt und Puderzucker zu einer streichfähigen Creme verrühren. 6 EL davon beiseitestellen, übrige Creme in sieben Portionen teilen. Zwei Portionen zusammennehmen und rot einfärben, die restlichen Portionen in je einer weiteren Farbe färben. Die Torte rundherum mit einer dünnen Schicht der ungefärbten Buttercreme einstreichen. Dann die Oberseite mit roter Buttercreme glatt bestreichen. Torte ca. 1 Std. kalt stellen.

5 Die farbigen Buttercremes in die Spritzbeutel füllen. Nacheinander in jeder Farbe eine Rüschenreihe um den Tortenrand spritzen, dabei unten mit Lila beginnen. Mit roter Buttercreme abschließen und auch die Oberfläche mit roten Rüschen verzieren. Die Fondantherzen in die Torte stecken und zum Schluss den Dekorzucker aufstreuen.

ZUBEREITUNG: 2 STD. 30 MIN. – BACKEN: 30 MIN. – PRO STÜCK CA. 705 KCAL – FÜR 1 TORTE (CA. 26 STÜCKE)

TOPSY TURVY

1 Den Backofen auf 180° vorheizen. Die Böden der Formen mit Backpapier auslegen, Ränder einfetten. Für den Teig alle Zutaten verrühren (siehe S. 273). Den Teig in die vorbereiteten Formen füllen und im Ofen (Mitte) 25–30 Min. backen. Auskühlen lassen, aus den Formen lösen. Inzwischen für die Garnitur Butter und Vanilleextrakt cremig rühren. Puderzucker nach und nach dazusieben und weiterrühren, bis sich der Zucker aufgelöst hat. Creme kühl stellen.

2 Vom oberen Teil des größten Bodens einen Keil (3 cm hoch) schräg zur Seite hin abschneiden, dabei in der Mitte ansetzen. Keil oben mit etwas Konfitüre einstreichen, umdrehen und so wieder auf den Tortenboden setzen, dass die Schräge verstärkt wird. Boden der mittleren Form auflegen, mit einem Holzstäbchen anzeichnen. Kreis 1–2 cm tief ausschneiden, dabei an der höheren Stelle der Torte tiefer schneiden, um eine waagerechte Schnittfläche zu erhalten. Mittleren Boden ebenso zuschneiden, dabei die kleine Form als Schablone verwenden. Vom dritten Boden nur den Keil abschneiden, schräg aufsetzen.

3 Alle Tortenböden waagerecht halbieren, mit übriger Konfitüre einstreichen, mit etwas Buttercreme füllen, zusammensetzen. Rundherum dünn mit Creme einstreichen. Fondants weich kneten, 3–4 mm dick ausrollen und die Böden damit einschlagen: den 20-cm-Boden mit der weißen, den 15-cm-Boden mit der gelben und den 10-cm-Boden mit der rosa Fondant-Platte.

4 Holzstäbchen in die ausgeschnittenen Kreise der ersten und zweiten Etage stecken, kürzen. Alle Etagen zusammensetzen, dabei je 1–2 EL Buttercreme als »Kleber« verwenden. Aus dem grünen und blauen Fondant Dreiecke ausstechen und mit Buttercreme um den Rand der ersten Etage kleben. Bunte Kreise ausstechen, auf Holzstäbchen stecken und diese auf unterschiedliche Längen kürzen. Übrige Buttercreme gelb einfärben, in den Spritzbeutel füllen und rundherum kleine Tuffs auf die »Nahtstellen« der Etagen spritzen. Die Stäbchen mit den Kreisen in die oberste Tortenetage stecken.

FÜR DEN TEIG:
9 EIER (M)
160 G ZUCKER
3 TL VANILLEEXTRAKT
225 G MEHL
1 ½ TL BACKPULVER

FÜR DIE FÜLLUNG UND DIE GARNITUR:
500 G WEICHE BUTTER
4 TL VANILLEEXTRAKT
1 KG PUDERZUCKER
150 G BEEREN-KONFITÜRE
850 G WEISSER FONDANT
500 G GELBER FONDANT
350 G ROSA FONDANT
JE 150 G HELLGRÜNER UND HELLBLAUER FONDANT
GELBE LEBENSMITTEL-FARBE (AM BESTEN FETTLÖSLICHE PULVER-FARBE)

AUSSERDEM:
3 SPRINGFORMEN (10 CM, 15 CM UND 20 CM Ø)
BACKPAPIER UND FETT FÜR DIE FORMEN
HOLZSTÄBCHEN (CA. 20 CM)
FONDANT-GLÄTTER
AUSSTECHER (DREIECKE 2–3 CM, KREISE 4 UND 6 CM Ø)
SPRITZBEUTEL MIT LOCHTÜLLE (6 MM)

ZUBEREITUNG: 1 STD. – BACKEN: 50 MIN. – KÜHLEN: 1 STD. –
PRO STÜCK CA. 695 KCAL – FÜR 1 TORTE (CA. 20 STÜCKE)

PIÑATA-TORTE

1 Den Backofen auf 180° vorheizen. Die Schüsseln einfetten und mit Mehl ausstäuben. Für den Teig Butter, 1 Prise Salz, Zucker und Vanilleextrakt hellcremig rühren. Eier einzeln einrühren. Mehl und Backpulver darübersieben und alles zu einem glatten Teig verrühren. Den Teig in die Schüsseln füllen, glatt streichen und im Ofen (Mitte) 45–50 Min. backen. Herausnehmen, leicht abgekühlt aus den Schüsseln lösen und ganz auskühlen lassen.

2 Von beiden Kuchen an der geraden Seite eine dünne Scheibe abschneiden und so begradigen. Die Kuchen dann vorsichtig mit einem Löffel aushöhlen, dabei einen 4–5 cm breiten Rand stehen lassen, damit die Torte stabil bleibt.

3 Für die Buttercreme die Himbeeren verlesen, waschen und trocken tupfen. Die Beeren dann pürieren. Das Himbeerpüree mit Butter, Vanilleextrakt und Lebensmittelfarbe cremig rühren. Den Puderzucker nach und nach darübersieben und rühren, bis eine streichfähige Creme entsteht.

4 Einen Kuchen mit der Wölbung nach unten auf ein Brett setzen und mit den Schokolinsen befüllen. Dann den oberen Kuchenrand mit Buttercreme bestreichen und den zweiten Kuchen mit der Rundung nach oben daraufsetzen, sodass eine Kugel ensteht. Die Torte auf eine Tortenplatte setzen, rundum gleichmäßig mit Buttercreme einstreichen und ca. 1 Std. kalt stellen.

5 Für die Deko die Wimpelkette an die Holzstäbchen binden, die Stäbchen in die Torte stecken und die Wimpelkette so aufspannen. Die Kerzen in die Torte stecken.

CAKE-POPS AUS KUCHENRESTEN: Abgeschnittene Kuchenscheiben und den ausgehöhlten Teil zerkrümeln, mit 100 g Frischkäse vermengen, zu kleinen Kugeln rollen und auf Cake-Pop-Stiele stecken. Die Pops mit 125 g geschmolzener Schokolade überziehen, trocknen lassen und nach Wunsch verzieren.

FÜR DEN TEIG:
400 G WEICHE BUTTER
SALZ
400 G ZUCKER
2 TL VANILLEEXTRAKT
8 EIER (M)
400 G MEHL
1 PCK. BACKPULVER

FÜR DIE BUTTERCREME:
150 G HIMBEEREN
250 G WEICHE BUTTER
1 TL VANILLEEXTRAKT
1 TL ROSA LEBENSMITTELFARBE
1 KG PUDERZUCKER

FÜR DIE FÜLLUNG UND DIE DEKO:
250 G SCHOKOLINSEN (Z. B. SMARTIES)
WIMPELKETTE
2 HOLZSTÄBCHEN (15 CM LANG)
6 KLEINE GEBURTSTAGSKERZEN MIT HALTERUNG

AUSSERDEM:
2 HALBRUNDE OFENFESTE SCHÜSSELN (25 CM Ø)
FETT UND MEHL FÜR DIE SCHÜSSELN

ZUBEREITUNG: 30 MIN. – RUHEN: 1 STD. – BACKEN: 1 STD. – AUSKÜHLEN: 20 MIN. – PRO SCHEIBE CA. 85 KCAL – FÜR 1 KASTENFORM (20 CM LÄNGE, CA. 16 SCHEIBEN)

SUPERFOOD-BROT

1 Die Sonnenblumenkerne in einer Pfanne ohne Fett rösten, bis sie zu duften beginnen, beiseitestellen und abkühlen lassen. Fenchelsamen und Korianderkörner ebenso anrösten, bis sie zu duften beginnen, herausnehmen und abkühlen lassen. Die Samen dann in einem Mörser zerstoßen.

2 Leinsamen- und Mandelmehl, Chia-Samen, Lein- und Flohsamen, Sesam, Meersalz und Backpulver in einer großen Schüssel gut mischen. Fenchel, Koriander, Sonnenblumenkerne, Apfelessig und Mineralwasser dazugeben und alles mit den Knethaken des Handrührgeräts zu einem Teig verkneten. Abgedeckt an einem warmen Ort ca. 1 Std. ruhen lassen, sodass das Wasser aufgesogen wird und ein gebundener Teig entsteht.

3 Den Backofen auf 180° vorheizen, die Kastenform mit Backpapier auslegen. Der Brotteig muss richtig fest sein, andernfalls einfach noch etwas Flohsamen unterrühren. Den Teig in der Form verteilen und das Brot 55–60 Min. im Ofen (Mitte) backen. Mit einem Holzstäbchen prüfen, ob das Brot gar ist, und eventuell die Backzeit verlängern.

4 Das Brot aus dem Backofen nehmen und 15–20 Min. auskühlen lassen, dann vorsichtig mit einem Teigschaber lösen, aus der Form stürzen und auf einem Kuchengitter auskühlen lassen.

100 G SONNENBLUMENKERNE
1 TL FENCHELSAMEN
1 TL KORIANDERKÖRNER
100 G LEINSAMENMEHL
100 G MANDELMEHL
1 EL CHIA-SAMEN
1 EL LEINSAMEN
1 EL FLOHSAMEN
1 EL SESAM
1 TL MEERSALZ
1 TL BACKPULVER
1 EL APFELESSIG
400 ML MINERALWASSER

AUSSERDEM:
BACKPAPIER FÜR DIE FORM

Was ist eigentlich ein **»Superfood«**? Das Oxford English Dictionary definiert so ein Lebensmittel, »das als besonders förderlich für **Gesundheit** und **Wohlbefinden** erachtet wird«. Aha. Um wessen Erachten es sich dabei handelt, bleibt offen: Was Chia-Samen, Quinoa, Goji-Beere und andere vor allem exotische In-Lebensmittel so besonders macht, ist meist nicht wissenschaftlich gesichert. Aber vor allem Low-Carb-Anhänger finden, dass dieses Brot, bei dem auf Mehl zugunsten von reichlich Körnern und Saaten verzichtet wird, einfach super ist.

ZUBEREITUNG: 35 MIN. – RUHEN: 1 STD. 40 MIN. – BACKEN: 35 MIN. – PRO STÜCK CA. 225 KCAL – FÜR 1 BROT (1 KG, CA. 15 STÜCKE)

MONKEY BREAD

1 Die Butter in einem Topf schmelzen, abkühlen lassen. Milch mit 100 ml lauwarmem Wasser, ½ TL Salz, Zucker und Hefe in einer großen Schüssel verrühren, bis der Zucker aufgelöst ist. Das Ei, die Butter und beide Mehlsorten dazugeben und alles mit den Knethaken des Handrührgeräts verkneten. Den Teig auf eine Arbeitsfläche geben und weiterkneten, bis er nicht mehr klebt und gut zusammenhält. Eventuell etwas mehr Mehl einarbeiten.

2 Die Schüssel säubern und mit Olivenöl einfetten. Den Teig zu einer Kugel rollen und in die Schüssel geben. Mit Frischhaltefolie abdecken und an einem warmen Ort 1 Std. gehen lassen.

3 Die Mini-Mozzarella abtropfen lassen und in ein wenig Mehl wenden. Den Teig in 15 gleich große Portionen teilen und zu Kugeln rollen. Die Teigkugeln flach drücken und je 1 Mini-Mozzarella in die Mitte legen. Den Teig um den Mozzarella schließen und mit der Verschlussseite nach unten erneut zu Kugeln rollen, bis sie fest verschlossen sind.

4 Ein Backblech mit Backpapier auslegen. Einen Kreis aus 6 Teigkugeln in die Mitte des Backblechs legen. 3 weitere Kugeln darauf verteilen, 1 Kugel in die Mitte legen. Die übrigen Teigkugeln außen um den Kreis legen, dabei immer ein wenig Abstand zwischen den Kugeln lassen. Mit Frischhaltefolie abdecken und erneut 40 Min. gehen lassen.

5 Den Backofen auf 190° vorheizen. Das Brot mit Olivenöl einpinseln und mit Oregano bestreuen. Im Ofen (unten) in 35 Min. goldbraun backen.

125 G BUTTER
100 ML MILCH
SALZ
100 G ZUCKER
5 G TROCKENHEFE
1 EI (M)

250 G WEIZENMEHL (TYPE 405)
150 G WEIZENMEHL (TYPE 550)
125 G MINI-MOZZARELLA
1 TL OLIVENÖL
½ TL GETROCKNETER OREGANO

AUSSERDEM:
MEHL ZUM ARBEITEN
OLIVENÖL FÜR DIE SCHÜSSEL
FRISCHHALTEFOLIE
BACKPAPIER FÜR DAS BLECH

2 EIER (M)
2 KNOBLAUCHZEHEN
240 ML MILCH
1 EL OLIVENÖL
3 EL ZUCKER
10 TL SALZ

1 EL GETROCKNETER ROSMARIN
1 TL GETROCKNETER THYMIAN
1 PCK. TROCKENHEFE
570 G WEIZENMEHL (TYPE 550)
20 G GERIEBENER PARMESAN

AUSSERDEM
OLIVENÖL FÜR SCHÜSSEL,
FORM UND ZUM BESTREICHEN
MEHL ZUM ARBEITEN
FRISCHHALTEFOLIE

ZUBEREITUNG: 30 MIN. – BACKEN: 30 MIN. – RUHEN: 2 STD. –
PRO SCHEIBE CA. 180 KCAL – FÜR 1 KASTENFORM (24 CM LÄNGE, CA. 15 SCHEIBEN)

PULL APART BREAD

1 Die Eier in einer großen Schüssel verquirlen. Die Knoblauchzehen schälen und durch die Presse zu den Eiern drücken. Milch lauwarm erhitzen und mit 60 ml lauwarmem Wasser und den übrigen Zutaten (bis auf den Parmesan) ebenfalls in die Schüssel geben. Alles mit den Knethaken des Handrührgeräts zu einem Teig verkneten. Teig auf eine Arbeitsfläche geben und 5–10 Min. weiterkneten, bis er nicht mehr klebt und gut zusammenhält.

2 Die Schüssel säubern und mit Olivenöl einfetten. Den Teig zu einer Kugel rollen und in die Schüssel geben. Mit Frischhaltefolie abdecken und an einem warmen Ort 1 Std. 30 Min. gehen lassen.

3 Die Kastenform mit Olivenöl einfetten. Den Teig auf einer bemehlten Arbeitsfläche rechteckig knapp 1 cm dick ausrollen, dann in gleich große Quadrate (ca. 7 × 7 cm) schneiden und in drei bis vier Stapeln aufeinandersetzen. Diese Stapel nebeneinander in die Form setzen – mit den Schnittkanten nach oben. Locker mit Frischhaltefolie abdecken und noch einmal 30 Min. gehen lassen.

4 Den Backofen auf 190° vorheizen. Den Teig mit wenig Olivenöl bestreichen und mit dem Parmesan bestreuen. Die Form in den Ofen (Mitte) schieben und das Brot 25–30 Min. backen.

ZUSÄTZLICHE WÜRZE GEFRAGT? Vor dem Stapeln der Teigquadrate kann man diese nach Lust und Laune noch mit Wurst-, Schinken- oder Käsescheiben belegen oder mit einem Pesto oder Tomatensugo bestreichen.

ZUBEREITUNG: 15 MIN. – RUHEN: 19 STD. – BACKEN: 40 MIN. – PRO SCHEIBE CA. 85 KCAL – FÜR 1 BROT (CA. 15 SCHEIBEN)

Brotbacken ist hartes Handwerk: Wer schon mal Teig selbst geknetet hat, weiß das. Und es dauert: Profis verbringen Tage mit dem Ansetzen von Vorteigen, dem Zusammenkneten und immer wiederkehrenden Gehenlassen des Teiges, bis sie dann letztendlich ein Brot aus dem Ofen ziehen können. Geht auch einfacher: mit einem genialen Teig, der so klebrig nass ist, dass er sich gar nicht erst kneten lässt. Da bleiben nicht nur die Armmuskeln entspannt. Die Feuchtigkeit sorgt zusätzlich dafür, dass Gär- und Gehprozesse schneller ablaufen. Eine geniale Idee aus den USA.

NO KNEAD BREAD

1 Mehl, Trockenhefe, 1 TL Salz und 360 ml lauwarmes Wasser in einer großen Schüssel mit einem Kochlöffel zügig zu einem glatten, zähflüssigen Teig verrühren. Den Teig mit Frischhaltefolie abdecken und mind. 18 Std. an einem warmen Ort ruhen lassen. Danach ist der Teig sehr weich und klebrig.

2 Die Teigränder mit einer Teigkarte mehrmals nach innen falten. Ein Geschirrtuch dick mit Mehl bestreuen. Den Teig auf eine Hälfte des Tuchs geben und die Teigränder wieder zur Mitte falten. Den Teig dann großzügig mit Mehl bestäuben und mit der anderen Hälfte des Tuchs abdecken. Den Teig nochmals ca. 1 Std. gehen lassen.

3 Den Backofen auf 250° vorheizen, dabei den Bräter oder Topf samt Deckel mit aufheizen. Bräter oder Topf aus dem Ofen nehmen und den Teig vom Geschirrtuch hineinstürzen. Den Deckel wieder auflegen und den Bräter oder Topf in den Ofen (2. Schiene von unten) schieben. Das Brot 30 Min. backen, dann offen in ca. 10 Min. fertig backen.

4 Zuletzt die Stäbchenprobe machen: Mit einem Holzstäbchen an der dicksten Stelle des Brotes tief einstechen, kurz warten und Stäbchen herausziehen. Haftet noch Teig daran muss es noch etwas länger backen. Das fertige Brot leicht abgekühlt aus der »Form« stürzen und auf einem Kuchengitter abkühlen lassen.

SIE KRIEGEN NICHT GENUG VON DIESEM WUNDERBROT? Dann einfach mit dem Teig experimentieren! Für eine knackige Variante zum Beispiel bis zu 70 g Saaten, Körner oder grob gehackte Nüsse mit in den Teig rühren.

370 G WEIZENMEHL
(TYPE 550)
½ GESTR. TL TROCKENHEFE
SALZ

AUSSERDEM:
FRISCHHALTEFOLIE
MEHL ZUM ARBEITEN
BESCHICHTETER ODER GUSS-
EISERNER BRÄTER ODER TOPF MIT
DECKEL (CA. 25 CM Ø)

ZUBEREITUNG: 30 MIN. – KÜHLEN: 30 MIN. – BACKEN: 1 STD. 10 MIN. – PRO STÜCK CA. 300 KCAL – FÜR 1 QUICHEFORM (26 CM Ø, CA. 14 STÜCKE)

Mürbeteig ohne Butter und ein Guss ganz ohne Eier und Sahne, geht das denn? Es geht, und es schmeckt. Vorbehalte gegenüber veganer Bäckerei werden seltener. Die Irritationen beim Aufkommen der Fleischlos-Welle zu Beginn des Jahrzehnts haben sich gelegt, wohl vor allem dank der stetig wachsenden Information. 2010 waren gerade einmal drei Kochbücher zu diesem Thema auf dem deutschen Markt zu finden, fünf Jahre später sind es weit über hundert. Entsprechend hat sich auch das Bild des Veganers gewaltig geändert, nicht zuletzt durch Bestsellerautor Attila Hildmann, der Veganismus in Deutschland populär machte: Man(n) kann »vegan und fit« sein, wie sein erster Buchtitel verhieß. Mit genauso viel Passion für tierfreie Kost machte 2013 Nicole Just als »La Veganista« erstmals mit einem Buch von sich reden – von ihr stammt dieses Quiche-Rezept.

SÜSS-KARTOFFEL-QUICHE

1 Für den Teig Mehl, ½ TL Salz, Margarine, Sojamehl und 3 EL kaltes Wasser zu einem glatten Teig verkneten. Die Form einfetten, mit Mehl ausstreuen. Den Teig etwas größer als die Form ausrollen, in die Form legen und einen Rand formen. Den Teig mit einer Gabel mehrmals einstechen und abgedeckt ca. 30 Min. kalt stellen.

2 Den Backofen auf 200° vorheizen. Für die Füllung Süßkartoffeln schälen, in dünne Scheiben hobeln. Pilze putzen, längs in 5–6 mm dicke Scheiben schneiden. Tofu in 4 mm dünne Streifen schneiden. Knoblauch schälen und fein würfeln. Lauch putzen, waschen und in dünne Ringe schneiden.

3 Öl erhitzen. Tofu darin bei starker Hitze in ca. 1 Min. kross anbraten. Pilze dazugeben und bei mittlerer Hitze ca. 1 Min. mitbraten. Knoblauch und Lauch dazugeben, 1 Min. mitbraten. Mit Wein aufgießen und aufkochen. Die Flüssigkeit in einen Topf abgießen, Brühe und Mandelmus unterrühren. Alles unter Rühren kochen lassen, bis die Flüssigkeit leicht sämig ist. Mit Salz und Pfeffer würzen. Estragon abbrausen und trocken schütteln, Blättchen hacken und unter die Mandelcreme rühren.

4 Die Hälfte der Tofu-Pilz-Mischung auf den Teigboden geben, ein Drittel der Mandelsahne angießen, Süßkartoffeln fächerartig darauflegen. Das Schichten nochmals wiederholen, übrige Mandelcreme angießen. Mit Alufolie abdecken. Die Quiche im Ofen (Mitte) ca. 55 Min. backen. Die Folie entfernen und die Quiche in weiteren 15 Min. fertig backen.

FUR DEN TEIG:
250 G MEHL
SALZ
150 G KALTE VEGANE MARGARINE
1 EL SOJAMEHL

FUR DIE FULLUNG:
650 G SÜSSKARTOFFELN
200 G SHIITAKE (ERSATZWEISE BRAUNE CHAMPIGNONS)
200 G RÄUCHERTOFU
2 KNOBLAUCHZEHEN
1 STANGE LAUCH
2 EL ÖL
250 ML TROCKENER WEISSWEIN
350 ML GEMÜSEBRÜHE
3 EL MANDELMUS
SALZ – PFEFFER
2 STÄNGEL ESTRAGON

AUSSERDEM:
VEGANE MARGARINE UND MEHL FÜR DIE FORM
ALUFOLIE

ZUBEREITUNG: 35 MIN. – BACKEN: 1 STD. – PRO STÜCK CA. 285 KCAL – FÜR 4 STÜCK

BLUMENKOHL-PIZZA

1 Den Backofen auf 200° vorheizen. Blumenkohl putzen, waschen und in kleine Röschen teilen. Die Röschen portionsweise im Blitzhacker oder auf der Rohkostreibe auf Reiskorngröße zerkleinern. Auf ein Backblech legen und 10–12 Min. backen. Herausnehmen und kurz abkühlen lassen, dann auf ein Geschirrtuch geben und kräftig ausdrücken.

2 Blumenkohl mit Ei, Mandelmehl und Gouda mischen, salzen. Zwei Backbleche mit Backpapier auslegen. Die Blumenkohlmasse vierteln und jede Portion auf den Blechen zu einem runden Fladen (ca. 18 cm Ø) formen. Nacheinander im heißen Ofen 12 Min. vorbacken.

3 Inzwischen die Tomaten mit Salz und Pfeffer würzen. Basilikum abbrausen und trocken schütteln, Blättchen von 3 Stängeln abzupfen und fein hacken. Unter die Tomaten rühren. Den Schinken in grobe Stücke schneiden. Den Mozzarella in dünne Scheiben schneiden. Die Pilze putzen und in dünne Scheiben schneiden.

4 Die Blumenkohlfladen mit Tomaten bestreichen und mit den vorbereiteten Zutaten belegen. Nacheinander weitere 12 Min. backen. Restliche Basilikumblättchen von den Stängeln zupfen und die Pizzas damit garnieren.

1 BLUMENKOHL (750 G)
1 EI (M)
1 EL MANDELMEHL (ERSATZWEISE GEMAHLENE GEHÄUTETE MANDELN)
50 G GERIEBENER GOUDA
SALZ
4 EL STÜCKIGE TOMATEN (AUS DER DOSE)
PFEFFER
4 STÄNGEL BASILIKUM
4 SCHEIBEN GEKOCHTER SCHINKEN
2 KUGELN MOZZARELLA (À 125 G)
75 G CHAMPIGNONS

AUSSERDEM:
BACKPAPIER FÜR DIE BLECHE

Das Ende der Pizza scheint nahe: Mit **Low Carb,** dem publikumwirksamsten Diätkonzept unserer Tage, scheint kohlenhydratreicher Pizzateig aus Mehl überholt. Doch statt in pizzalose Endzeitstimmung zu verfallen, haben sich Low-Carb-Anhänger **etwas Neues** einfallen lassen. Nachdem gehäckselter Blumenkohl bereits als Reisersatz in Sushi herhalten musste, wird er jetzt alternative Grundlage von Pizzateig. Ungewöhnlich und nicht exakt das, was man beim Wort »Pizza« erwartet, aber irgendwie interessant und lecker. Wem das nicht passt, der kann gerne die Pizzatorte im **XXL-Format** (siehe S. 266) probieren oder die 2017 auf den Markt gebrachte TK-Pizza mit feistem Schokobelag von Dr. Oetker. Denn auch das ist Zeichen unserer Zeit: Zu jedem Trend gibt es den absoluten Gegentrend – etwa No Carb & veggie versus vollfett.

2016
In Berlin eröffnet das erste deutsche Craft-Pizza-Restaurant – hier stehen traditionelles Kunsthandwerk und Handarbeit voll im Mittelpunkt.

2017
Kein Scherz! Am 1. April präsentiert Dr. Oetker mit großem viralen Marketingaufwand im Vorfeld die Dolce-al-Cioccolato-Tiefkühlpizza.

2017
Frühjahr: Nach schwarzen Smoothies färbt Aktivkohle nun auch den Pizzateig. Erfunden wurde die »Gothic Pizza« in den USA immerhin von einem gebürtigen Neapolitaner.

2017
Die Blechpizza (siehe S. 138) feiert ihr Comeback: Allerdings wird die super trendy Detroit-Style-Pizza à la Tarte Tatin verkehrt herum, mit dem Belag nach unten, gebacken.

ZUBEREITUNG: 1 STD. 30 MIN. – RUHEN, ABKÜHLEN: 1 STD. 15 MIN. – BACKEN: 1 STD. – PRO STÜCK CA. 475 KCAL – FÜR 12 STÜCKE

PIZZATORTE

1 Für den Teig das Mehl mit 2 TL Salz mischen. Die Hefe in 275 ml lauwarmem Wasser auflösen. Die Hefemischung mit 5 EL Olivenöl zum Mehl geben und zu einem glatten Teig verkneten. 10 Min. kneten, dann abgedeckt an einem warmen Ort 1 Std. gehen lassen, bis der Teig sein Volumen verdoppelt hat.

2 Für den Belag das Filet klein würfeln. Mit Paprikapulver, Pfeffer und Öl mischen, abdecken. Für die Sauce Zwiebel schälen und würfeln. Bacon in Streifen schneiden und in einer Pfanne auslassen. Zwiebel dazugeben und andünsten. Mit Zucker bestreuen und kurz karamellisieren. Tomatenmark einrühren. Balsamico, Tomaten und 1–2 EL Wasser angießen. Aufkochen und in ca. 20 Min. dicklich einköcheln lassen. Mit Salz und Pfeffer würzen.

3 Backofen auf 225° vorheizen. Das Fleisch in einer Pfanne ohne Fett kräftig anbraten. Den Teig in 5 Portionen teilen, dabei sollte 1 Portion 50 g schwerer sein als die anderen. Die 4 leichteren Portionen jeweils auf bemehltem Backpapier rund (24 cm Ø) ausrollen. Fladen mit je 1 TL Olivenöl einstreichen, mit einer Gabel mehrmals einstechen. Nacheinander auf ein Backblech ziehen und 8 Min. vorbacken. Inzwischen Mozzarella reiben, mit Gouda mischen.

4 Den letzten der vorgebackenen Fladen gleich auf dem Blech liegen lassen und mit 2–3 EL Sauce bestreichen. Mit je einem Viertel des Hähnchenfilets und der Käsemischung belegen. Die übrigen Fladen und Zutaten ebenso daraufschichten, dabei mit Belag enden. Restlichen Teig halbieren und auf etwas Mehl zu zwei langen Streifen (je 10 × 40 cm) ausrollen. Die Streifen als Rand um die Torte legen, gut andrücken. Tortenrand mit übrigem Öl bestreichen.

5 Die Pizzatorte im heißen Ofen (2. Schiene von unten) ca. 30 Min. backen, dabei nach 20 Min. mit Backpapier abdecken. Herausnehmen und 15 Min. abkühlen lassen, dann mit Basilikumblättchen bestreuen. Warm servieren.

FÜR DEN TEIG:
600 G WEIZENMEHL (TYPE 00 ODER 550)
SALZ
20 G FRISCHE HEFE (½ WÜRFEL)
8 EL OLIVENÖL

FÜR DEN BELAG:
800 G HÄHNCHENBRUSTFILET
2 TL EDELSÜSSES PAPRIKAPULVER
1 TL ROSENSCHARFES PAPRIKAPULVER
1 TL PFEFFER – 5 EL ÖL
2 KUGELN MOZZARELLA (À 125 G)
150 G GERIEBENER GOUDA
1 HANDVOLL BASILIKUMBLÄTTCHEN

FÜR DIE SAUCE:
1 ZWIEBEL
100 G BACON (IN SCHEIBEN)
3 EL BRAUNER ZUCKER
1 EL TOMATENMARK
25 ML ACETO BALSAMICO
1 DOSE STÜCKIGE TOMATEN (400 G)
SALZ – PFEFFER

AUSSERDEM:
MEHL ZUM ARBEITEN
BACKPAPIER FÜR DIE BLECHE

FÜR DEN TEIG:
600 G WEIZENMEHL (TYPE 550)
1 PCK. TROCKENHEFE
SALZ
50 ML OLIVENÖL

FÜR DAS PESTO:
2 KNOBLAUCHZEHEN
150 G GETROCKNETE TOMATEN (IN ÖL)
25 G PINIENKERNE
50 ML OLIVENÖL
25 G PARMESAN
SALZ – PFEFFER

AUSSERDEM:
OLIVENÖL FÜR DIE SCHÜSSEL
FRISCHHALTEFOLIE
BACKPAPIER FÜR DAS BLECH

ZUBEREITUNG: 35 MIN. – RUHEN: 1 STD. 45 MIN. – BACKEN: 25 MIN. – PRO STÜCK CA. 235 KCAL – FÜR 1 SPRINGFORM (28 CM Ø, CA. 17 STÜCKE)

PIZZASONNE

Und noch ein modischer Trend: Als Pizzasonne, -blume oder -wheel sorgt dieses kunstvoll verzwirbelte Gebäck für neuen Pizzawirbel. Außer Pesto passt natürlich auch Tomatensauce, wie sie normalerweise auf die Teigböden kommt, und bestimmt auch noch so manch andere Sauce oder Paste. Die Geschichte der Pizza ist also noch lange nicht am Ende angelangt, immer wieder geht eine neue (Pizza-)Sonne auf.

1 Für den Teig das Mehl mit Hefe, 3 TL Salz, Öl und 300 ml lauwarmem Wasser in einer Schüssel mischen. Dann alles mit den Knethaken des Handrührgeräts oder der Küchenmaschine ca. 7 Min. kneten, bis ein glatter Teig entsteht, der gut zusammenhält. Die Schüssel mit Olivenöl ausreiben. Teig zur Kugel rollen, in die Schüssel legen, mit Frischhaltefolie abdecken und an einem warmen Ort 1 Std. 30 Min. gehen lassen.

2 Für das Pesto die Knoblauchzehen schälen und grob würfeln. Die Tomaten abtropfen lassen und ebenfalls grob würfeln. Beides mit den übrigen Zutaten in einen Blitzhacker geben und alles zu einer cremigen Paste mixen. Mit Salz und Pfeffer abschmecken.

3 Den Backofen auf 180° vorheizen, ein Backblech mit Backpapier auslegen. Den Teig dritteln und jede Portion zu einem dünnen, runden Fladen (ca. 26 cm Ø) ausrollen. Das Pesto auf 2 Fladen verteilen und diese auf dem Backblech übereinanderlegen. Mit dem unbestrichenen Teigfladen abdecken.

4 In der Mitte des Teigstapels mit dem Rand eines Glases (ca. 8 cm Ø) einen Kreis eindrücken. Davon ausgehend den Teigstapel sternförmig in 16 Stücke schneiden, die in der Mitte verbunden bleiben. Dann nacheinander jedes Stück vorsichtig so umdrehen, dass der Deckel wieder oben liegt. Dabei ist es wichtig, die Stücke abwechselnd nach rechts und nach links zu drehen, damit ein Sonnenmuster entsteht. Den Teig weitere 15 Min. ruhen lassen, dann im Ofen (Mitte) 20–25 Min. backen.

GRUNDREZEPTE

FÜR IMMER UND EWIG

Typisch deutsch: Kaffeeklatsch, süße Teilchen, Kuchen und Torten, Weihnachtsplätzchen. (Selbst-)Gebackenes gehört ebenso zum Bild, das viele von Deutschland haben, wie Würstchen, Bier und Lederhosen. Im Gegensatz zu jeder Menge weitaus weniger schmeichelhaften Klischees ist die Tatsache, auf eine derartig reiche und bunte Backtradition zurückschauen zu können, ein wahrer Grund zur Freude.

Ob Schwarzwälder Kirschtorte, Linzertorte, Apfelkuchen, stylischer Rainbow Cake oder Galaxy Donuts – die meisten Back(kunst)werke in diesem Buch basieren auf einfachen Grundrezepten: Rührteig, Hefeteig oder Mürbeteig walkten und rührten schon unsere Urgroßmütter. Damals noch mühsam und von Hand. Selbst Eischnee und Sahne wurden mit reiner Muskelkraft geschlagen, und der Ofen wollte erst noch angefeuert werden. Das wurde nach dem Krieg einfacher: Technische Neuerungen wie elektrische Kühlschränke, Herde, Backöfen, Küchenmaschinen und Handrührgeräte wurden auch für Normalhaushalte erschwinglich, und die Hausfrau der 50er pürierte, rührte oder mahlte mit dem AEG-Multimix fast mit links. Und bereits 1953 brachten die Kathi-Werke in Ostdeutschland die erste Fertigbackmischung auf den Markt. »Mit Ei und Fett verrührt, sofort backfertig« lautete der Slogan. Dabei wollte das Unternehmen aus Halle nicht in erster Linie das Backen bequemer machen: Die Mischung enthielt einfach alles, was damals in der DDR tagtäglich schwer oder gar nicht zu bekommen war. Im Westen fehlte den Frauen dagegen einfach mehr und mehr die Zeit fürs Backen, und die erst in den frühen 70ern eingeführten Fertigmischungen wurden deshalb auch sofort ein Erfolg – genau wie Tiefkühlpizza, Fischstäbchen und andere Fertiggerichte.

Mit Tiefkühltorten vom Lieferdienst, Fertigkuchen und Aufbackbrötchen aus dem Supermarkt blieb zwar immer mehr Zeit für andere Freizeitvergnügungen, dafür verwaiste die heimische Backstube und immer mehr Wissen von früher geriet in Vergessenheit. Zum Glück besinnt man sich seit geraumer Zeit wieder dieser alten Backschätze. Heute wird wie damals mit Leidenschaft geknetet, gerührt, geschlagen: meist nach guten alten Rezepten, die die Basis für neue Glanzstücke der Zukunft bilden.

ZUBEREITUNG: 25 MIN. – BACKEN: 1 STD. – FÜR 1 KASTENFORM (31 CM LÄNGE) ODER 1 GUGELHUPFFORM (1,5 L INHALT)

RÜHRTEIG

250 G WEICHE BUTTER – 250 G ZUCKER – SALZ – 5 EIER (M) – 250 G MEHL – 2 TL BACKPULVER – FETT UND MEHL FÜR DIE FORM

UNBEDINGT BEACHTEN: Ein klassischer Rührteig besteht aus Butter, Zucker, Eiern, Mehl (eventuell mit Speisestärke gemischt) und Backpulver. Damit der Teig richtig gut gelingt, sollten alle Zutaten unbedingt zimmerwarm sein. Daher Butter und Eier rechtzeitig aus dem Kühlschrank holen!

RÜHRTEIG IST DIE GRUNDLAGE vieler unterschiedlicher Kuchen wie beispielsweise Barbarakuchen, Marmorkuchen, Rotweinkuchen, Nusskuchen, Frankfurter Kranz, Englischem Kuchen und dem Rainbow Cake. Der Teig kann ganz einfach abgewandelt werden, indem man ihn mit Kakaopulver, Zitrusschale und -saft oder Gewürzen verfeinert oder gemahlene Nüsse, gehackte Trockenfrüchte oder Schokolade unterarbeitet.

1 Den Backofen auf 180° vorheizen. Die Form gründlich mit Butter einfetten und dünn mit Mehl ausstäuben. Die weiche Butter in eine Rührschüssel geben. Mit den Rührbesen des Handrührgeräts oder der Küchenmaschine so lange rühren, bis die Butter cremig und ganz hell, fast weißlich, geworden ist, und sich kleine Spitzen zeigen.

2 Nach und nach den Zucker und 1 Prise Salz zur Butter geben. Dabei konstant weiterrühren, bis sich der Zucker möglichst vollständig aufgelöst hat – das kann schon einmal 5 Min. dauern! Nun ein Ei nach dem anderen dazugeben und jeweils in ½–1 Min. gründlich unterrühren, bis eine weißlich-schaumige Masse entstanden ist.

3 Das Mehl mit dem Backpulver mischen und zur Buttermasse geben. Möglichst zügig mit den Rührbesen des Handrührgeräts, einem Löffel oder Teigschaber unterrühren – auf keinen Fall zu lange rühren, sonst wird der Teig zäh.

4 Den Teig in die Form füllen und glatt streichen. Die Form sollte höchstens zu zwei Dritteln gefüllt sein, da der Rührteig stark aufgeht. Im heißen Ofen (Mitte) in ca. 1 Std. goldbraun backen. Gegen Backzeitende mit einem Holzstäbchen in die Mitte des Kuchens stechen: Bleibt kein feuchter Teig am Stäbchen haften, ist der Kuchen fertig.

5 Den fertigen Kuchen aus dem Ofen nehmen und ca. 10 Min. in der Form auskühlen lassen. Dann den Kuchen auf ein Kuchengitter stürzen und vollständig auskühlen lassen.

ZUBEREITUNG: 20 MIN. – BACKEN: 35 MIN. (SPRINGFORM) ODER 10 MIN. (BACKBLECH) – FÜR 1 SPRINGFORM (26 CM Ø) ODER 1 BACKBLECH (Z. B. FÜR EINE BISKUITROULADE)

BISKUITTEIG

4 EIER (M) – SALZ – 175 G ZUCKER – 100 G MEHL – 50 G SPEISESTÄRKE – 2 MSP. BACKPULVER (NACH BELIEBEN) – FETT, MEHL UND BACKPAPIER FÜR FORM ODER BLECH – ZUCKER FÜR DAS TUCH

1 Den Backofen auf 180° (Springform) oder 200° (Backblech) vorheizen. Den Boden der Springform mit Backpapier auslegen, den Rand der Form nur leicht einfetten und dann sorgfältig mit Mehl einstäuben (damit der Teig später schön »klettert«, sollte er nicht direkt mit Fett in Berührung kommen). Das Backblech mit Backpapier auslegen.

2 Die Eier vorsichtig trennen. Die Eiweiße mit 1 Prise Salz in eine Rührschüssel geben und mit den Rührbesen des Handrührgeräts oder der Küchenmaschine steif schlagen. Dabei am Ende etwa ein Drittel des Zuckers einrieseln lassen und immer weiterschlagen, bis eine steife Masse entstanden ist. Den Eischnee eventuell kühl stellen.

3 Die Eigelbe in eine zweite Rührschüssel geben und mit dem übrigen Zucker und 2 EL heißem Wasser mit den Rührbesen des Handrührgeräts oder der Küchenmaschine schlagen, bis eine hellgelbe schaumige Masse entstanden ist.

4 Den Eischnee auf die Eigelbmasse geben. Mehl mit Speisestärke und eventuell Backpulver mischen und über den Eischnee sieben. Nun alles ganz behutsam mit einem Teigschaber oder einem Schneebesen untereinanderheben. Dabei keinesfalls kräftig rühren, damit so viel Luft wie möglich im Teig bleibt und dieser später locker aufgehen kann.

5 Den Biskuitteig in die Springform füllen oder auf dem Blech verteilen, glatt streichen. Im heißen Ofen (Mitte) in 30–35 Min. (Form) oder ca. 10 Min. (Blech) goldbraun backen. Ein Geschirrtuch dünn mit Zucker bestreuen.

6 Backblech oder Springform aus dem Ofen nehmen, den Rand der Form lösen. Biskuit auf das vorbereitete Tuch stürzen. Das Backpapier mit einem nassen Schwamm oder Tuch abtupfen und dann vorsichtig vom Biskuit abziehen.

IM REGELFALL wird ein Biskuit aus reichlich Eiern, Zucker, wenig Mehl – und ohne Zugabe von Fett – gebacken und ist dadurch ein sehr leichter, lockerer Teig. Es gibt aber auch üppigeren Biskuit mit Butter, oder der Teig wird aus ganzen, luftig aufgeschlagenen Eiern zubereitet. Wie diese Varianten gelingen, ist bei den entsprechenden Rezepten genauer beschrieben.

EIN ECHTER ALLROUNDER: Ein Biskuitboden ist im Sommer die ideale Unterlage für Obst aller Art, das einfach frisch auf den Boden kommt und dann nur noch mit einem Tortenguss überzogen wird. Außerdem ist der Biskuit die erste Wahl für viele Tortenklassiker wie Schwarzwälder Kirsch oder Käsesahnetorte, bei denen der Boden zum Füllen waagerecht durchgeschnitten werden muss. Wer dazu keinen speziellen Tortenbodenschneider hat, kann sich zur Not mit einem Zwirn oder mit Zahnseide behelfen: Dazu den Biskuitboden rundherum 1 cm tief einschneiden, den Faden ringsum in den Schnitt legen und die Enden dann über Kreuz zusammenziehen. Und wie sich der auf dem Blech gebackene Teig am besten in eine Roulade verwandeln lässt, können Sie auf S. 66 nachlesen.

ZUBEREITUNG: 30 MIN. – RUHEN: 2 STD. – BACKEN: 50 MIN. (GUGELHUPFFORM) ODER WIE IM REZEPT ANGEGEBEN (BLECH) – FÜR 1 GUGELHUPFFORM (1,5 L INHALT) ODER 1 BACKBLECH

HEFETEIG

250 ML MILCH – 500 G MEHL – 42 G FRISCHE HEFE (1 WÜRFEL) – 70 G ZUCKER – 75 G WEICHE BUTTER – 2 EIER (M) – SALZ – MEHL ZUM ARBEITEN – FETT UND MEHL FÜR DIE FORM ODER BACKPAPIER FÜR DAS BLECH

1 Für einen Hefeteig mit Vorteig die Milch lauwarm erhitzen. Mehl in eine große Rührschüssel geben und in die Mitte eine Mulde drücken. Die Hefe hineinbröckeln und mit ½ TL Zucker bestreuen – er ist Nahrung für die Hefepilze und regt deren Wachstum an.

2 Gut die Hälfte der lauwarmen Milch zur Hefe gießen und beides verrühren, dabei eventuell etwas Mehl vom Rand dazunehmen. Den Vorteig mit einem Geschirrtuch abdecken und an einem warmen Ort ca. 15 Min. ruhen lassen: Durch die leicht temperierte Flüssigkeit und die Raumwärme werden die Hefepilze aktiviert und fangen an, sich zu vermehren. Wichtig: Die Milch (oder auch andere Flüssigkeiten) dürfen keinesfalls zu heiß sein, da sonst die Hefebakterien zerstört werden und nichts (mehr) geht.

3 Butter mit restlicher Milch, übrigem Zucker, den Eiern und 1 Prise Salz zum Vorteig geben. Alles mit den Knethaken des Handrührgeräts oder der Küchenmaschine auf niedriger Stufe 4–5 Min. verkneten. Sobald sich ein homogener Teig gebildet hat (eventuell je nach Konsistenz noch etwas Milch oder Mehl dazugeben), diesen auf höchster Stufe weitere 4–5 Min. kneten – er sollte sich am Ende samtig-weich anfühlen und leicht Blasen werfen.

4 Die Rührschüssel mit Mehl ausstreuen und den Teig hineingeben. Wieder mit dem Tuch zudecken und den Teig nochmals 30–45 Min. gehen lassen, bis er sein Volumen verdoppelt hat.

5 Nun entweder die Gugelhupfform gut einfetten und mit Mehl ausstäuben. Den Teig auf der bemehlten Arbeitsfläche durchkneten, in die Form geben und erneut 30–60 Min. gehen lassen, dann im 180° heißen Backofen (unten) in 45–50 Min. goldbraun backen. Oder den Teig durchkneten, auf dem Blech ausrollen und je nach Rezept weiterverarbeiten: etwa zu einer Eierschecke (siehe S. 18), zu Butterkuchen (siehe S. 20) oder Streuselkuchen (siehe S. 21).

VARIANTEN OHNE ENDE: Hefeteig kann nicht nur süß mit Milch, Eiern, Butter, Zucker und diversen Extras geknetet werden. Für herzhafte Teige nimmt man statt Milch oft Wasser und statt Butter Öl, zugleich wird auf Ei und Zucker verzichtet. Außerdem wird er mal fester und mal weicher zubereitet. Immer aber gilt: Je fettreicher der Teig, desto länger muss er gehen. Und: Salz und Fett nie direkt auf den Hefeansatz geben – sie hindern die Hefezellen am Wachstum.

FRISCH ODER TROCKEN? Anstatt von 1 Würfel frischer Hefe kann jederzeit auch 1 Pck. Trockenhefe (ca. 8 g) verwendet werden. Die Trockenhefe nicht extra ansetzen, sondern direkt unter das Mehl mischen – und dann auch gleich die restlichen Zutaten dazugeben und alles verkneten. Den Teig ohne Vorteig zuzubereiten, geht auch mit frischer Hefe: diese einfach nur in einem Schüsselchen mit etwas Zucker und Milch verrühren, dann mit allen Zutaten verkneten. In beiden Fällen den Teig ca. 1 Std. gehen lassen.

ECHT COOL: Wer seinen Teig nicht gleich weiterverarbeiten möchte, bereitet ihn ohne Vorteig zu, gibt ihn in eine große verschließbare Plastikdose und über Nacht in den Kühlschrank. Am nächsten Tag den Teig dann ca. 45 Min. vor dem Verarbeiten herausholen und Raumtemperatur annehmen kann.

ZUBEREITUNG: 20 MIN. – KÜHLEN: 1 STD. – BACKEN: 30 MIN. (REINER KUCHENBODEN) ODER WIE IM REZEPT ANGEGEBEN – FÜR 1 SPRING- ODER TARTEFORM (26 CM Ø)

MÜRBETEIG

250 G MEHL – 50 G ZUCKER – SALZ – 1 EI (M) – 125 G KALTE BUTTER – MEHL ZUM ARBEITEN – FRISCHHALTEFOLIE – FETT UND MEHL FÜR DIE FORM – BACKPAPIER – GETROCKNETE HÜLSENFRÜCHTE ZUM BLINDBACKEN

1 Für einen gehackten Mürbeteig das Mehl auf die Arbeitsfläche häufen und in die Mitte eine Mulde drücken. Den Zucker, 1 Prise Salz und das Ei hineingeben. Die Butter in Flöckchen auf das Mehl rings um die Mulde setzen.

2 Die Zutaten mit einem großen Messer, einer Teigkarte oder einer Palette vom Rand her durchhacken, bis kleine Krümel entstehen und Butter und Ei möglichst gleichmäßig verteilt sind. Bei Bedarf noch 2–3 EL kaltes Wasser dazugeben. Dann alles sofort mit den Händen rasch zu einem glatten Teig verkneten. Den fertigen Mürbeteig zur Kugel rollen, in Frischhaltefolie wickeln und im Kühlschrank 30–60 Min. kalt stellen und ruhen lassen.

3 Dann den Teig aus dem Kühlschrank nehmen und kurz wärmer werden lassen, eventuell auch etwas weicher kneten – aber auf keinen Fall zu lange!

4 Nun entweder für einen reinen Kuchenboden die Form gut einfetten und mit Mehl ausstäuben. Teig auf der bemehlten Arbeitsfläche rund (ca. 30 cm Ø) ausrollen und die Form damit auskleiden, dabei einen kleinen Rand formen. Den Teigboden mit einer Gabel mehrmals einstechen, mit Backpapier belegen und mit den Hülsenfrüchten beschweren. Im 200° heißen Backofen (Mitte) 25–30 Min. blindbacken. Herausnehmen, Backpapier samt Hülsenfrüchten entfernen und den Teig in der Form auskühlen lassen. Dann den Kuchenboden nach Belieben mit frischem Obst belegen und eventuell mit einem Tortenguss überziehen.

5 Oder den Mürbeteig je nach Rezept weiterverarbeiten: etwa zu Apfelkuchen (siehe S. 16), Käsekuchen (siehe S. 32), Quiche Lorraine (ohne Zucker, siehe S. 74), Träubleskuchen (siehe S. 124) oder Rhabarberkuchen (siehe S. 125).

FEINER UND MÜRBER: Für einen Standard-Mürbeteig gilt als Faustregel das Mengenverhältnis von 4 : 2 : 1 für Mehl, Butter, Zucker. Mürber wird der Teig, wenn man statt 1 ganzen Ei einfach 2 Eigelbe verwendet. Etwas mehr Butter macht ihn nicht nur gehaltvoller, sondern auch knuspriger. Je nach Konsistenz gibt man auch noch ein paar Esslöffel kaltes Wasser, Wein oder Milch dazu. Immer wichtig: Den Teig auf keinen Fall zu stark und zu lange kneten – sonst wird er zäh, klebrig und brüchig.

ES GEHT AUCH ELEKTRISCH: gerührter Mürbetig – ideal bei Teigrezepten mit höherem Fettanteil. Dafür die weiche Butter mit den Rührbesen des Handrührgeräts cremig rühren, dann nacheinander Zucker, Salz und Ei unterrühren. Zuletzt das Mehl dazugeben und mit einem Löffel zügig und mit möglichst wenig Druck unterarbeiten und zusammenkneten. Anschließend ruhen lassen und wie beschrieben weiterverarbeiten.

MÜRBETEIG IST PERFEKT FÜR
Kuchen mit frischem Obstbelag, aber auch für Tartes, bei denen die Früchte (z. B. Zwetschgen oder Äpfel) zusammen mit einem Guss mitgebacken werden. Wer ihn nur ausrollt, kann daraus Plätzchen ausstechen – die perfekten Kekse zum Verzieren für Kinder. Und: Aus ungesüßtem Mürbeteig lassen sich wunderbar herzhafte Quiches oder Käsegebäck backen.

ZUBEREITUNG: 30 MIN. – BACKEN: 30 MIN. – FÜR Z. B. 8 WINDBEUTEL ODER 12 LIEBESKNOCHEN (ECLAIRS)

BRANDTEIG

50 G BUTTER – SALZ – 150 G MEHL – 4 EIER (M) – BACKPAPIER FÜR DAS BLECH – SPRITZBEUTEL MIT GROSSER STERNTÜLLE

1 Die Butter mit 1 kräftigen Prise Salz und 250 ml Wasser in einen Topf geben und aufkochen lassen, dann vom Herd nehmen.

2 Das Mehl auf einmal in die kochend heiße Flüssigkeit geben und alles mit einem Holzkochlöffel kräftig verrühren. Den Topf zurück auf den Herd stellen und bei kleiner Hitze so lange weiterrühren und den Teig »abbrennen«, bis sich ein Kloß bildet und am Topfboden eine weiße Schicht entsteht.

3 Den Topf sofort vom Herd nehmen, den Teig in eine Schüssel geben und kurz abkühlen lassen. Dann nacheinander die Eier mit den Rührbesen des Handrührgeräts gründlich unterrühren: Erst wenn sich das Ei vollständig mit dem Teig verbunden hat, das nächste einrühren. Der Teig sollte nun glatt und glänzend aussehen und zähreißend und mit langer Spitze am Löffel hängen bleiben, wenn man diesen herauszieht.

4 Den Backofen auf 220° vorheizen (siehe auch links), ein Backblech mit Backpapier auslegen. Den Teig in den Spritzbeutel füllen und in gewünschter Form (z. B. als Rosetten für Windbeutel, siehe S. 34, oder als längliche Streifen für Liebesknochen bzw. Eclairs, siehe S. 69) auf das Blech spritzen. Immer mit reichlich Abstand und wesentlich kleiner als das gewünschte Gebäck aufspritzen, da der Teig sehr stark aufgeht.

5 Blech in den heißen Ofen (Mitte) schieben und die Teigstücke in 20–30 Min. goldbraun backen. Dabei die Ofentür nicht öffnen, sonst fällt das Gebäck zusammen. Fertiges Gebäck aus dem Ofen nehmen und zum späteren Füllen sofort aufschneiden (sehr gut geht das mit einer Küchenschere). Die Gebäckstücke auf ein Kuchengitter legen und auskühlen lassen, dann beliebig füllen, z.B. mit Schlagsahne oder Vanillecreme und Früchten.

EIN ECHTER LUFTIKUS: Das »Abbrennen« im Topf gibt dem Teig nicht nur seinen Namen, sondern auch seine besondere Konsistenz und die Fähigkeit, beim Backen ohne Backtriebmittel zu doppelter oder sogar dreifacher Größe aufzugehen. Dabei bilden sich im Inneren große Hohlräume – ideal für Gebäck, das gefüllt werden soll. Aber nicht nur diese spezielle Art der Zubereitung sorgt für Luftigkeit, auch die Eier tragen dazu bei – je frischer sie sind, desto besser. Wer mag, kann außerdem noch mit 1–2 Prisen Backpulver nachhelfen. Wichtig: Den Teig auf keinen Fall zu lange im Topf erhitzen, sonst wird er zu fest. Ist das passiert, ein wenig Backpulver unter den kalten Teig rühren, damit er locker aufgeht.

BACKEN, ABER MIT VOLLDAMPF!
Feuchte Hitze beim Backen macht den Brandteig noch luftiger. Deshalb bereits beim Vorheizen des Backofens eine ofenfeste Form mit Wasser auf den Ofenboden stellen. Und dann nach Einschieben der Teigstücke die Ofentür sofort wieder verschließen.

ZUBEREITUNG: 50 MIN. – KÜHLEN: 4 STD. 45 MIN. – BACKEN: ZEIT JE NACH REZEPT – FÜR Z. B. ÄFEL IM SCHLAFROCK, SCHWEINSÖHRCHEN, EMPANADAS, PIZZATASCHEN (SIEHE UNTEN)

BLÄTTERTEIG

500 G MEHL – SALZ – 1 EL WEISSWEINESSIG – 1 EIGELB (M) – 500 G NICHT ZU WEICHE BUTTER – MEHL ZUM ARBEITEN – FRISCHHALTEFOLIE

AUCH MAL SELBER MACHEN: Obwohl man wirklich guten Blätterteig tiefgefroren oder gekühlt kaufen kann: Den Teig einmal in der eigenen Küche herzustellen, ist ein Erlebnis und gar nicht so kompliziert. Es braucht nur vorab einen einfachen Teig sowie speziell vorbereitete Butterplatten – und es sollte keinesfalls zu heiß im Raum sein (max. 22°). Übrigens: Wird die Butterplatte mit Hefeteig verarbeitet, entsteht daraus ein herrlicher Plunderteig, der 1 a Croissants (siehe S. 210) oder Cruffins (siehe S. 239) ergibt.

WICHTIG! Damit beim Tourieren (der Teig wird auf eine bestimmte Weise eingeschlagen und ausgerollt) die einzelnen Teig- und Butterschichten erhalten bleiben, unbedingt mit möglichst wenig Mehl arbeiten. Außerdem den Teig gleichmäßig sanft ausrollen, damit die Butterschichten nicht zu stark gequetscht werden, dabei das Nudelholz nur senkrecht oder waagerecht führen, nie diagonal! Und: Den Teig zum Ausrollen nur aufeinanderlegen, nicht kneten! Das Teigpäckchen nach jeder Tour um 90 Grad drehen.

UND SO GEHT'S WEITER: Nachdem der fertige Blätterteig gut gekühlt wurde, kann er nach Belieben zu Äpfeln im Schlafrock (siehe S. 50), Schweinsöhrchen (siehe S. 51), Empanadas (siehe S. 80), Pizzataschen (siehe S. 114) und vielem mehr verarbeitet werden.

1. Für den Teig 350 g Mehl mit ½ TL Salz in eine Rührschüssel geben und in die Mitte eine Mulde drücken. Essig und 150 ml kaltes Wasser verrühren und mit Eigelb in die Mulde geben. Alles mit den Knethaken des Handrührgeräts oder der Küchenmaschine zu einem festen Teig verkneten. Teig zur Kugel formen, kreuzweise einschneiden und mit einem feuchten Geschirrtuch abdecken. An einem kühlen Ort 30–45 Min. ruhen lassen.

2. Für die Butterplatte das übrige Mehl mit der Hand in die Butter einarbeiten und zu einem 1–2 cm hohen Block (ca. 20 × 20 cm) ausrollen. In Frischhaltefolie wickeln und ca. 30 Min. in den Kühlschrank stellen – die Butterplatte sollte am Ende die gleiche Konsistenz wie der Teig haben.

3. Den Teig auf möglichst wenig Mehl mit geringem Druck zu einem großen Rechteck (ca. 30 × 40 cm) ausrollen. Die Butterplatte bei Bedarf ein wenig weicher kneten, dann in die Mitte des Teiges legen und darin straff wie einen Briefumschlag einschlagen. Den Teig samt eingepackter Butter zur doppelten Länge ausrollen.

4. Für die erste »einfache Tour« ein Drittel des Teiges zur Mitte falten, dann das andere Teigdrittel darüberschlagen, sodass ein dreilagiges Päckchen entsteht. Teig in Frischhaltefolie wickeln und 10 Min. kalt stellen. Dann den Teig wieder zur doppelten Länge ausrollen, erneut eine einfache Tour durchführen, kühlen.

5. Anschließend den Teig ausrollen und für eine »doppelte Tour« die beiden Schmalseiten zur Mitte hin falten, dann in der Mitte zusammenklappen, sodass ein vierlagiges Päckchen entsteht. Den Teig in Frischhaltefolie wickeln und 20 Min. kalt stellen. Dann den Teig wieder ausrollen und nochmals eine doppelte Tour durchführen. Zum Schluss den Teig vor der endgültigen Verwendung mind. 2–3 Std. kühlen, dann wie gewünscht weiterverarbeiten.

Rezeptregister von A–Z

T

U

V

W

Z

Register nach Teigen

Rührteig 272

Biskuitteig 273

Hefeteig 274

MÜRBETEIG 275

BRANDTEIG 276

BLÄTTERTEIG 277

YUFKA-BLÄTTERTEIG

BAISERMASSE

CROISSANTTEIG

(siehe Plunderteig)

PLUNDERTEIG

QUARK-ÖL-TEIG

SAUERTEIG

STRUDELTEIG

„Clever leben: so einfach geht's!"
Melanie Wenzel
Expertin des „ARD-Buffet", Autorin, Heilpraktikerin und nun auch Top-Expertin der clever leben-Redaktion
BEST OF GU
Mein bester Ratgeber
Clever leben
mit QUICK-FINDER
NEU! NUR 1,95 €
LIEBLINGS-PASTA
DIE BESTEN TIPPS FÜR:
Jeden-Tag-Küche
Haushalt für Faule
einen schönen Balkon
RÄTSELHAFTE SAMTPFOTEN
Was Ihre Katze sagen will
JETZT ERFORSCHT
ARTHROSE SELBST HEILEN
IN KOOPERATION MIT
GU
BESSER ALS JEDE DIÄT
Raus aus der ZUCKER-FALLE
NUR BEI UNS
30 TOP-EXPERTEN beantworten Ihre Fragen
Melanie Wenzel: „Meine besten Heilpflanzen-Rezepte"
Johann Lafer: „Das gehört zu einem guten Essen"
MODE & BEAUTY
KOCHEN & BACKEN
FAMILIE & PARTNERSCHAFT
GESUNDHEIT & SEELE
HAUS & GARTEN
KREATIV & DIY
REISE & FREIZEIT
Jetzt neu im Handel!
Clever leben
Viele Tipps & Tricks der GU-Experten machen das Leben leichter.
Für alle Themen, die uns Frauen bewegen. Clever leben – Mein bester Ratgeber!

HERAUSGEBERINNEN:
Tanja Dusy, Alessandra Redies

IDEE UND PROJEKTLEITUNG:
Alessandra Redies

TEXTE: Tanja Dusy

REZEPTENTWICKLUNG:
Sandra Schumann

LAYOUT UND UMSCHLAGGESTALTUNG:
independent Medien-Design,
Horst Moser, München

LEKTORAT, SATZ/DTP, GESTALTUNG:
Christina Geiger, www.schönseitig.de

KORREKTORAT: Petra Bachmann

HERSTELLUNG: Susanne Mühldorfer

REPRODUKTION: Longo AG, Bozen

DRUCK: Firmengruppe Appl, Wemding

BINDUNG: Conzella, Pfarrkirchen

BILDNACHWEIS

FOTOS:
Mathias Neubauer

ILLUSTRATIONEN:
Freepik: S. 9 (unten), 46 (Mitte), 47 (unten), 84 (oben), 85 (oben), 119 (oben), 156 (oben), 157 (oben), 186 (Mitte), 224 (unten), 225 (unten); Fotolia: S. 46 (oben und unten), 84 (unten), 85 (Mitte), 118 (oben), 119 (unten), 156 (Mitte), 157 (unten), 186 (oben und unten), 187 (unten); Matias Kovacic: S. 85 (unten), 118 (unten), 156 (unten), 187 (oben), 225 (oben links und rechts); Shutterstock: S. 8, 9 (oben), 47 (oben), 187 (Mitte), 224 (oben)

UNTERGRÜNDE: Shutterstock

SYNDICATION:
www.jalag-syndication.de

ISBN 978-3-8338-6152-9

1. Auflage 2017

BACKOFENHINWEIS

Die Backzeiten können je nach Herd variieren. Die Temperaturangaben beziehen sich auf das Backen im Elektroherd mit Ober- und Unterhitze und können bei Gasherden oder Backen mit Umluft abweichen. Details entnehmen Sie bitte Ihrer Gebrauchsanweisung.

QUALITÄTS G|U GARANTIE

Liebe Leserin, lieber Leser,

haben wir Ihre Erwartungen erfüllt? Sind Sie mit diesem Buch zufrieden? Haben Sie weitere Fragen zu diesem Thema? Wir freuen uns auf Ihre Rückmeldung, auf Lob, Kritik und Anregungen, damit wir für Sie immer besser werden können.

GRÄFE UND UNZER Verlag
Leserservice
Postfach 86 03 13
81630 München
E-Mail:
leserservice@graefe-und-unzer.de

Telefon: 00800 / 72 37 33 33*
Telefax: 00800 / 50 12 05 44*
Mo–Do: 9.00 – 17.00 Uhr
Fr: 9.00 – 16.00 Uhr
(gebührenfrei in D, A, CH)*

Ihr GRÄFE UND UNZER Verlag
Der erste Ratgeberverlag – seit 1722.

www.facebook.com/gu.verlag

GRÄFE UND UNZER

Ein Unternehmen der
GANSKE VERLAGSGRUPPE